KB180461

제주 가파도 지역의 언어와 생활

제주 가파도 지역의 언어와 생활

초판 인쇄 2016년 11월 30일
초판 발행 2016년 12월 7일

지 은 이 강영봉

펴 낸 이 이대현
펴 낸 곳 도서출판 역락

주　　소 서울시 서초구 동광로46길 6-6(반포4동 577-25) 문창빌딩 2층
등　　록 1999년 4월 19일 제303-2002-000014호
전　　화 02-3409-2058, 2060
팩　　스 02-3409-2059
이 메 일 youkrack@hanmail.net

값 26,000원

ISBN 979-11-5686-699-2
　　　979-11-5686-694-7 (세트)

•저작권자의 사전 허락 없이 무단 복제나 전재를 금합니다.

이 도서의 국립중앙도서관 출판예정도서목록(CIP)은 서지정보유통지원시스템 홈페이지(http://seoji.nl.go.kr)와
국가자료공동목록시스템(http://www.nl.go.kr/kolisnet)에서 이용하실 수 있습니다.(CIP제어번호: CIP2016028725)

제주 가파도 지역의 언어와 생활

강 영 봉

역락

■ 책을 내면서

이 책은 『2011년도 제주 지역어 조사 보고서』(제주특별자치도 서귀포시 대정읍 가파리) 가운데 '구술 발화' 부분만 따로 떼어 내어 잘못을 바로잡고, 주석과 찾아보기를 덧붙여 엮은 것이다. 이는 발간된 보고서가 한정적이어서 이용하는 데 어려움이 따르고, 조사 보고서의 잘못된 부분을 바로잡아야 할 필요성이 이 총서 발간을 수행하게 한 요인이다.

주제보자 라여옥(羅麗玉, 남/1939년생)과 보조제보자 강죽자(姜竹子, 여/1943년생)가 대략 4시간가량 구술한 내용을 담고 있다. '조사 마을의 일생 의례(장례 절차에 대한 이야기), 생업 활동(밭농사), 특수 지역 생활(고기잡이)' 등을 포함하고 있어 제주 사람들의 삶의 실상을 어느 정도 들여다볼 수 있을 것이다. 이 내용들은 제보자의 생생한 경험과 오랜 기억에서 비롯한 구술이기 때문에 다양한 내용에 따른 제주 토박이 어휘들이 그대로 드러나 있다. 표준어 대역과 주석을 통하여 토박이 어휘들에 대한 상세하고도 많은 정보를 얻을 수 있을 것이다. 나아가 음운, 문법에 대한 이해와 담화 연구에도 많은 도움을 줄 수 있을 것으로 믿는다. '요수바리'라는 자리돔잡이 그물에 대한 이야기는 자못 흥미롭기까지 하다.

지역어 조사를 비롯한 구술자료 총서 발간 사업은 국립국어원의 노력이 있어 가능한 일이었다. 10년 동안의 장기 사업이라는 점에도 불구하고 지속적인 관심과 지원으로 이 사업을 마무리할 수 있었다. 국립국어원 관계자 여러분과 박민규 선생의 헌신과 채근을 오래 기억해 두고자 한다. 그 동안 조사 질문지를 만들고 지역어 조사 사업의 틀을 짜는 데 함께 고생한 여러 위원들의 우정, 격려와 충고가 이 단행본을 내는 데 큰 힘이 되었다.

　지역어 조사로 맺어진 제보자들과의 인연도 마음에 오래 새겨 두고자
한다. 조사 기간 동안 후한 인정을 베풀어준 제보자 두 분의 건강과 행운
이 함께하기를 기원한다. 지역어 조사에 동행한 김순자(金順子) 김성용(金成
龍) 선생, 초벌 전사와 표준어 대역을 해준 김순자 선생과 알뜰한 책으로
꾸며준 도서출판 역락 사장님을 비롯한 편집자께도 고마운 뜻 전한다.

■ 조사 및 전사

(1) 조사 과정

국립국어원에서는 '우리 민족의 귀중한 문화유산인 지역어를 남북이 공동으로 조사, 정리하여 민족어의 특성과 다양성을 지켜나가는 데' 목표를 두고 지역어 조사 사업을 펼쳤다. 2004년에는 질문지를 작성하고, 예비조사를 실시하였고, 본격적인 조사는 2005년부터 이루어졌다. 가파도는 제주에서 2005년 한경면 조수리, 2006년 서귀포시 호근동, 2007년 표선면 가시리, 2008년 구좌읍 동복리, 2009년 서귀포시 색달동에 이은 여섯 번째 조사 마을이다.

조사 지점인 가파도(加波島)는 모슬포항에서 도항선으로 15분이면 도착할 수 있는 섬으로, 국토 최남단인 마라도(馬羅島)와 제주도 사이에 위치하고 있다. 행정 구역으로는 제주특별자치도 서귀포시 대정읍 가파리(濟州特別自治道 西歸浦市 大靜邑 加波里)이다.

하동 '한개' 포구 앞에 1962년 이민 일동의 명의로 세워진 <加波島開耕一百二十周年記念碑>에 따르면, "이 섬 옛 이름은 개도, 개파도, 가파도, 가을파지도, 더위섬이라 불렀고 처음에는 나라에서의 소와 말을 기르는 목장지로 이조 성종 때 1469년 임금이 타시는 양마를 산출한 곳이다. 영조 26년 1750년 나라에 바치는 희성 진공용(소) 50마리 방목한 이래 헌종 6년 1840년 영국선이 내박하여 축우를 총으로 쏘아 잡아간 후 폐우장이 되었다. 동 8년 임인년 1842년 이광렴 주관으로 개경을 받아 상·하모슬리민들이 왕래하면서 개간 경작하기 시작해서부터 나라에 납세하였다.

철종 말경 1863년 이 섬에 소와 쟁기로 밭가는 법이 들어오면서 주민이 살기 시작했다. 1885년 을류 일본 잠수기선업자 길촌여삼랑(요시무라) 일행이 정착하면서 입어 후 우리 잠수기 어업이 발달한 시초지다. 뒷해 병술년 1886년 길촌여삼랑이 일본에서 고구마 종자를 도입하여 재배법을 전수 받아 본리 유지 김용홍 역시 근세 제주도 고구마 재배를 장려하였다. 1914년 하모리 소관에서 분리되어 가파리라 부르고 있다. 교육은 고종초 1863년부터 한문 훈학하기 시작해서 학자와 지식인들이 배출되었다. 신유년 1921년 김성숙의원 주관으로 신유의숙학교 창설, 1947년 가파국민학교 창립 인계하고 1923년 항개 서방파제를 리민의 협력으로 축성, 1936년 연해어업 멸치, 자리 어로법 도입 우리 조상님들이 연구 개발하여 오늘과 같이 제주도 멸치 자리 어로법이 발달한 시초이다. 본리 호수는 을유년 40호 현재(1962) 호수 212호 인구 1,036인"이라 기록하고 있다. 기념비의 역사적 사실(史實)들은 가파도 출신 역사학자 김태능(金泰能) 선생의 고증을 거쳤다는 내용도 함께 새겨져 있다.

가파도는 상동과 하동으로 이루어져 있으며, 작지만 아름다운 학교인 가파초등학교를 비롯하여 발전소, 보건소, 소방대, 담수장 등의 기관과 마을회를 비롯하여 청년회, 어촌계, 노인회, 해녀회 등의 단체가 결성되어 활동하고 있다.

조사 당시인 2011년 11월 말 기준, 134세대 남자 139명, 여자 142명 등 총 281명이었는데, 2015년 1월 기준 93세대에 남자 88명, 여자 90명 등 총 178명이 등록되어 있고, 1962년(호수 212호, 1,036명)과 비교할 때 차이가 너무 커 50년의 변화를 실감할 수 있다.

뭍 나들이는 계절별로 차이가 있지만 모슬포항에서 오전 9시·11시, 오후 2시·4시 하루 4차례 운항하는 도항선을 이용한다. 가파도는 낚시터로 유명할 뿐만 아니라, 국토 최남단 마라도와 더불어 관광지로도 알려져 있어 여름이면 많은 관광객이 찾기도 한다. 특히 5월 초 보리를 주제로 한 '가파도청보리축제'가 열리고 있다.

　제보자 라여옥(羅麗玉)은 선친이 조선업을 하고 있어 초등학교를 졸업한 뒤 뭍인 대정에서 중학교와 고등학교를 다녔다. 고등학교 3학년 때 선친이 돌아가시면서 가세가 기울어 학업을 중도에 포기하고 귀향하여 지금까지 가파도에서 살고 있다. "에" 등 발어사를 많이 사용하는 것은 그의 과묵한 성격에서 비롯한 것으로 보인다. 목소리는 작으나 발음은 정확한 편이다. 마을 일에 헌신적이며 지금은 소각장 일을 맡고 있다.

　보조제보자인 부인 강죽자(姜竹子)는 혈혈단신으로 외할머니와 살았으며, "대나무처럼 강하게 살아라." 하는 뜻으로 '죽자(竹子)'라는 이름을 얻었다고 한다. 기억이 또렷한 편이고, 말은 좀 빠른 편인데 발음은 분명하다. 몇 번의 조사로 이내 정이 들어 금방 따온 전복을 바닷가에서 맛볼 수 있는 행운을 얻었고, 직접 채취한 미역·고둥·소라 등도 건네주어 후한 인정을 맛보기도 하였다. 제보자는 밤낚시로 낚은 돌돔을 살려 두었다가 회로 먹이려는 정성을 들였으나 높은 파도에 밀려 돌돔이 길로 올라오는 바람에 그만 죽고 말아 싱싱한 회 대신 조림으로 맛난 점심을 대접받기도 하였다. 조사 내내 제보자들의 따뜻한 마음과 후한 인심 속에 원만하게 조사를 마칠 수 있었다. 주제보자는 '토끼연'이라 불리는 방패연을 손수 제작해 보여줌으로써 방패연의 부분 명칭까지 조사할 수 있었다. 슬하에 5남을 두었으나 모두 뭍으로 나가 살고 있다.

　조사 지점이 섬이라 조사하는데 일기 변화에 따른 어려움도 많았다. 출장 명령을 받고도 주의보 발령으로 가파도로 들어갈 수 없거나, 모슬포 항구까지 갔지만 도항선이 출항하지 않아 되돌아오기도 하였다. 특히 8월 11일에는 다음날 주의보가 발령된다는 소식에 하루 전에 가파도에서 나오기도 하였다. 11월 27일 어휘 확인 조사를 끝으로 모든 조사를 완료하였다.

(2) 전사

조사 내용은 마란츠(PMD 660) 디지털 녹음기와 SURE SM11 마이크를 이용하여 녹음하였으며, 녹음된 자료는 Goldwave 프로그램을 이용하여 음성 파일로 변환하였고, 이 음성 파일을 컴퓨터로 재생하여 들으면서 Transcriber 1.4 전사 프로그램을 이용하여 전사하였다.

전사는 '전사 지침'에 따라 소리 나는 대로 전사하는 것을 원칙으로 하였다. 어절 단위를 기본적으로 전사하는 것을 원칙으로 하였으나 한 억양으로 소리 나는 경우 어절보다 큰 단위로 전사한 경우도 더러 있다. 제주지역어는 /ᄋ/를 비롯하여 /ᄋ/ 음운이 있고, /ㅔ/와 /ㅐ/도 변별되는 음운론적 특징이 있기 때문에 이를 모두 전사에 반영하였다. 초벌 전사는 김순자(金順子)가 담당하였으며 강영봉(姜榮峯)이 확인하는 과정을 거쳤다.

본문의 글자체와 전사에 사용된 부호는 다음과 같다.

고딕체	조사자
명조체	제보자
─	제1 제보자
=	제2 제보자
:	장음 표시. 길이가 상당히 길 경우 ::처럼 장음 표시를 겹쳐 사용하였다.
*	청취 불가능한 부분 또는 표준어로의 번역이 불가능한 경우
✝	질문지와 주제가 다른 내용

(3) 표준어 대역

전사된 구술 자료는 표준어 대역을 붙였다. 원래 조사 보고서에서는 문장 단위로 표준어 대역을 활짱묶음 속에 넣었으나, 이 책에서는 문장보다 큰 의미 단락을 기준으로 하였다. 다시 말하면 조사자, 제보자가 번갈아

가며 기술하는 순으로 배열되어 있다. 또 표준어 대역을 별도로 오른쪽 면에 배치한 것도 조사 보고서와 달라진 점이다. 이런 편집은 오로지 독자들이 쉽게 읽을 수 있게 하기 위한 조처이다.

표준어 대역은 직역하는 것을 원칙으로 하였으나 문맥에 맞게 비슷한 뜻을 지닌 표준어로 옮긴 경우도 있는데 이럴 때는 주석에 밝혀 두었다. 대응 표준어가 없는 경우에는 방언형을 그대로 옮겨 놓아서 작은따옴표로 구분하기도 하였다. 군말 또는 담화 표지가 있을 경우에도 이를 표준어 대역해 그대로 살려 놓았다. 외래어 가운데 특히 일본어의 경우는 번역하기도 하였으나 도구 따위를 지칭하는 경우는 외래어 그대로를 표준어 대역의 자리에 놓아두기도 하였다. 표준어 대역의 초벌 작업도 또한 김순자(金順子) 선생이 수고했다.

(4) 주석

주석은 각 장마다 후주로 달았다. 이 또한 책의 편집상 불가피한 조처다. 주석은 주로 어휘 의미를 중심으로 풀이하면서 가급적 많이 달려고 노력하였다. 아울러 제주 지역어의 특징이 드러나는 방언 변이형을 가급적 많이 제시하려고 하였다. 이해를 돕기 위하여 형태 및 문법에 관한 사항도 간혹 언급하였다. 독자의 편의를 위하여 동일한 내용의 주석이 반복되는 것도 허용하였다.

의미 구분과 확인을 위하여 한자도 가끔 병기하였는데, 손톱묶음은 음을 취한 경우이고 꺾쇠묶음은 그 뜻을 취한 경우로 문장부호로 구분하였다. '물때'를 표로 제시하여 이해를 도모하려고 하였다.

<사진 1> 제보자 부부(라여옥 · 강죽자)

<사진 2> 제보자의 집

<사진 3> 지역어 조사 장면

<사진 4> 가파도-모슬포 간 도항선과 승객(하동 한개 포구)

차례

01 일생 의례

1.1 장례 절차에 대한 이야기

게난 사라미 주그면 이제 장녜 치러야 뒈자나예?

— 예.

그 전통저긴 장녜 절차예. 사라미 딱 죽기 전부터. 죽기 전부터 무덩으네 사무제 지낼 때까지예. 쭉 한번 ᄀᆞ라줍써?

사라미 죽쩬 허젠 허면.

게믄 운명하젠 허면 뭐 사람들 막 친척뜰 불르고 힐 꺼 아니라예?

— 예 물론. 에 사라미 임종허게 뒈며는 뭐 아파도 그러코 친척[1] 뿐드리 아 이삼 명씨근 늘 그 망이니 죽끼 저네는 겨테 꼭 이써야 뒈곡.

예.

— 에 좀 그 이상하다 할 때는 친촉들안테 기벼를 헤 가지고 어 위엄허다 이러케 헤 가지고 에 헬꼬.

— 에 도라가게 뒈며는 여기서는 그냥 염습파고.

그러니까 종명한 거슬 어떠케 화긴합니까?

— 아 종명헌 거는 뭐 혈매글 지퍼 보던가 또는 저 이 호흡 숨쉬는 에 과정을 하던가.

— 또 그 시체 그 도라가시게 뒈면 아주 싸늘하니까 그런 거 보고 이제 도라가신 걸 알리지.

겐디 우리 동네서는에 이러케 그 소느로 허리를 이러케 지버 노아 본덴 협 띠다. 산 사르믄 드러가는데 운명하면 안 드러간다고예.

그럼 운명을 하면 이제는?

— 게[2] 운명을 하게 뒈며는 에 여기서는 에 습허는 거 염습.

예.

— 깨끄시 에 수거네 그 항물.

그러니까 사람이 죽으면 이제 장례를 치러야 되잖아요?)

― 예.

그 전통적인 장례 절차요. 사람이 딱 죽기 전부터. 죽기 전부터 묻어서 삼우제 지낼 때가지요. 쭉 한번 말해주십시오?)

사람이 죽으려고 하면.

그러면 운명하려고 하면 뭐 사람들 막 친척들 부르고 할 거 아닌가요?

― 예 물론. 에 사람이 임종하게 되면 뭐 아파도 그렇고 친척 분들이 아 이삼 명씩은 늘 그 망인이 죽기 전에는 곁에 꼭 있어야 되고.

예.

― 에 좀 그 이상하다 할 때는 친척들한테 기별을 해 가지고 어 위험하다 이렇게 해 가지고 에 했고.

― 에 돌아가게 되면 여기서는 그냥 염습하고.

그러니까 종명한 것을 어떻게 확인합니까?)

― 아 종명한 거는 뭐 혈맥을 짚어 보든가 또는 저 이 호흡 숨쉬는 에 과정을 하든가.

― 또 그 시체 그 돌아가시게 되면 아주 싸늘하니까 그런 거 보고 이제 돌아가신 걸 알리지.

그런데 우리 동네서는요 이렇게 그 손으로 허리를 이렇게 집어 넣어 본다고 합디다. 산 사람은 들어가는데 운명하면 안 들어간다고요.

그럼 운명을 하면 이제는?

― 그래서 운명을 하게 되면 에 여기서는 에 습하는 거 염습.

예.

― 깨끗이 에 수건에 그 향수.

예 상물.

　― 에 상무를3) 수거네 적셔 가지고 모믈 깨끄시 딱꼬.

　― 어 그거 한 다으메는 에 소렴. 오슬 입피고.

　― 그 다으멘 소려미 완저니 끈나며는 에 대렴.

예.

　― 대렴하고. 에 대렴 한 다으메는 에 여기서는 저 소렴 끈나며는 호늘
불러마씨4).

아 소렴 끈나야.

　― 아 소렴 끈낭5) 호늘 불러가지고 이제는 대렴 한 다으메는 에 관 안
네 노코 모슬 박꼬.

　― 그 다으믄 성복쩨를 지내는데 이제 그때부떠 이제 에 복친드리 이제
두건 쓰고 상제드리 상보글 입꼬 그러케 해서 이제 성복쩨를 지내고.

　― 성복쩨 지내기 저네 도라가시면 여기는 저 이 나이를 저거 가지고
저 어디고?

정시안테.

　― 아 정시6).

예.

　― 정시안테 가서 날짜를 보며는 거기에서 에 대렴 시간. 에 그런 거시
나오기 때문에 그 대렴 시가네 마첨7) 대려믈 허고 그 다으믄 성복쩰 지
내고.

　― 그 다으믄 성복쩨 지낸 다으메는 에.

조문객뜰 바들 꺼 아니우꽝예?

　― 아 조문개글 이젠 받꼬. 날짜가 나올 꺼니까.

네.

　― 그 날짜 전날. 그 날짜 전날 이제 그 고렴8) 동네 싸름덜 받꼬.

　― 그 다음 장사나레는 물론 에 장지로 운구혜야 뒈고. 그때는 그 저네

예 향물.

   - 아 향수를 수건에 적셔 가지고 몸을 깨끗이 닦고.

   - 어 그거 한 다음에는 에 소렴. 옷을 입히고.

   - 그 다음에 소렴이 완전히 끝나면 에 대렴.

예.

   - 대렴하고. 에 대렴 한 다음에는 에 여기서는 저 소렴 끝나면은 복을
불러요.

아 소렴 끝나야.

   - 아 소렴 끝나서 복을 불러가지고 이제는 대렴 한 다음에는 에 관 안
에 넣고 못을 박고.

   - 그 다음에는 성복제를 지내는데 이제 그때부터 이제 에 복친들이 이
제 두건 쓰고 상제들이 상복을 입고 그렇게 해서 이제 성복제를 지내고.

   - 성복제 지내기 전에 돌아가시면 여기는 저 이 나이를 적어 가지고
저 어디고?

지관한테.

   - 아 지관.

예.

   - 지관한테 가서 날짜를 보면 거기에서 에 대렴 시간. 에 그런 것이
나오기 때문에 그 대렴 시간에 맞추어서 대렴을 하고 그 다음에는 성복제
를 지내고.

   - 그 다음에는 성복제 지낸 다음에는 에.

조문객들 받을 거 아닙니까?

   - 아 조문객을 이제는 받고. 날짜가 나올 것이니까.

네.

   - 그 날짜 전날. 그 날짜 전날 이제 그 조문 동네 사람들 받고.

   - 그 다음 장잣날에는 물론 에 장지로 운구해야 되고. 그때는 그 전에

는 우리가 헐 쩌게는 상여.

예.

— 나무. 이제 나무 상여로 헤 가지고 에 그 관 우에9) 씨우는 지붕에다가 에 꼬츨 그 전날 빠메 종이로 저 꼬츨 만드러 가지고 쭉 다라 가지고 이제 꼳쌍여를 만드는 거지.

거시 화다니우꽈?

— 예 화단10). 그 화다네다가 꼬츨 다라 가지고 장산날 이제 전부다 이제 그 망인찝 그 올래11)에다가 에 그 상열때12)를 노코 이제 노끈으로 트러 무꺼.

— 트러 무끈 다으메 이제 그 과늘 에 운구헤 가지고 이제 그 상열때에 노코 이제 그.

장받띠까지 가는 거 아니라예?

— 그 뚜께13)를 꼳쌍여를 이제 떵14) 노코 이제 바린 추글 고헌 다으메 이제 드러 가지고 가게 뒈는 거지.

게믄 그때 그 과닌 경우는 사온 건 아니지 아녀우꽝예?

— 과는 여기 사옴니다. 여기 전부 다 사와야.

옌날서부터마씨?

— 예.

음. 나무가 업짜으꽈?

— 예. 여기 전부 다 모실포15) 강 사와야 뒈마씨.

아아.

그 다으메 헌다면 어떵 헤마씨?

바린 헌 다으멘?

— 바린 헌 다으메 이제 그 무칠 장소에 가게 뒈며는 에 그 한쪼게다가 이제 하관쩨를 지내고 한쪼게다 모시고.

— 에 그 춘남. 춘남 하북 추동 동서16). 그 사르미 도라가며는 그 머리 관머

는 우리가 할 적에는 상여.

예.

— 나무. 이제 나무 상여로 해 가지고 에 그 관 위에 씌우는 지붕에다가 에 꽃을 그 전날 밤에 종이로 저 꽃을 만들어가지고 쭉 달아 가지고 이제 꽃상여를 만드는 거지.

그것이 보장입니까?

— 예 보장. 그 보장에다가 꽃을 달아가지고 장삿날 이제 전부다 이제 그 망인집 그 골목에다가 에 그 상엿대를 넣고 이제 노끈으로 틀어 묶어.

— 틀어 묶은 다음에 이제 그 관을 에 운구해 가지고 이제 상여 상엿대에 넣고 이제 그.

장지까지 가는 것 아닌가요?

— 그 뚜껑을 꽃상여를 이제 떡 놓고 이제 발인 축을 고한 다음에 이제 들어 가지고 가게 되는 것이지.

그러면 그때 그 관인 경우는 사온 것은 아니지 않습니까?

— 관은 여기 사옵니다. 여기 전부 다 사와야.

옛날서부터요?

— 예.

음. 나무가 없잖습니까?

— 예. 여기 전부 다 모슬포 가서 사와야 돼요.

아아.

그 다음에 한다면 어떻게 해요?

발인 한 다음에는?

— 발인 한 다음에 이제 그 묻힐 장소에 가게 되면 아 그 한쪽에다가 이제 하관제를 지내고 한쪽에다 모시고.

— 에 그 춘남. 춘남 하북 추동 동서. 그 사람이 돌아가면 그 머리 관머

리를 보메는 에 보메는 남쪼그로.

　으 춘남.

　- 춘남 하북. 여르메는 북쪼그로. 추동 동서. 가으레는 동쪼게 겨우레
는 서쪼그로 이제 관머리를 이제 노콕 이제 평풍17)을 두른 다으메 이제
거기서 이제 하관쩨를 지내는 거마씸.

　- 하관쩨를 지내 가지고.

　- 하관쩨가 끈나며는 이제 복친드리 그 관만. 에 상여를 불리해 가지고
이제 관만 이제 여러시 그 배관18) 코19)를 여섯 깨 만드러 가지고 여섯 싸
르미 그걸 운구헤 가지고 그 개광터20)에 에 글로21) 모시게 뒈는 거지.

　- 게22) 가지고 정시가 말헤준 그 입꽌 시에 거기다 드러가게 뒈는 거지.

　그러케 헌 다으메는 어떵 헤마씨?

　- 그러케 헌 다으메는 이제 봉분도 여기 이디서는23) 동네 뿐더리 절
믄 사라더리 가마니로 흐글24) 나라다가25) 봉부늘 싸코 봉부니 올라가게
뒈며는 그 다으믄 떼로26) 입피고 이제.

　달구?

　- 달구를 찐는디27) 걷또 한 버늘 허게 뒈면은 세 버늘 헤야 뒌다 헤
가지고 달구 찐는 사람드른 세 번 허고 그렇지 아는 사람들 또 달구 안
찐는 사름도 일꼬.

　- 근데 거 봉부늘 튼튼허게 만들며는 달구를 찌어야 뒈. 사르미 올라
가서 도라다니면서 발브니까.

　- 달구 찔 때는 뭐 어불싸 달구여 이렇게 세 번 헤난 다으메 뭐 여러
가지 얘기드리 일찌 뭐.

　하여튼 달구덜도 불르고예?

　- 달구를 찌어 가지고 이제 에 봉부니 이제 잘 다려진28) 거 가트며는
그 우에다29) 떼를 입피고.

　- 대. 그 운구할 쩌게 헬면 그 ᄀ른대30)를 그건 쫌 짤븐 거니까 그걸

리를 봄에는 에 봄에는 남쪽으로.

으 춘남.

- 춘남 하북. 여름에는 북쪽으로. 추동 동서. 가을에는 동쪽에 겨울에는 서쪽으로 이제 관머리를 이제 놓고 이제 병풍을 두른 다음에 이제 거기서 이제 하관제를 지내는 거지요.

- 하관제를 지내 가지고.

- 하관제가 끝나면 이제 복친들이 그 관만. 에 상여를 분리해 가지고 이제 관만 여럿이 그 거관베 고를 여섯 개 만들어 가지고 여섯 사람이 그걸 운구해 가지고 그 광중에 에 그리로 모시게 되는 거지.

- 그래 가지고 지관이 말해준 그 입관 시에 거기에다 들어가게 되는 거지.

그렇게 한 다음에는 어떻게 하나요?

- 그렇게 한 다음에는 이제 봉분도 여기 여기서는 동네 분들이 젊은 사람들이 가마니로 흙을 날라다가 봉분을 쌓고 봉분이 올라가게 되면 그 다음은 잔디로 입히고 이제.

달구?

- 달구를 찧는데 그것도 한 번을 하게 되면 세 번을 해야 된다고 해 가지고 달구 찧는 사람들은 세 번 하고 그렇지 않는 사람들 또 달구 안 찧는 사람도 있고.

- 그런데 거 봉분을 튼튼하게 만들면 달구를 찧어야 돼. 사람이 올라가서 돌아다니면서 밟으니까.

- 달구 찧을 때는 뭐 어불싸 달구여 이렇게 세 번 한 다음에 뭐 여러 가지 얘기들이 있지 뭐.

하여튼 달구들도 부르고요?

- 달구를 찧어 가지고 이제 아 봉분이 이제 잘 다진 것 같으면 그 위에다 잔디를 입히고.

- 대. 그 운구할 적에 했던 그 연춧대를 그건 좀 짧은 거니까 그걸

가지고 이제 메[31]를 막 묘를 뚜들겨 가지고 단단허게 떼가 죽찌 말라고 잘 부트라고 이제 그걸로 막 떼려[32] 가지고 모양도 조케 멘들고 그러케 헫찌.

― 그러케 허며는 이제는 에 끈난 다으메는 에 필제[33].

― 필제를 지내고 초우제를 지내고 재우제를 지내고 또.

사무?

― 사무제.

예.

― 에 그러고 졸곡.

― 그건 졸곡또 도라간 한 베길 뒈는 때를 그 졸곡 허는데 요즈믄 뭐 전부 다. 그 저네는 초우만 받띄서[34] 지내고 재우나 사무는 지베 와서 지내는데 요즈믄 초우 재우 졸곡까지 막 받띄서 장지에서 다 헤 버리지.

― 게면[35] 그러며는 이젠 지베 오며는 그자[36] 고기나 하고 이제 상[37]을 모신 사르믄 모시고.

― 또 초하루보름 때에만 사길[38] 헤 놔서 그저 음식 제공허는 사름도 잇꼬 헌디 요즘 보통 음식까지도 잘 아녀.

일년 지나면?

― 일년 찌나며는 지금 보통 베길 탈쌍하는데 그 저네는 일년 지나고 이년 삼년꺼지도 헫쓰니까.

소상 대상예?

― 소상 대상 전부 다 따로 헤쓰니까. 겐디 요즈믄 뭐 소상으로 일년 탈쌍. 저 돌기 탈쌍으로[39] 이제 전부다 헤부런는디.

― 이제 이 근가네 완[40] 베길 탈상. 점점 각빡. 그 탈쌍 그 지내며는 또 담제축까지. 그 탈쌍 때는 그 담제꺼지 헤 가지고 완전히 끈마쳐 부러.

― 그 다으믄 삼년째부터는 제사로 모시고.

예. 지금까지는 장녜 절차를 쭉 ?라줘서예. 그거를 이제는 구체저그로 하

가지고 이제 묘를 막 묘를 두들겨 가지고 단단하게 잔디가 죽지 말라고 잘 붙으라고 이제 그걸로 막 때려 가지고 모양도 좋게 만들고 그렇게 했지.

- 그렇게 하면 이제는 아 끝난 다음에는 아 필제.
- 필제를 지내고 초우제를 지내고 재우제를 지내고 또.

삼우?

- 삼우제

예.

- 에 그리고 졸곡.
- 그건 졸곡도 돌아간 한 백일 되는 때를 그 졸곡 하는데 요즘은 뭐 전부 다. 그 전에는 초우만 장지에서 지내고 재우나 삼우는 집에 와서 지냈는데 요즘은 초우 재우 졸곡까지 막 밭에서 장지에서 다 해 버리지.
- 그러면 그러면은 이제 집에 오면 그저 고기나 하고 이제 상을 모신 사람은 모시고.
- 또 초하루보름 때에만 삭일 해 놓아서 그저 음식 제공하는 사람도 있고 하는데 요즘 보통 음식까지도 잘 아니해.

일년 지나면?

- 일년 지나면 지금 보통 백일 탈상하는데 그 전에는 일년 지나고 이년 삼년까지도 했으니까.

소상 대상요?

- 소상 대상 전부 다 따로 했으니까. 그런데 요즘은 뭐 소상으로 일년 탈상. 저 돌기 탈상으로 이제 전부다 해버렸는데.
- 이제 이 근간에 와서는 백일 탈상. 점점 각박. 그 탈상 그 지내면 또 담제축까지. 그 탈상 때는 그 담제까지 해 가지고 완전히 끝마쳐 버려.
- 그 다음은 삼년째부터는 제사로 모시고.

네. 지금까지는 장례 절차를 쭉 말해줬습니다. 그거를 이제는 구체적으로 하나하나 무르쿠다예?

그 임종하신 다으메는 임종을 화긴헫짜나예. 그 습할 때, 염습할 때는 어떤 시그로 염스블 헤마씨?

— 염습할 때는 향무레다⁴¹⁾ 수건 헤 가지고 따끄는 게 전부지.

— 여자드른 머리도 잘 빈꼬 그러고 남자는 뭐 그대로 헤 가지고 오슬. 오슬 이피기 시작허는 겁니다.

콘꾸멍이나 귇꼬망은 언제 망는 거?

— 그 그거 습판 후에 습판 후에 소렴할 대게.

예. 게믄 소려믄 어떤 거우꽈?

— 아 소려믄 소곧부뗘 아 속꼳 그 다음 우에 도복⁴²⁾꺼지 다 이펴가지고

— 아 솜 손짱갑⁴³⁾.

예.

— 버선.

예.

— 그런 걷또 다 처니 업쓰며는 종이 창오지⁴⁴⁾로 전부 다 만들고.

— 신발도 만들곡.

— 또 이 손톱 까까서 좌수 우수 좌족 우족 한무느로 써 가지고 이제 발톱 까끈 거 소네다 이러케 쥐어주고.

— 그 장가블 쓥고⁴⁵⁾.

— 그 다으메는 콘꾸멍 귇꾸멍에다가 이제 소므로 허고.

— 또 두거니라고 헤 가지고 어 십짜 뒌 그 처네다가 솜 너어⁴⁶⁾ 가지고 이제 두상 머리에다 이러케 싸고 그 우의다⁴⁷⁾ 또 흑뚜건⁴⁸⁾.

네에.

— 흑뚜꺼늘 이제 씨우며는 소려미⁴⁹⁾ 다 뒌 거.

그때 이베는 뭐 바발 가튼 거 안 놈니까? 쌀.

— 그건 도라갈 때. 곧 도라가면 소렴허기 저네 우선 그거부터.

나하나 묻겠습니다?

그 임종하신 다음에는 임종을 확인했잖아요. 그 습할 때, 염습할 때는 어떤 식으로 염습을 하나요?

― 염습할 때는 향수에다 수건 해 가지고 닦는 게 전부지.

― 여자들은 머리도 잘 빗고 그러고 남자는 뭐 그대로 해가 지고 옷을. 옷을 입히기 시작하는 겁니다.

콧구멍이나 귓구멍은 언제 막는 거?

― 그 그거 습한 후에 습한 후에 소렴할 적에.

예. 그러면 소렴은 어떤 겁니까?

― 아 소렴은 소곳부터 아 속옷 그 다음 위에 도포까지 다 입혀가지고.

― 아 솜 악수.

예.

― 버선.

예.

― 그런 것도 다 천이 없으면 종이 창호지로 전부 다 만들고.

― 신발도 만들고.

― 또 이 손톱 깎아서 좌수 우수 좌족 우족 한문으로 써 가지고 이제 발톱 깎은 거 손에다 이렇게 쥐어주고.

― 그 장갑을 씌우고.

― 그 다음에는 콧구멍 귓구멍에다가 이제 솜으로 하고.

― 또 두건이라고 해 가지고 어 십자 된 그 천에다가 솜 넣어 가지고 이제 두상 머리에다 이렇게 싸고 그 위에다 또 흑두건.

네에.

― 흑두건을 이제 씌우면 소렴이 다 된 거.

그때 입에는 뭐 밥알 같은 거 안 넣습니까? 쌀.

― 그건 돌아갈 때. 곧 돌아가면 소렴하기 전에 우선 그것부터.

예. 그거는 뭐렌 험니까?

– 아 그거 이르믄 잘 모르겐네.

그 쏠빵우를 허는 거 아니라예? 멘 빵울 물려마씨?

– 뭐 방울 아니고 그자[50] 수저로 세 번.

아 수저로 세 번?

– 물 불린 싸를 수저로 세 번. 적땅량 그자 마니도[51] 아니고 조끔씩.

그러면 아까 수의를 입히면 이러케 다 장갑까지 하면 이러케 뼈가 흔들지 말도록 무꺼야?

– 무꺼야주게. 그 소럼 그 오슬 이피는 과정은 다 뒈고 온 이피게 뒈며는 자세를 똑빠로 노코 그 베로.

예.

– 에 처으메는 그 기러기[52]로 이러케 노코 그거슬 아프로 이러케 오게 뒈며는 구멍을 세 곤데[53] 뚤라[54] 가지고 이 쪼에서 두 갈래로 짤르며는 세 개로 나오지 않습니까?

– 구멍으로 낀[55] 다으메 그 다으믄 여프로 베를 까라가지고 이러케 뭉는데 이건또 일곱 매로 무꺼 가지고.

게믄 일곱 깨 놈니까?

– 일굽[56] 깨 그거는 무음대로 논는데 그 처니 저 뭘 아녀게끔[57] 논는데 일곰 매 무자글[58] 일곱 뻔 무끈다 헤 가지고 일곱 맨데.

– 그거 그러케 헤 가지고 일곱 매를 무끄며는 거는 대렴헐 때까지는 그 베 무끈 거시 대렴헐 쩌게는 그 두 사람만 드러도 뒈니까 꾸부러지지 아녀니까[59] 딱딱 무끄니까 일곱 매에 무끄니까 흐들거리지[60] 몯터게 그 일곱 매에 무끄는 거고.

– 그 대렴허게 관 쏘게 땅 놀 때는 그 미테 창오지[61]로다가 칠성판.

예.

– 칠성판 그 별 모양으로 북두칠썽가치 이제 일곱 구멍을 뚤러[62] 가지고

예. 그것은 무엇이라고 합니까?

– 아 그거 이름은 잘 모르겠네.

그 쌀알을 하는 것 아닌가요? 몇 알을 물려요?

– 뭐 알이 아니고 그저 숟가락으로 세 번.

아 숟가락으로 세 번?

– 물 불린 쌀을 숟가락으로 세 번. 적당량 그저 많이도 아니고 조금씩.

그러면 아까 수의를 입히면 이렇게 다 악수까지 하면 이렇게 뼈가 흔들리지 말도록 묶어야?

– 묶어야지. 그 소렴 그 옷을 입히는 과정은 다 되고 옷 입히게 되면 자세를 똑바로 놓고 그 베로.

예.

– 에 처음에는 그 길이로 이렇게 놓고 그것을 앞으로 이렇게 오게 되면 구멍을 세 군대 뚫어 가지고 이 쪽에서 두 갈래로 자르면 세 개로 나오지 않습니까?

– 구멍으로 끼운 다음에 그 다음은 옆으로 베를 깔아가지고 이렇게 묶는데 이것도 일곱 매로 묶어 가지고.

그러면 일곱 개 놓습니까?

– 일곱 개 그것은 마음대로 넣는데 그 천이 저 무엇 않게끔 놓는데 일곱 매 매듭을 일곱 번 묶는다 해 가지고 일곱 매인데.

– 그거 그렇게 해 가지고 일곱 매듭을 묶으면 거는 대렴할 때까지는 그 베 묶은 것이 대렴할 적에는 그 두 사람만 들어도 되니까 꾸부러지지 않으니까 딱딱 묶으니까 일곱 매에 묶으니까 흔들거리지 못하게 그 일곱 매에 묶는 것이고.

– 그 대렴하게 관 속에 딱 놓을 때는 그 밑에 창호지로다가 칠성판.

예.

– 칠성판 그 별 모양으로 북두칠성같이 이제 일곱 구멍을 뚫어 가지고

거기다 이제 베게.

- 흐게다가63) 이제 베개에다가 흐글 다마 가지고 거기다 너은64) 다으메 에 거기에다 이제 모시며는 그 친촉떠리65) 상제드리 큰상제66)부떠 그 일곱 매 무끈 거슬 전부 다 푸러 가지고 이젠 딱 한쪼그로 이러케 노코.

- 그 다음 뭐 자기드리 입떤 거 보공이라고 허는데 공가늘 너무 띠면67) 안 돼니까 그 보공을 자식뜨리 옫 내의 가튼 거 부드러운 걸로 나이롱이 들지 안는 걸로 그런 걸로 채워 가지고 에 이제 거기다가 뭐 이 불교 민는 사름더른 뭐 다라니 가튼 걷또 이러케 헤 가지고 거기에 가판68)을 더끄며는69) 대려미 끈난 거.

그러며는 아까 그 소렴헐 때 일곱 매렌 헫짜누꽈예? 겨믄 매듭이 일곱 깸니까 아니면?

- 매드비 일곱 깨.

아 이 이러케 끄느로 뭉는 게 일곱 깨가 아니고예?

- 예.

아 그거는 멛 깨 맨 꾼데로 무끔니까?

- 아 게난70) 처늘 노는 게 일곱 깨가 아니고 우에 무끄는 거시 일곰 매.

매드블 일곱 .

- 매드베 매드블 일곱 깨.

그러믄 처는 멛 깨놔마씨? 건 사정에 따라서.

- 아 건 뭐 기리가 키가 큰 사르믄 쪼끔 더 드러가고.

게난 보통 멛 깨 놈니까?

- 보통 혼 걷또 머리 쪼게 읻거든. 또 센 넫 한 다섣 깨. 다섣.

그러면 그 일곱 매를 허는데 머리 쪼게도 일곱 매 무꼬 베 쪼게도 일곱 매.

- 아니, 아니 전부 다 해서.

전부 다 헤갇꼬.

거기다 이제 베개.

– 흙에다가 이제 베개에다가 흙을 담아 가지고 거기에다 넣은 다음에에 거기에다 이제 모시면 그 친족들이 상제들이 큰상제부터 그 일곱 매 묶은 것을 전부다 풀어 가지고 이제는 딱 한쪽으로 이렇게 놓고.

– 그 다음 뭐 자기들이 입던 거 보공이라고 하는데 공간을 너무 띄우면 안 되니까 그 보공을 자식들이 옷 내의 같은 거 부드러운 것으로 나일론이 들지 않는 것으로 그런 것으로 채워가지고 에 이제 거기다가 뭐 이 불교 믿는 사람들은 뭐 다라니 같은 것도 이렇게 해 가지고 거기다 관판을 덮으면 대렴이 끝난 거.

그러면 아까 그 소렴할 때 일곱 매라고 했잖습니까? 그러면 매듭이 일곱 갭니까 아니면?

– 매듭이 일곱 개.

아 이 이렇게 끈으로 묶는 것이 일곱 개가 아니고요?

– 예.

아 그것은 몇 개 몇 군데로 묶습니까?

– 아 그러니까는 천을 놓는 게 일곱 개가 아니고 위에 묶는 것이 일곱 매.

매듭을 일곱.

– 매듭에 매듭을 일곱 개.

그러면 천은 몇 개 놓나요? 그것은 사정에 따라서.

– 아 건 뭐 길이가 키가 큰 사람은 조금 더 들어가고.

그러니까 보통 몇 개 놓습니까?

– 보통 한 것도 머리 쪽에 있거든. 또 셋 넷 한 다섯 개. 다섯.

그러면 그 일곱 매를 하는데 머리 쪽에도 일곱 매 묶고 배 쪽에도 일곱 매.

– 아니, 아니. 전부다 해서.

전부 다 해가지고.

- 이 두상은 이러케 구비져71) 가지고 폴72) 모양으로 헤서 허민 매드비 이까지 옵니다.

예.

- 둘. 둘. 섿. 이게 한꺼버네 이러케 무끄는 게 아니고 그 반늘 쪼개 가지고 요러케 무꼬 이 그 천 하나에 두 개 드러가고.

- 게믄 여기 모게 꺼 하나 그 다음 여기 꺼 천 하나에 두 개 허민 세 개.

- 또 베 쪼게 허민 네 개 다섯 깨 그 다음 다리 쪼겐 하나로 그냥. 여서 일곱 깨.

아아.

- 그러며는 하나 둘 셋 녯 처니 다섯 깨 드러가고 머리에 허면 여섯 깨.

게믄 그거를 모으면서 매듭 진 게 일곱.

- 매드비 일곱 깨. 게난 일곱 매.

겨난 여기에 하나 무껑 내분 게 아니라 이게 다 연결하면서 마무리는 하나로 허는 거다예?

- 거니까73) 그 하나씩 전부다 헤 가지고 이거는 그 넌74) 다으메는 상제드리 그 그걸 하나씩 푸러.

대렴할 때.

대렴할 때는예?

그럼.

아까 소렴허고 난 다으메 호늘 불른다고 허지 아낟쑤광예. 그러믄 혼 그 절차를 한번 ㄱ라줍써?

혼불르는 절차.

- 혼 그 이저네는 엔나레는 그 우리가 처음 베와75) 올 쩌게는 옐 어른드리 뭐 상동 가트며는 에 가파리 상동 거주 멜 쌀 뭐 김해 김씨 나이 팔씹 쎄 보오76) 이러케 세 버늘 지붕 우의77) 올라가서 허던데.

- 그걷또 그 혼불르는78) 적쌈. 혼적싸믈79) 가지고 가서 아 여자 남자

- 이 두상은 이렇게 굽이져 가지고 팔 모양으로 해서 하면 매듭이 이까지 옵니다.

예.

- 둘. 둘. 셋. 이거 한꺼번에 이렇게 묶는 게 아니고 그 반을 쪼개 가지고 요렇게 묶고 이 그 천 하나에 두 개 들어가고.

- 그러면 여기 목에 거 하나 그 다음 여기 거 천 하나에 두 개 하면 세 개.

- 또 배 쪽에 하면 네 개 다섯 개 그 다음 다리 쪽에는 하나로 그냥. 여섯 일곱 개.

아아.

- 그러면 하나 둘 셋 넷 천이 다섯 개 들어가고 머리에 하면 여섯 개.

그러면 그거를 모으면서 매듭 지은 것이 일곱.

- 매듭이 일곱 개. 그러니까 일곱 매.

그러니까 여기에 하나 묶어서 내버린 게 아니라 이게 다 연결하면서 마무리는 하나로 하는 거네요?

- 그러니까 그 하나씩 전부다 해 가지고 이것은 그 넣은 다음에는 상제들이 그 것을 하나씩 풀어.

대렴할 때.

대렴할 때는요?

그럼.

아까 소렴하고 난 다음에 복을 부른다고 하지 않았습니까. 그러면 혼 그 절차를 한번 말해주십시오?

복부르는 절차.

- 혼 그 이전에는 옛날에는 그 우리가 처음 배워 올 적에는 옛 어른들이 뭐 상동 같으면 에 가파리 상동 거주 몇 살 뭐 김해 김씨 나이 팔십 세 복 이렇게 세 번을 지붕 위에 올라가서 하던데.

- 그것도 그 복부르는 적삼. 혼적삼을 가지고 가서 아 여자 남자

는 웬쪽80) 팔 끝 소매 잡꼬 또 오른쪼그로는 이 어깨 우측 어깨 자바가지고 호늘 불런써.

음, 아 이러케 해서예?

― 어 겨니까81) 저구리82) フ뜨며는83) 오른쪽 어깨허고 웬손 자바서 남자는 이러케 해서 "누구 누구 보하고" 세 버늘 헤여84) 가지고 그걸 고비쳥85) 지붕에서 내려와 가지고 거 망인 머리에다가 이러케 놔.

보통 어떤 디 가면 혼불르러 옌날 지붕에 올라가지 아난쑤꽝예? 그러면 아프로 올라간따가 내려올 땐 뭐 뒤로 와야 뒌다라는 건또 읻써수꽈?

― 그거는 여기서는 동까지로86) 올라 가지고 서쪼그로 내려완써.

으음 동까지로 올라가서.

― 동까지 동까지 아프로 올라가서 서까지로87) 내려완.

어떤 동네는 아프로 올라서 뒤로 내리라고예.

― 어 건 지방마다 틀리는지88) 몰라도 우리 가파도에서는 나도 멜 뻔 거 헤볻찌마는 동쪼그로 올라가서 서쪽으로.

건 지비 좌향하고는 관련 관계 업씨.

― 여기는 보통 다 남향이니까.

그러면 그때 그 아까 망인안테 임는 저승온. 여기는 호상온 험니까?

― 예 호상89).

호상예. 그 호상도 뭐뭐 허지 말라 허는 이런 거 이서예. 아까 그 보공할 때 나이롱 든 거 안 허는 거처럼 호상은 어떤 걸로 헤쑤과?

― 아 호상도 이 베. 삼베. 전부 다 삼베.

삼베로예. 성복쩨 허젠 허며는 어떤 음시글 준비헤신고예?

― 성복쩨 허게 뒈며는 메 갱. 또 뭐 적 탕쉬90).

과실.

― 과일.

― 뒈지머리91). 뒈지머리도 올려서.

는 왼쪽 팔 끝 소매 잡고 또 오른쪽으로는 이 어깨 우측 어깨 잡아가지고 복을 불렀어.

음, 아 이렇게 해서요?

― 어 그러니까 저고리 같으면 오른쪽 어깨하고 왼손 잡아서 남자는 이렇게 해서 "누구 누구 복하고" 세 번을 해 가지고 그것을 곱쳐서 지붕에서 내려와가지고 거 망인 머리에다가 이렇게 놔.

보통 어떤 데 가면 복부르러 옛날 지붕에 올라가지 않았습니까? 그러면 앞으로 올라갔다가 내려올 때는 뭐 뒤로 와야 된다는 것도 있었습니까?

― 그거는 여기서는 동쪽 처마로 올라 가지고 서쪽으로 내려왔어.

으음 동쪽 처마로 올라가서.

― 동쪽 처마 동쪽 처마 앞으로 올라가서 서쪽 처마로 내려왔어.

어떤 동네는 앞으로 올라서 뒤로 내리라고요.

― 아 건 지방마다 다르는지 몰라도 우리 가파도에서는 나도 몇 번 거 해봤지만 동쪽으로 올라가서 서쪽으로.

그것은 집이 좌향하고는 관련 관계 없이.

― 여기는 보통 다 남향이니까.

그러면 그때 그 아까 망인한테 입히는 수의. 여기는 호상옷 합니까?

― 예 수의.

호상요. 그 수의도 뭐뭐 하지 말라 하는 이런 것 있지요. 아까 그 보공할 때 나일론 든 것 안 하는 것처럼 수의는 어떤 것으로 했습니까?

― 아 수의도 이 베. 삼베. 전부 다 삼베.

삼베로요. 성복제 하려고 하면 어떤 음식을 준비했는가요?

― 성복제 하게 되면 메 갱. 또 뭐 적 탕쉬.

과실.

― 과일.

― 돼지머리. 돼지머리도 올렸어.

예.

뒈지머리예?

그 다음 떡 가튼 건 어떵 헫쑤과? 성복쩨에.

― 물론 떠근 뭐.

오편 다 헫쑤과?

― 침떡92).

예.

― 송편 가뜬 건 안 허고.

예에.

절벤?

― 절벤93) 허고.

솔벤?

― 솔벤94) 허고.

성복쩨는 궹장히 정성을 드려갇꼬 준비헫뗀 드러신디예?

― 물론 뭐 모든 제사가 다 정성드리는 건 사시린데 성복쩨도 역시 그 그 오슬 다 입꼬서 이제 성복쩰 지낸 다으메 그때 동관허게95) 뒈는 거지.

그러며는 그 상제들 임는 오슨 언제 마드러마씨?

― 언제 만드는 게 아니고 여기서는 그 저네는 그 지그믄 모실포96) 가서 사오지마는 옌나레는 삼베 가지고 여기서 직쩝 그 올 그 허는 할무니더리 이서서97). 동네 할무니더리.

두건 줍꼬 뭐.

― 아 두건도 줍꼭98) 상복또 다 저 미싱99). 옌나른 미싱 읻쓰니까 미싱 한 녁 때 석 때 간따100) 노코 할머니더리 동네뿐더리 전부 다 모영 부인드리 다 만드런. 상복떠를.

그러면 건 도라가셛따고 허면 이젠 상보글 만드는 거 아니라예. 게도 그 상복또 아들 상복 똘 메누리 사위 상보기 다 ㅌ나뗀 허멍예?

예.

돼지머리요?

그 다음 떡 같은 것은 어떻게 했습니까?

— 물론 떡은 뭐.

오편 다 했습니까?

— 시루떡.

예.

— 송편 같은 것은 안 하고.

예에.

절편?

— 절편 하고.

솔편

— 솔편 하고.

성복제는 굉장히 정성을 드려가지고 준비했다고 들었는데요?

— 물론 뭐 모든 제사가 다 정성드리는 것은 사실인데 성복제도 역시 그 그 옷을 다 입고서 이제 성복제를 지낸 다음에 그때 동관하게 되는 거지.

그러면 그 상제들 입는 옷은 언제 만들어요?

— 언제 만드는 게 아니고 여기서는 그 전에는 그 지금은 모슬포 가서 사오지만 옛날에는 삼베 가지고 여기서 직접 그 옷 그 하는 할머니들이 있었어. 동네 할머니들이.

두건 접고 뭐.

— 아 두건도 접고 상복도 다 저 재봉틀. 옛날은 재봉틀 있으니까. 재봉틀 한 넉 대 석 대 갖다 놓고 할머니들이 동네분들이 전부 다 모여서 부인들이 다 만들었어. 상복들을.

그러면 그것은 돌아가셨다고 하면 이제는 상복을 만드는 것 아닌가요. 그래도 그 상복도 아들 상복 딸 며느리 사위 상복이 다 다르다고 하면서요?

- 상보근 다 비스턴데 머리에 거니 그 건 우에[101] 씌우는 테[102] 그게 저 이제 이 사위 ᄀ뜬 거는 테가 업찌. 상제드른 이거 테가 인는디.

걷또 상주만 읻찌 아념니까?

- 예. 아 상주도.

큰아들만?

아니 아들 상제는 다.

- 아들 상제는 전부다 썯써. 아들 상제는 전부 다 쓰고 사위는 안 쓰고. 예에. 그 읃또 ᄒ꼼 틀리덴 허멍마씨. 뒤에 옌나레.

- 오시 조금 틀렫던가?

겅 안 허면 마냐게 아버지 도라가실 때나 어머니 도라가실 때는 상복 ᄒ꼼 틀리게 허지예? 그 마른 안 드러봄띠가?

- 여기서는 똑 다 그대로인 거 가튼데.

그럼 저 뭐는?

- 아버지나 어머니나.

- 방장때[103]는 저 이 아버지 도라가시며는 에 대나무.

예.

- 대나무허고 어머니 도라가시며는 머구나무[104]라고 인는데 그 저 쏘기 비지 아는 나무 그런 나무.

그건 무산고예?

- 예?

무사 그 아버지 꺼 하고 어머니 꺼 ᄐ나게 ᄐ나게 방장때를 헤신고예?

- 글쎄 그 어머니는 그 나코 그 춤 정성이 지극카다 헤서 그 쏘기 꽉 찬 그 애정을 뜨테서 아마도 그 쏘기 비지 아년[105] 나무를 테칸 거 가태마씨.

- 아버지는 ᄌ시근[106] 나쩌마는 어머니가치 그러케 ᄌ식 끼르는 데 정성을 안 드러쓰니까 대나무. 아버지는 주그민 대나무. 여자는 머구나무를.

- 상복은 다 비슷한데 머리에 건이 그 건 위에 씌우는 테두리 그게 저 이제 이 사위 같은 것은 테두리가 없지. 상제들은 이거 테두리가 있는데.

그것도 상주만 있지 않습니까?

- 예. 아 상주도.

큰아들만?

아니 아들 상제는 다.

- 아들 상제는 전부다 썼어. 아들 상제는 전부 다 쓰고 사위는 안 쓰고. 예에. 그 옷도 조금 다르다고 하면서요. 뒤에 옛날에.

- 옷이 조금 달랐던가?

그렇지 않으면 만약에 아버지 돌아가실 때나 어머니 돌아가실 때는 상복 조금 다르게 하지요? 그 말은 안 들어봤습니까?

- 여기서는 똑 다 그대로인 거 같은데.

그럼 저 무엇은?

- 아버지나 어머니나.

- 상장은 저 이 아버지 돌아가시면 에 대나무.

예.

- 대나무하고 어머니 돌아가시면 머귀나무라고 있는데 그 저 속이 비지 않는 나무 그런 나무.

그것은 왜일까요?

- 예?

왜 그 아버지 것 하고 어머니 것 하고 다르게 다르게 상장을 했는가요?

- 글쎄 그 어머니는 그 낳고 그 참 정성이 지극하다 해서 그 속이 꽉 찬 그 애정을 뜻해서 아마도 그 속이 비지 않은 나무를 택한 것 같아요.

- 아버지는 자식은 낳았지만 어머니같이 그렇게 자식 기르는 데 정성을 안 드렸으니까 대나무. 아버지는 죽으면 대나무. 여자는 머귀나무를.

겐디 어떤 체겐 보니깐예 그 아버지가 대나무를 짐는 거는 대나무가 동글락 커지 안 험니까예. 그거슨 뭐 하느를 상징하는 거시고 그 다음 머구나무 네모지게 하니까 땅이다 이런 시그로 해서글 한 걷또 이십디다. 사위는 어떤 거 지픔니까?

— 예에?

사위는?

— 사위?

예. 방장때.

— 사위는 방장때가 어서[107].

우리 동넨 수리대로 헤마씨.

— 아 그런가. 동네마다 틀리구나[108]. 우리는 사위는 방장때가 업써.

예. 서쪼게는 안 하니까.

게니까 아까 어르신 요거 아니우꽝예? 요거시 달탄 얘기지예. 그 두건 우의 쓰는 요거 요거.

— 예예. 이 전삼후사라[109] 헤 가지고 이게 아페는 대쪼글 세 개나 노코 뒤에는 네 개를 노코 이걷또 저 우리 창오지[110]로 헤 가지고 직쩝 만드런써.

이건 뭐렌 헤마씨?

— 저거 건대.

= 건댄 건대라도.

아까 테는 어느 거우꽈?

— 이거 둘레에 인는 거 테[111].

으 둘레에 인는 거 테예?

= 이거 둘레에 영 인는 거ㄱ라 테.

아 둘레에 그 저기 찌그로 영 헌 거예?

— 이거 전체를 건대 건대라고만 헨는데. 겐디[112] 요거는 우에[113] 끼우는 요거슨 뭐라 헨는지 몰르는데[114] 이거 뭐 전삼후사.

그런데 어떤 책에는 보니까요 그 아버지가 대나무를 짚는 것은 대나무가 둥그렇지 않습니까. 그것은 뭐 하늘을 상징하는 것이고 그 다음 머귀나무 네모지게 하니까 땅이다 이런 식으로 해석을 한 것도 있습니다. 사위는 어떤 거 짚습니까?

― 예에?

사위는?

― 사위?

예. 상장.

― 사위는 상장이 없어.

우리 동네는 이대로 합니다.

― 아 그런가. 동네마다 다르구나. 우리는 사위는 상장이 없어.

예. 서쪽에는 안 하니까.

그러니까 아까 어르신 요거 아닌가요? 요것이 다르다는 얘기지요. 그 두건 위에 쓰는 요거 요거.

― 예예. 이 전삼후사라 해 가지고 이것이 앞에는 대쪽을 세 개나 놓고 뒤에는 네 개를 놓고 이것도 저 우리 창호지로 해가지고 직접 만들었어.

이것은 무엇이라고 합니까?

― 저거 건대.

= 건대는 건대라도.

아까 테두리는 어느 것입니까?

― 이거 둘레에 있는 거 테두리.

으 둘레에 있는 것이 테두리요?

= 이거 둘레에 이렇게 있는 것보고 테두리.

아 둘레에 그 저기 짚으로 이렇게 한 거요?

― 이거 전체를 건대 건대라고만 했는데. 그런데 요것은 위에 끼우는요 것은 무엇이라고 했는지 모르는데 이거 뭐 전삼후사.

요기 요러케 내려논 건또 이서예? 그 베로.

영 귀 여페 이러케 하는 거. 건 뭐렌 힘니까?

― 잘 모르겐네.

귀마구리.

= 만들긴 만드라난쭈마는.

― 이 하여튼 통트런 건대엔만 헫찌.

그리고 예저네 그 과네 이제 대렴하게 뒈면 폰쭉 쑤거나 이러지는 안 헤썬 쑤과? 옌나른 관 만들 때 폰쭉 썰뗀 헫썰꺼든예?

= 폰쭉115) 썰쑤다116).

― 여기는 그 일폰날117). 일폰날 그 친촉 사돈 뒈는 쪼게서 폰쭈글 쒀 오며는 거기 온 사람들 동네 싸름덜 전부 다 먹찌 뭐.

= 방법 달마118). 무슨 사돈찌비서119) 똑120) 쒀 옴니다.

예. 방법예. 마자마씨. 방법헹은에. 겅허곡 아까 일폰나른 조문. 고렴허는 날 아니우까예? 고렴허기 뒈면 어떤 시그로 헤신고예? 옌날드른.

― 여기도 만날 그 와서들 상에다 절허고 아 상주안테 절허고 동네 뿌니 안자 읻쓰며는 그디121) 절허고 그 다으믄 부조허고122) 이제 나오며는 음식.

― 여긴 뭐 하얀 쌀바베다 그냥 뒈지고기. 여기는 뭐 주로 장사나면 하얀 쌀밥 헫쓰니까.

만장으로 헌 저근 얻쑤강?

― 그 옌날 우리 아주 어릴 때는 만장도 이선는데123).

만장이 부조로예?

― 예 만장124)도 허고 그 상여 메고 나갈 때게는 그 대에다가 저.

= 만선기125).

― 만서126). 만서 써 가지고 그 헝겁127) 아 저 대에나 뭐에다 헤 가지고 복친드리 이러케 미곡128) 그러케 헫썬는데 너무 어릴 때라서 거 자세히 몰르겐네129).

요기 요렇게 내려놓은 것도 있지요? 그 베로.

이렇게 귀 옆에 이렇게 하는 거. 그것은 무엇이라고 합니까?

－ 잘 모르겠네.

귀마개.

＝ 만들기는 만들었었지만.

－ 이 하여튼 통틀어서 건대라고만 했지.

그리고 예전에 그 관에 이제 대렴하게 되면 팥죽 쑤거나 이렇지는 안 했었습니까? 옛날은 관 만들 때 팥죽 쑤었다고 했었거든요?

＝ 팥죽 쑤었습니다.

－ 여기는 그 일롯날. 일롯날 그 친족 사돈 되는 쪽에서 팥죽을 쑤어오면 거기 온 사람들 동네 사람들 전부 다 먹지 뭐.

＝ 비방 같아. 무슨 사돈 집에서 꼭 쑤어 옵니다.

예. 비방요. 맞습니다. 비방해서. 그렇게 하고 아까 일롯날은 조문. 조문하는 날 아닙니까? 조문하게 되면 어떤 식으로 했는가요? 옛날들은.

－ 여기도 만날 그 와서들 상에다 절하고 아 상주한테 절하고 동네 분이 앉아 있으면 거기 절하고 그 다음은 부조하고 이제 나오면 음식.

－ 여긴 뭐 하얀 쌀밥에다 그냥 돼지고기. 여기는 뭐 주로 초상나면 하얀 쌀밥 했으니까.

만장으로 한 적은 없습니까?

－ 그 옛날 우리 아주 어릴 때는 만장도 있었는데.

만장이 부조로요?

－ 예. 만장도 하고 그 상여 메고 나갈 때에는 그 대에다가 저.

＝ 만사.

－ 만사. 만사 써 가지고 그 헝겊 아 저 대에나 뭐에다 해 가지고 복친들이 이렇게 메고 그렇게 했었는데 너무 어릴 때라서 거 자세히 모르겠네.

그것또 어른덜 끼리는 그 부주를 헤십쭈게. 만서로.

게믄 삼춘네 헐 때는 이런 그 만장을 하거나 이런 거는 안 헨썬꾸나예?

— 그런 거 안 헨[130].

그러면 그 운상혜 갈 때에. 아까 이제 운상혜 갈 때는 어떵 헤쑤과? 아까 설빼도 헨뗸 허니까. 그 운상 헹려를 한 번 ᄀᆞ라줍써?

— 에 그 상여 아페는 그 배[131]. 뺄쭐로 헤 가지고 두 줄로 한 오심 메타씩 나간쓸 거야. 아마도. 거기다가 동네 부인들 부인드리 아페 걸고[132] 어 동네 꾼드른[133] 이 그 상여를 메고. 복친드른 이제 뒤에 따르고.

= 배[134] 끈떼도 힌 걸로 졸라멘쑤게[135]. 설빼엔[136] 허연.

— 게. 아페 메는 게 그 설빼.

예. 그 한 오심 미터쯤에?

— 아페 메는 게 설빼. 게난 거기 부인덜 미고[137] 두에는[138] 상주가 따르고

아까 그 상여 메가는 사라믈 누구라고 헨마씨?

상두꾼?

— 어 상두꾼.

아까 동네꾸니라는 마를 헤서.

— 아니야. 동네 동네 싸라드리 동네 절믄 사라드리 상뒤꾼[139] 상뒤꾼.

아 그럼예. 그 행상 메는 사르믄 멛 싸르미 피료하우꽈?

— 아 한나 둘 셋 넫 다섯.

여덜?

— 여섯 시미 명 십쌈 명.

으음.

— 십쌈 명.

그러면 아까 ᄀᆞ른대는 멛 깨 놔마씨?

— ᄀᆞ른대[140] 네 개.

네 개 노면.

그것도 어른들 끼리는 그 부조를 했습지요. 만사로.

그러면 삼촌네 할 때는 이런 그 만장을 하거나 이런 것은 안 했군요?

― 그런 것은 안 했어.

그러면 그 운상해 갈 때요. 아까 이제 운상해 갈 때는 어떻게 했습니까? 아까 설배도 했다고 하니까. 그 운상 행렬을 한 번 말씀해 주십시오?

― 에 그 상여 앞에는 그 바. 그 밧줄로 해 가지고 두 줄로 한 오십 미터씩 나갔을 거야. 아마도. 거기다가 동네 부인들 부인들이 앞에 걸고 어 동네 분들은 이 그 상여를 메고. 복친들은 이제 뒤에 따르고.

= 바 끝에도 흰 것으로 졸라맸습니다. 설배라고 해서.

― 그래. 앞에 메는 것이 그 설배.

예. 그 한 오십 미터쯤요?

― 앞에 매는 것이 설배. 그러니까 거기 부인들 메고 뒤에는 상주가 따르고

아까 그 상여 메어 가는 사람을 누구라고 했어요?

상두꾼?

― 어 상두꾼.

아까 동네꾼이라는 말을 해서.

― 아니야. 동네 동네 사람들이 동네 젊은 사람들이 상두꾼 상두꾼.

아 그럼요. 그 행상 메는 사람은 몇 사람이 필요합니까?

― 아 하나 둘 셋 넷 다섯.

여덟?

― 여섯 십이 명 십삼 명.

으음.

― 십삼 명.

그러면 아까 연춧대는 몇 개 놓습니까?

― 연춧대 네 개.

네 개 놓으면?

- ᄀ만일짜141) 그 그리믈.

ᄀ른대를 네 개 노면? 이겁쭈게.

- 아아. ᄀ른대를 노게142) 뒈며는 여기도 줄 메고 끝땡이도143) 줄 멤니다.

네에.

- 노ᄁᄂ로.

네.

- 상여 이거 틀 때. 이거 허민 이거 버서지지 몯터게 노ᄁᄂ로 메도 게며는 ᄋ페 한 사람 사고144) 바로 여기.

- 이거만 다섯 싸르미니까 양쪼기면 열 명 열하나 열뚜 명. 두에는 방 양145) 조정허난.

저 치자비.

그 다음 이거는 뭐렌 헤마씨? 이 대는. ᄀ른대.

- 상열때. 상열때 장때146)라고 허고 이거 상여 장때 이건 ᄀ른대147). 이건 대 ᄀ른대.

아까 네 개?

- 예.

상여 장때는 두 개?

- 예.

경헤영 그 우에 상여를 올려노는 거 아니라예?

- 게난 이 ᄀ른대부터 논148) 다으멘 장때를 노코 이제 줄149)로 헤 가 서 이제 일로150) 시작케 가지고 일로 시작케 가지고 서로 이러케 와 가 지고 줄 양쪼ᄀ로 헤 가지고 이기다151) 무꼬.

예.

- 에 ᄆ디 ᄆ디마다 연결뒈는 디152) 무끈 다으메 여기 와서 매듭 찌고 이 끝땡이153) 와서 두불154)로 이제 이러케 매듭 찌며는 게며는 이러케 뒈 는 거지.

– 가만있자. 그 그림을.

연춧대를 네 개 놓으면? 이거지요.

– 아아. 연춧대를 놓게 되면 여기도 줄 매고 *끄트머리*도 줄 맵니다.

네에.

– 노끈으로.

네.

– 상여 이거 틀 때. 이거 하면 이거 벗어지지 못하게 노끈으로 매도 그러면 옆에 한 사람 서고 바로 여기.

– 이것만 다섯 사람이니까 양쪽이면 열 명. 열하나 열두 명. 뒤에는 방향 조정하니까.

저 키잡이.

그 다음 이것은 무엇이라고 합니까? 이 대는 연춧대.

– 상엿대. 상엿대. 장강이라고 하고 이거 상여 장강. 이건 연춧대. 이건 연춧대.

아까 네 개?

– 예.

상여 장강은 두 개?

– 예.

그렇게 해서 그 위에 상여를 올려놓는 거 아닌가요?

– 그러니까 이 연춧대부터 놓은 다음에는 장강을 놓고 이제 줄로 해 가서 이제 이리로 시작해가지고 이리로 시작해 가지고 이리로 시작해 가지고 서로 이렇게 와 가지고 줄 양쪽으로 해 가지고 여기다 묶고.

예.

– 아 마디 마디마다 연결되는 데 묶은 다음에 여기 와서 매듭 짓고 이 끄트머리에 와서 두벌로 이제 이렇게 매듭 지으면 그러면은 이렇게 되는 것이지.

- 이 주리.

예. 마쑤다. 마쑤다.

- 이거 줄 메는 방식또 이러케 싹 돌려불고 이쪼게는 이러케 완저니 무꺼버리는 게 아니고 혼 번썩 이러케 자바서 이러케 돌리며는 떡 끼며는.

안 푸러지게.

- 아 안 푸러지게 딱 메지니까[155].

아까 요기는 그 방향을 조정하는 키자비 아니우꽝예?

- 예.

요기는 뭐렌 헤마씨? 요 사라믄.

아페 산 사르믄.

- 선두엔[156] 헙쭈. 선두.

으. 선두. 선두고. 그 다으메 상여 우에 올라 와 이 우에 올라와 갇꼬 노래 불르는 사름 읻찌 아녀우꽈? 그 사라믄 뭐렌 험니까?

- 소리꾸니라고 헨는가?

예 조쑤다.

소리꾼예?

- 그 다음 혹씨 헹상을 헤 가다가예 그 망인보다 더 항려리 노픈 사라메[157] 묘지가 읻쓰면 가튼 궨당[158]인데 그러면 이거슬.

- 하레[159]. 하레.

걸 뭐라고마씨?

- 하레.

하레.

- 에 하레 하면 그 산 여페 가며는 그.

과늘 내려노켙따예?

- 그 항상 그 상예[160] 헤 갈 때는 동네 그 알 만헌 사라미 그.

선두에 서니까.

- 이 줄이.

예. 맞습니다. 맞습니다.

- 이거 줄 매는 방식도 이렇게 싹 돌려버리고 이쪽에는 이렇게 완전히 묶어버리는 것이 아니고 한 번씩 이렇게 잡아서 이렇게 돌리면 떡 끼면.

안 풀어지게.

- 아 안 풀어지게 딱 매게 되니까.

아까 여기는 그 방향을 조정하는 키잡이 아닙니까?

- 예.

요기는 뭐라고 합니까? 요 사람은.

앞에 선 사람은.

- 선두라고 하지요. 선두.

으. 선두. 선두고. 그 다음에 상여 위에 올라 와 이 위에 올라와 가지고 노래 부르는 사람 있지 않습니까? 그 사람은 뭐라고 합니까?

- 소리꾼이라고 했는가?

예 좋습니다.

소리꾼요?

- 그 다음 혹시 행상을 해 가다가요 그 망인보다 더 항렬이 높은 사람의 묘지가 있으면 같은 권당인데 그러면 이것을.

- 하례. 하례

그것을 뭐라고요?

- 하례.

하례.

- 에 하례 하면 그 묘 옆에 가면 그.

관을 내려놓겠네요?

- 그 항상 그 상여 해 갈 때는 동네 그 알 만한 사람이 그.

선두에 서니까.

- 아 선두에 이제 그 메진 아녀도 여프로 가면서 다 저 이 코치를 허는 거니까.

- 그 이제 여기 여기 김성숙[161] 동상 가튼 데 그런 디 지나갈 때는 딱하레 헤 가지고 딱 하레 허게 돼며는 전부다 상여를 거이[162] 거이 땅까지 땅엔 아니라도 미트로 내련따가 그 인사하는 목쓰로[163] 그러케 허고.

하례?

- 예. 하례.

다른 동네 가니까 하메라고 하던데예?

- 하메라고도 험니다. 하메[164].

게영 쭉 케영 장지까지 갈 꺼 아니라예. 아까처럼 어 게저레 따라서 그 머리를 어느 쪼그로 할 꺼시냐 하고 난 다으메 그 다으메 거기 간 그 상뒤꾼들도 음시글 메겨야 뒐 꺼 아니라예?

- 게난[165] 거기서는 봉부니 다 뒈여야 점심 제공협쭈마씨.

- 시가니 쪼끔 느지며는 에 하관허기 저네 먹꼬 하관 시기고[166] 또 웬마니[167] 늗찌 아녈 때는 똑[168] 하관허고 하과늘 딱 허게 돼며는 식싸 저 봉분 시작커게 돼며는 또 일허는 사름더른 일허고 나머지는 저 점심[169] 먹꼬

- 그러고 이제 바꽈[170] 가지고 이제 또 안 헌 사름도 허곡.

= 받띠서[171] 그냥.

- 어 받띠서 그냥. 장지에서 그냥.

혹씨 입꽌할 때라든가 아니면 하관할 때에 무슨 띠 무슨 띠는 보지 말라라고 하는?

- 예예. 그걷또 그 그 나리 자일[172] 가뜨며는 자일 가뜨면 축 인 묘 진 사 오. 자에 반대가 오[173].

오니까.

- 오니까 몰허체[174]. 몰허체도 그 사가게 중에 든 사르믄 궨차는데 게난 그 몰띠드리 그 피허라. 이제 그런 전부다 저 이.

- 아 선두에 이제 그 메지는 아니해도 옆으로 가면서 다 저 이 코치를 하는 것이니까.

- 그 이제 여기 여기 김성숙 동상 같은 데 그런 데 지나갈 때는 딱 하례 해 가지고 딱 하례 하게 되면 전부다 상여를 거의 거의 땅까지 땅에는 아니라도 밑으로 내렸다가 그 인사하는 몫으로 그렇게 하고.

하례?

- 예. 하례.

다른 동네 가니까 하메라고 하던데요?

- '하메'라고도 합니다. '하메'.

그래서 쭉 해서 장지까지 갈 거 아닙니까. 아까처럼 어 계절에 따라서 그 머리를 어느 쪽으로 할 것이냐 하고 난 다음에 그 다음에 거기 간 상두꾼들도 음식을 먹여야 될 거 아닌가요?

- 그러니까 거기서는 봉분이 다 되어야 점심 제공하지요.

- 시간이 조금 늦으면 에 하관하기 전에 먹고 하관 시키고 또 웬만큼 늦지 않을 때는 꼭 하관하고 하관을 딱 하게 되면 식사 저 봉분 시작하게 되면 또 일하는 사람들은 일하고 나머지는 저 점심 먹고.

- 그러고 그러고 이제 바꾸어가지고 이제 또 안 한 사람도 하고.

= 밭에서 그냥.

- 아 밭에서 그냥. 장지에서 그냥.

혹시 입관할 때라든가 아니면 하관할 때에 무슨 띠 무슨 띠는 보지 말라라고 하는?

- 예예. 그것도 그 그 날이 자일 같으면 자일 같으면 축 인 묘 진 사 오. 자에 반대가 오.

오니까.

- 오니까 말띠. 말띠도 그 사각에 중에 든 사람은 괜찮은데 그러니까 그 말띠들이 그 피하라. 이제 그런 전부다 저 이.

테길끼에.

— 테길끼175)에 다 나오니까 그 하관하기 저네 과늘 이제 들고 이제 그 개광짜리176)로 가게 뒈면 드러가기 저네 피하시오.

그건 뭐엔 허는고예?

— 소피177).

소피예?

불르는 건 호충. 호충이라는 말 드러봅띠가?

— 호충178) 그런 건 몯 뜨런는데.

소피예?

소피.

그러면 이제 봉부니 다 뒈면 아까 달구를 하고 그 다음 아까 멘 처으메 필쩨?

— 예. 필쩨.

이거시 산 산젠가마씨?

— 산쩨179).

봉부니 다 싸아지면 필쩨를 하고 그 다으메 초우제 재우제 사무제를 헐 꺼 아니우꽈예? 게영 다 끈낭으네 지베 오면 또 옌날 귀양푸리 가튼 거는 안 헤신가마씨?

= 무사 아녀?

— 장사 끈난 다으메 귀양푸리를180) 헤십쭈.

그 귀양푸리는 어떤?

— 그날 저녀게.

그날 쩌녀게 어떤 시그로 허는 거우꽈? 그거는.

— 그 뭐 무당들 저 이 음식. 음식 대개 보니까 전부다 생쑬181)로 올리는 거 가탄게.

= 무사 메도 허영 올리곡게.

택일기에.

－ 택일기에 다 나오니까 그 하관하기 전에 관을 이제 들고 이제 그 굿으로 가게 되면 들어가기 전에 피하시오.

그것은 무엇이라고 하는가요?

－ 소피.

소피요?

부르는 것은 호충. 호충이라는 말 들어봅디까?

－ 호충 그런 것은 못 들었는데.

소피요?

소피.

그러면 이제 봉분이 다 되면 아까 달구를 하고 그 다음 아까 맨 처음에 필제?

－ 예. 필제.

이것이 묘 봉분제인가요?

－ 봉분제.

봉분이 다 쌓아지면 필제를 하고 그 다음에 초우제 재우제 삼우제를 할 것 아닙니까? 그래서 다 끝나서 집에 오면 또 옛날 귀양풀이 같은 것은 안 했는가요?

＝ 왜 아니해?

－ 장사 끝난 다음에 귀양풀이를 했습지요.

그 귀양풀이는 어떤?

－ 그날 저녁에.

그날 저녁에 어떤 식으로 하는 겁니까? 그것은.

－ 그 뭐 무당들 저 이 음식. 음식 대개 보니까 전부다 생쌀로 올리는 것 같던데.

＝ 왜 메도 해서 올리고.

─ 메도 허곡 생쌀도 뭐 올려가지고.

─ 이만때[182] 오며는 뒨날 아처기[183] 마청[184] 가.

─ 제무른 미를[185] 다 장사나게[186] 뒈며는 헤 두니까 그 귀양푸리 할 꺼를 다 준비헤 두니까 그날 쩌녀게는 그 이튿날 발글 때까지 밤새도록 그 저 귀양푸릴 허는 거 가떤데.

그럼 혹씨 지금 장녜까지 치르고 귀양푸리까지 허지 아녇쑤과? 그러면 그와 가튼 장비를 마련할려고 하면 아들 상제하고 똘 상제 사위 상제가 다른가마씸?

─ 아 그러니까.

배당할 게.

─ 뭐 똘도 여유 인는 데는 보태지마는 대개 주상제드리 주상제드리[187] 서로 분담헤영 똘도 잘 사는 똘드른 가치 허고.

그럼 일포는 누가 준비험니까?

─ 여기는 그자[188] 본주에서.

본주에서?

다른 동네 가면 이러케 이제 장날쓸 때는 안 하지만 소상 때는 대개 크게 헌덴 헤 갇꼬 떡 가튼 경우도 궹장히 마니 헤서 동네 나누고 헬뗀 헬꺼든마씨? 여기는 그런 건 어신가마씨?

─ 옌나레는 떡 헫씀니다.

─ 뭐 시루떡 가튼 거 뭐.

─ 빵떡[189] 가튼 거 그런 거 헤영 저 밥 제공 아녈 때 옌날 그 보리쌀 머글 때는 주로 떡 헫쑤다게. 떡 케 가지고 조문객덜토 떵 먹꼬 술 먹꼬 뒈지고기 먹꼬 그 정도.

그러니까 지금 아까처럼 도라와서 다 귀양푸리 하고 난 다으메 다음 주 쯤 뒈면 그 본주에서는 뭐 입꽌할 때라든가 아니면 염헐 때에 아니면 봉분헐 때 너무나 마니 수고를 헫따고 헤가지고 공정?

－ 메도 하고 생쌀도 뭐 올려가지고.

　－ 이맘때 오면 뒷날 아침에 마쳐서 가.

　－ 제물은 미리 다 초상나게 되면 해 두니까 그 귀양풀이 할 것을 다 준비해 두니까 그날 저녁에는 그 이튿날 밝을 때까지 밤새도록 그 저 귀양풀이를 하는 것 같던데.

　그럼 혹시 지금 장례까지 치르고 귀양풀이까지 하지 않았습니까? 그러면 그와 같은 장비를 마련하려고 하면 아들 상제하고 딸 상제 사위 상제가 다른가요?

　－ 아 그러니까.

　배당할 것이.

　－ 뭐 딸도 여유 있는 데는 보태지만 대개 아들 상제들이 아들 상제들이 서로 분담해서 딸도 잘 사는 딸들은 같이 하고.

　그럼 일포는 누가 준비합니까?

　－ 여기는 그저 본주에서.

　본주에서?

　다른 동네 가면 이렇게 이제 초상났을 때는 안 하지만 소상 때는 대개 크게 한다고 해 가지고 떡 같은 경우도 굉장히 많이 해서 동네 나누고 했다고 했거든요? 여기는 그런 것은 없는가요?

　－ 옛날에는 떡 했습니다.

　－ 뭐 시루떡 같은 거 뭐.

　－ 빵 같은 거 그런 거 해서 저 밥 제공 않을 때 옛날 그 보리쌀 먹을 때는 주로 떡 했습니다. 떡 해가지고 조문객들도 떡 먹고 술 먹고 돼지고기 먹고 그 정도.

　그러니까 지금 아까처럼 돌아와서 다 귀양풀이 하고 난 다음에 다음 주 쯤 되면 그 본주에서는 뭐 입관할 때라든가 아니면 염할 때에 아니면 봉분할 때 너무나 많이 수고를 했다고 해가지고 공정?

─ 공정190). 그저녠 공정 이선쑤다게.

그거는 어떤 시그로 허는 거우꽈? 그거는.

─ 에 공정이엔 허며는 그 소상 때에 뒈지 자브면은 뒈지고기 한두 근 정도 이러케 짤라 가지고 쌀 곤쌀191) 한 한 말 정도 술허고 술 뒏뺑192) 큰 뒈193) 그.

큰 뒈?

─ 에 그 뒏뺑으로 하나 하고 뒈지고기 한두 근 하고 그러케 해서 그 댄까를.

소상 때마씨?

─ 예 소상 때.

큰일 할 땐 모르니까. 소상 때 어디 어디 가져가마씨? 공정은.

─ 게면은 개광헌194) 사람.

예.

─ 또 염헌 사람.

예.

─ 뭐 그 정도.

= 옌나른 뒈지고기 썬 사람.

─ 아 뭐.

도감.

─ 도감195) 또.

산땀헌 사르믄. 산따믄 언제 험니까?

─ 그 옌날 산땀힐196) 때는 뭐 그거는 산따믄 동넬 뿐드리 전부 다 모영 허니까 그거는 뭐 특별헌 기수리 아니고 동네 뿐드리 가치 허니까.

= 한 식꾸가치.

─ 장산나른 그냥 음식 제공 받꼬 하는 거니까 그대로 일헤 주는 거지. 동네 뿐드리.

− 공정. 그전에는 공정 있었습니다.

그것은 어떤 식으로 하는 겁니까? 그거는.

− 에 공정이라고 하면 그 소상 때에 돼지 잡으면 뒈지고기 한두 근 정도 이렇게 잘라 가지고 쌀 흰쌀 한 한 말 정도 술하고 술 됫병 큰 되 그.

큰 되?

− 아 그 됫병으로 하나 하고 돼지고기 한두 근 하고 그렇게 해서 그 대가를.

소상 때요?

− 예 소상 때.

큰일 할 때는 모르니까. 소상 때 어디 어디 가져가나요? 공정은.

− 그러면은 광중을 판 사람.

예.

− 또 염한 사람.

예.

− 뭐 그 정도.

= 옛날은 돼지고기 썬 사람.

− 아 뭐.

도감.

− 도감 또.

산담한 사람은. 산담은 언제 합니까?

− 그 옛날 산담할 때는 뭐 그것은 산담은 동네 분들이 전부 다 모여서 하니까 그것은 뭐 특별한 기술이 아니고 동네 분들이 같이 하니까.

= 한 식구같이.

− 장삿날은 그냥 음식 제공 받고 하는 것이니까 그대로 일해 주는 거지. 동네 분들이.

게난 공정은 소상 때 허는구나예?

─ 아 소상 때에. 게난 요즘 뭐 베길 탈쌍이니까 베길 때에 그자 저 나도 가서 뭐터여 주며는 요즈믄 그 뭐 공정 그런 거 얻꼬 내보기나 한불197) 이러케 주는 경우.

으음. 공정 대신 내보그로 이러케 하는구나예.

= 수고헫쩰 허영198).

예에.

= 공정이멍말멍199) 수고헫쩰200) 허영201).

그러며는예 예저네 그 장네하고 요즘 장네하고 비교를 헫쓸 때 어때마씨? 아까도 드문드문 얘기는 헫씀니다마는.

= 아이고, 요즈멘 간딴허주게. 허는 게.

─ 엔나렌 정말 월리 원칙때로 춤 헨는데 그 저 육찌에선 보니까 도라 가시믄 그 삼년 간 뭐 사네202) 가서 살고도 헫쭈마는.

예. 묘지기예?

─ 어. 그런 건 업찌마는 엔나레는 뭐 소상 대상 뭐 담제꺼지 딱 제 날짜에 다 허고 헨는데 요즈믄 아주 간소와뒈니까 뭐 배길 탈쌍도 하고 다 끈마치고.

= 제사도 열 씨에 헤 먹꼬.

─ 제사도 뭐 당일 쩨사헤 가지고 열 씨 저네 헤 머거버리고 허니까. 뭐.

혹씨 지금도 상식커는 디 이신가마씨?

─ 상식커는디203) 요즘.

가파도에서 몯 봐서예?

─ 가파도 안네 이제 지그믄 상식 안 헤.

그러면 그 예저네 상여 메고예 아까 보니까 우리 삼추니 노래 잘 부르더라. 이 목청이 좋은 거 가태. 운구하면서 불럳떤예 그 달구. 이 노래 아는 거 하나 그러니까 공정은 소상 때에 하는군요?

- 아 소상 때에. 그러니까 요즘 뭐 백일 탈상이니까 백일 때에 그저 저 나도 가서 뭣해 주면 요즘은 그 뭐 공정 그런 것은 없고 내복이나 한 벌 이렇게 주는 경우.

으음. 공정 대신 내복으로 이렇게 하는군요.

= 수고했다고 해서.

예에.

= 공정이며 말며 수고했다고 해서.

그러면 예전에 그 장례하고 요즘 장례하고 비교를 했을 때 어떻습니까? 아까도 드문드문 얘기는 했습니다만.

= 아이고, 요즘에는 간단하지. 하는 것이.

- 옛날에는 정말 원리 원칙대로 참 했는데 그 저 육지에서는 보니까 돌아가시면 그 삼년 간 뭐 묘에 가서 살고도 했지만.

예. 묘지기요?

- 어. 그런 것은 없지만 옛날에는 뭐 소상 대상 뭐 담제까지 딱 제 날짜에 다 하고 했는데 요즘은 아주 간소화되니까 뭐 백일 탈상도 하고 다 끝마치고.

= 제사도 열 시에 해 먹고.

- 제사도 뭐 당일 제사해 가지고 열 시 전에 해 먹어버리고 하니까. 뭐.

혹시 지금도 상식하는 데 있는가요?

- 상식하는데 요즘.

가파도에서 못 봤지요?

- 가파도 안에 이제 지금은 상식 안 해.

그러면 그 예전에 상여 메고요 아까 보니까 우리 삼촌이 노래 잘 부르더라. 이 목청이 좋은 거 같아. 운구하면서 불렀던 그 달구. 이 노래 아는 거 하나

불러지쿠과?

- 그건.

= 달구쏘리204).

- 달구?

= 아녀나난.

- 달구 찌을 때는 뭐.

아니며는 운상할 때는.

- 하기도 헨써는데.

튼내 봅써.

운상을 허든 달구를 허든 아까 딱 보니까 한 소절 딱 헨는데 목쏘리가 조터라고예.

- 어 불쌍 달구여. 어허 불쌍 달구여. 어허 불쌍 달구여. 삼 세 번째랑 들고나 노차.

- 이러케 허면 달구를 이제 찐는데205) 그때부터 도라가면서 이제.

= 그 허여난206) 때가 어느 때라.

- 세상사리 뭐뭐 그런 거 허젠207) 허면.

예. 마쑤다게.

게니까 어 불쌍 달구여. 이 사람 주걷쓰니까 이제 불쌍하다 하는 이런 소린 가 봐예.

그 다으멘예 장네 때 음시근 어떤 거슬 어떠케 장만헤마씨? 장네 음식또 손님 대접놩이 잍쓸 꺼고 제 용으로 잍쓸 꺼고. 도새기는 멘 머리 잡꼬 이 런 거예?

- 우선 저 이 뒈지208) 자브며는 열 까그로209) 트지210) 안씁니까?

예.

- 게면 뒈지머리211)는 우선 젤쌍212)에 올릴 껄로 노코 나머지 부분 아옵 깨 가른213) 거슬 거시서 한 근씩 전부다 떼어 내마씨. 한 그니든 반 그니든.

부를 수 있겠습니까?

　- 그것.

　= 달구노래.

　- 달구.

　= 아니했었으니까.

　- 달구 찧을 때는 뭐.

아니면 운상할 때는.

　- 하기도 했었는데.

생각해 보십시오.

운상을 하든 달구를 하든 아까 딱 보니까 한 소절 딱 했는데 목소리가 좋더라고요.

　- 어 불쌍 달구야. 어허 불쌍 달구야. 어허 불쌍 달구야. 삼 세 번째랑 들고나 놓자.

　- 이렇게 하면 달구를 찧는데 그때부터 돌아가면서 이제.

　= 그 했던 때가 어느 때야.

　- 세상살이 뭐뭐 그런 거 하려고 하면.

예. 맞습니다.

그러니까 어 불쌍 달구야. 이 사람 죽었으니까 이제 불쌍하다 하는 이런 소린가 봐요.

그 다음에는요 장례 때 음식은 어떤 것을 어떻게 장만하는가요? 장례 음식도 손님 대접용이 있을 것이고 제 용으로 있을 것이고. 돼지는 몇 마리 잡고 이런 거요?

　- 우선 저 이 돼지 잡으면 열 부분으로 떠내지 않습니까?

예.

　- 그러면 돼지머리는 우선 제사상에 올릴 것으로 놓고 나머지 부분 아홉 개 가른 것을 거기서 한 근씩 전부다 떼어 내요. 한 근이든 반 근이든.

부분 부분.

- 으 부분 매 부분마다 떼여 놔가지고 그걸로. 갈비 가튼 거는 적깔[214] 만드는 데 쓰고. 에 이 부분 헌 걸또 이제 그 제 그 신주안테 그 쓰는 거고.

- 뭐 제무른 우선 그 틀리게[215] 헬찌.

예에.

- 떡 가튼 걸또 따로 만들고.

- 겐디[216] 이제 나머지 고기 가지고 그냥 상뒤꾼[217]들도 메기고 동네 뿐들도 메기고.

그거는 뒈지고기를 가지고 하는 거자나예? 그 그때도 순대를 다마마씨?

- 아아.

상낱쓸 때도.

- 순대[218]. 에 겨론 때에바께 잘 안 헬쓸 껄. 순대?

순대는예?

- 순대 겨론 때 헬찌. 장사 때는. 아 장사 때도 헬따. 장사 왜 헨냐면 그 헤 가지고 관 행상헐 쩌게 상뒤꾼들 그 술란주로 어 순대 이러케 써러 가지고 거 술란주로 이제 대접헨.

그거는 이제 술란주 헐 때 순대허고예. 그 다으메 조문객 오며는 음시근 어떤 걸 대접페마씨?

- 엔나레는 저 아까도 말헬찌마는 뒈지고기 하고.

= 밥.

- 아니 떡. 아주 그 오심 년대까지는 그랟쓸 꺼야. 떡 가뜬 거 허고 술 허고 떡카고 뒈지고기. 그 정도로 허여 가지고 어 대접헬꼬.

바믄 어떤 밥 험니까?

- 이젠 그 팔심 년대부터는 하여튼 무조껀 뱅미바블 헬찌.

예. 그 저네는마씨?

부분 부분.

─ 으 부분 매 부분마다 떼어 놔가지고 그것으로. 갈비 같은 것은 산적 만드는 데 쓰고. 에 이 부분 한 것도 이제 그 제 그 신주한테 그 쓰는 것이고.

─ 뭐 제물은 우선 그 다르게 했지.

예에.

─ 떡 같은 것도 따로 만들고.

─ 그런데 이제 나머지 고기 가지고 그냥 상두꾼들도 먹이고 동네 분들도 먹이고.

그거는 돼지고기를 가지고 하는 거잖아요? 그 그때도 순대를 담나요?

─ 아아.

초상났을 때도.

─ 순대. 에 결혼 때에밖에 잘 안 했을 걸. 순대?

순대는요?

─ 순대 결혼할 때 했지. 장사 때는. 아 장사 때도 했다. 장사 왜 했냐면 그 해 가지고 관 행상할 적에 상두꾼들 그 술안주로 어 순대 이렇게 썰어 가지고 거 술안주로 이제 대접했어.

그거는 이제 술안주 할 때 순대하고요. 그 다음에 조문객 오면 음식은 어떤 걸 대접하나요?

─ 옛날에는 저 아까도 말했지만 돼지고기 하고.

= 밥.

─ 아니 떡. 아주 오십 년대까지는 그랬을 거야. 떡 같은 거 하고 술하고 떡하고 돼지고기. 그 정도로 해 가지고 아 대접했고.

밥은 어떤 밥 합니까?

─ 이젠 그 팔십 년대부터는 하여튼 무조건 백미밥을 했지.

예. 그 전에는요?

― 그 저네 그 떡.

아 그거 하고. 그 다으메는 반. 고긴빠는 꼭 주자나예? 궤긴빤예. 궤긴빤
주는데 요즈믄 이러케 젱바네 헹 주지만 옌나레는 꼬지에 이러케 꼬장 바메
영 꼬장 주진 아녀낟쑤과?

― 으 저 장산날[219].

예.

― 장산날 상뒤꾼더리 이제 상여 메기 저네 그 밤 머그레 오며는 아침
밥 머그레 오며는 저 그 고젱이에다가[220] 석 쩜씩 꿰여 가지고.

예.

― 아까 바븐 낭푸니에다가[221] 퍼 가지고 여러 사라미 가치 먹께끔 세
시던 네시든 이러케 안자서 가치 먹고 그 돋꿰기[222] 에 저 저깔[223]. 그
그거는 고젱이에 뀐 거 한 개씩 석 점씩 뀐[224] 걸 나눠줘.

그 고젱이 뀐 궤기를 머렌 헤마씨?

다른 데 가니까 뭐 바엘꼬지 이런 말도 허곡 헙띠다마는예?

= 고젱이꿰기엔[225] 안 허는가?

― 그냥그냥 고젱이[226]. 고젱이라고.

고젱이꿰기. 그러케 헤서 이제 하는데 국 가튼 거는 특별하게 안 해마씨?
다른 데 가면 몸쿡도 허고 허던데.

― 아 저 이 보통 여기서는 저 옌나레는 장꾹[227]. 미여게 뒌장꾹또 끄
렫찌마는[228] 여르메는. 겨우레는 보통 저 이.

= 육께장이라고.

― 육께장. 저 뒈지 자브며는 그 근유그로만 떼 가지고 육께장 만드러
가지고 그러케.

= 몸[229] 낭.

몸 낭 육께장으로 끄리는 거라예. 고사리 낭 육께장 허는 게 아니고.

― 고사리도 노코 뭐.

- 그 전에 그 떡.

아 그거 하고. 그 다음에는 반기. 고기반기는 꼭 주잖아요? 고기반기요. 고기반기 주는데 요즘은 이렇게 쟁반에 해서 주지만 옛날에는 꼬치에 이렇게 꽂아서 밥에 이렇게 꽂아서 주지는 않았습니까?

- 아 저 장삿날.

예.

- 장삿날 상두꾼들이 이제 상여 메기 전에 그 밥 먹으러 오면 아침밥 먹으러 오면 저 그 꼬치에다가 석 점씩 꿰어 가지고.

예.

- 아까 밥은 양푼에다가 퍼 가지고 여러 사람이 같이 먹게끔 셋이든 넷이든 이렇게 앉아서 같이 먹고 그 돼지고기 아 저 산적. 그 그것은 꼬챙이에 꿴 거 한 개씩 석 점씩 꿴 것을 나눠줘.

그 꼬챙이 꿴 고기를 뭐라고 하나요?

다른 데 가니까 뭐 바엣꼬치 이런 말도 하고 합디다만?

= 꼬챙이고기라고 안 하는가?

- 그냥그냥 꼬챙이. 꼬챙이라고.

꼬챙이고기. 그렇게 해서 이제 하는데 국 같은 거는 특별하게 안 하나요? 다른 데 가면 모자반국도 하고 하던데.

- 아 저 이 보통 여기서는 저 옛날에는 된장국. 미역에 된장국도 끓였지만 여름에는. 겨울에는 보통 저 이.

= 육개장이라고.

- 육개장. 저 돼지 잡으면 그 근육으로만 떼어 가지고 육개장 만들어 가지고 그렇게.

= 모자반 넣어서.

모자반 넣어서 육개장 끓이는 거지요. 고사리 넣어서 육개장 하는 것이 아니고.

- 고사리도 넣고 뭐.

= 고사리 육께장도 험니다. 주로 몸꾸겐230) 몸 노코. 육께장에 고사리가 드러가고.

― 고사리가 여기는 히미 드니까231). 어려우니까.

= 육께장에 고사리 드러가고. 그냥 꿰우는232) 건 몸꾸겐 몸만 놓.

육께장. 특별한 음시기라고 헤서 고사리 사당으네 육께장을 끄리나 봐예. 그럳쿠나.

자 이제까지는 장네라예.

삼년상을 다 지낸 거지.

삼년상 다 끈나니까 처으므로 첟쩨사헐 때예. 제사하는 거는 어떤 종뉴드리 제사가 이신고예?

기제사 이쓸 거고. 그 다음 뭐 추석또 이꼬.

시제 묘제.

― 여기는 저 묘제 가튼 거는 안 하고. 제사.

게믄 멛 때까지 함니까?

― 예에?

증조까지는 하지예? 제사를.

제사는 멛 때까지 지내마씨?

― 제사 아 증조까지는 헙쭈마씨233).

삼 대예?

― 예. 삼 대까지는 헴쑤다234). 삼 대까지는 허는데 요즘 와서는 또 아녀는 지비 마나235). 저 이 정허는 사름드른 부부 틀린236) 나레 도라가셔도.

합쩨?

― 하라버지 이레237) 합쩨 헤 버리고 보통 요즈믄 하라버지꺼지. 증조 뒈며는 제사 지내지 아녀는238) 거 가테.

= 고사리 육개장도 합니다. 주로 모자반국에는 모자반 넣고. 육개장에 고사리가 들어가고.

- 고사리가 여기는 어려우니까. 어려우니까.

= 육개장에 고사리 들어가고. 그냥 끓이는 것은 모자반국에는 모자반만 넣어서.

육개장. 특별한 음식이라고 해서 고사리 사다가 육개장을 끓이나 봐요. 그렇구나.

자 이제까지는 장례예요.

삼년상을 다 지낸 거지.

삼년상 다 끝나니까 처음으로 첫제사할 때요. 제사하는 것은 어떤 종류들의 제사가 있는가요?

기제사 있을 것이고. 그 다음 뭐 추석도 있고.

시제 묘제.

- 여기는 저 묘제 같은 것은 안 하고. 제사.

그러면 몇 대까지 합니까?

- 예에?

증조까지는 하지요? 제사를.

제사는 몇 대까지 지냅니까?

- 제사 아 증조까지는 합지요.

삼대요?

- 예. 삼 대까지는 하고 있습니다. 삼 대까지는 하는데 요즘 와서는 또 안 하는 집이 많아. 저 이 정하는 사람들은 부부 다른 날에 돌아가셔도.

합제?

- 할아버지 기일에 합제 해 버리고 보통 요즘은 할아버지까지. 증조 되면 제사 지내지 아니하는 거 같아.

묘제를 안 하면 시제 이런 걷또 안 허게따 여기는예?

　- 아 시제239) 험니다. 보메. 보메는 시제 험니다게.

아아.

　- 거는 시제는 그 제사 안 지내는 분들 그거 전부 다 허여마씨240).

그러며는예 일년 딱 셍가글 해서 이제 제사. 우리가 말허는 식께허고 그 다으메 멩질부터 뭐 한식 단오 헤 갇꼬 옌나레 제를 지내떤 나를 한번 ᄀ라줘 봅써? 어떤 날 어떤 날 제 지낸?

정월초흗날 헐 꺼꼬예?

　- 정월 초흐릗날241) 헐꺼고.

예.

한식 케낟쑤과?

　- 여기는 한식242). 청명243) 한식 그런 거. 그 저 청명 한식 때는 사네244) 벌초나 잡푸리나 케지 뭐 제 지내는 거 몯 받꼬.

다노 멩지른 헫쑤과?

　= 다노도 안 험니다.

　- 다노도 그런 걷또 안 허고 추석.

예.

　= 딱 두 번.

　- 설허고 추석.

하고 이제 시제. 식께.

　- 아 시제는 건 뭐 제사 안 지내는 사름덜 허는 거니까 그 정도.

예. 그러며는예 전통저그로 요새 말고예 전통저그로 제사를 지내젠 허면 삼춘네가 삼춘 아버지 이제 제사 지낼 때 그 과정을 쭉 훈번 ᄀ라줘 봅써?

식껜날 뒈면 뭐 제물도 준비허는 거부터 시작케 갇꼬.

　- 제물 뭐?

식께 허젠 허믄 어떵 험니까?

묘제를 안 하면 시제 이런 것도 안 하겠다 여기는요?

- 아 시제 합니다. 봄에. 봄에는 시제 합니다.

아아.

- 거는 시제는 그 제사 안 지내는 분들 그거 전부 다 합니다.

그러면요 일년 딱 생각을 해서 이제 제사. 우리가 말하는 제사하고 그 다음에 명절부터 뭐 한식 단오 해 가지고 옛날에 제를 지냈던 날을 한번 말해줘 보십시오. 어떤 날 어떤 날 제 지냈는지?

정월 초하룻날 할 것이고요?

- 정월 초하룻날 할 것이고.

예.

한식 했었습니까?

- 여기는 한식. 청명 한식 그런 거. 그 저 청명 한식 때는 묘에 벌초나 잡풀이나 캐지 뭐 제 지내는 것 못 봤고.

단오 명절은 했습니까?

= 단오도 안 합니다.

- 단오도 그런 것도 안 하고 추석.

예.

= 딱 두 번.

- 설하고 추석.

하고 이제 시제. 제사.

- 아 시제는 그것은 뭐 제사 안 지내는 사람들 하는 것이니까 그 정도.

예. 그러면요 전통적으로 요새 말고요 전통적으로 제사를 지내려고 하면 삼촌네가 삼촌 아버지 이제 제사 지낼 때 그 과정을 쭉 한번 말씀해줘 보십시오?

제삿날 되면 뭐 제물도 준비하는 것부터 시작해 가지고?

- 제물 뭐?

제사 하려고 하면 어떻게 합니까?

－ 식께245) 허젠 허민 뭐 물론 쌀 가라서 침떡246).

예.

－ 곤떡247) 그 뭐 솔변248) 절변249) 뭐 에 그 다으메.

＝ 도레기떡250).

－ 에 저 뭗꼬. 송편.

예.

－ 에 그런 걷또 허고. 또 그 옌나레는 묵.

예에.

－ 묵 케 가지고 저 올려서 제사 지낻찌마는 숭년251) 때는. 요즈믄 쌀 ᄀ라다가 그런 시그로 허고 뒈지고기 적깔252). 바다에 그거 허곡.

바다 꺼는 뭐뭐 올립니까? 아까 보난.

－ 아 바다에 꺼는 고기253) 말린 거.

예.

－ 고기 말린 거허고 그 다으믄 겡꾹254). 무레 바다꼬기는 보통 그러케 드러가고.

아까 무너도 이섣던 거 가튼데.

적깔.

－ 에 무너도255) 올리는 거.

＝ 건 요즈메야.

옌나레는 안 허고마씨?

－ 그 저네는 비느리 엄는 고기는 상256)에 아니 올린다 헤 가지고 그 저네는 안 올렫써. 요즈메 와서 자기 부모 제사 때에 올리고 시픈 거 올렫찌 그 저네는 비늘 엄는 고긴 아니 올려서. 갈치 ᄀ튼 거 이런 거 안 올렫찌.

게난 어르신네 어르신네 아버님 제사 모실 때 제수근 뭐뭐 헫쑤과?

－ 제수근 에 우렁257) 물린 거나 볼락 벵어돔 이런 거 저 말린 거 헤서 올렫꼬 뒈지고기적258) 쉐고기적259) 또 탕쉬260) 에 고사리.

- 제사 하려고 하면 뭐 물론 쌀 갈아서 시루떡.

예.

- 흰떡 그 뭐 솔변 절편 뭐 아 그 다음에.

= 절편.

- 아 저 무엇이지. 송편.

예.

- 아 그런 것도 하고. 또 그 옛날에는 묵.

예에.

- 묵 해가지고 저 올려서 제사 지냈지만 흉년 때는. 요즘은 쌀 갈아다가 그런 식으로 하고. 돼지고기 산적. 바다에 그거 하고.

바다에 것은 뭐뭐 올립니까? 아까 보니까.

- 아 바다에 것은 고기 말린 거.

예.

- 고기 말린 거 하고 그 다음은 갱. 물에 바닷고기는 보통 그렇게 들어가고.

아까 문어도 있었던 거 같은데.

산적.

- 아 문어도 올리는 거.

= 그것은 요즘에야.

옛날에는 안 하고요?

- 그 전에는 비늘이 없는 고기는 제사상에 아니 올린다 해가지고 그 전에는 안 올렸어. 요즘에 와서 자기 부모 제사 때에 올리고 싶은 거 올렸지 그 전에는 비늘 없는 고기는 아니 올렸어. 갈치 같은 거 이런 거 안 올렸지.

그러니까 어르신네 어르신네 아버님 제사 모실 때 제숙은 뭐뭐 했습니까?

- 제육은 아 우럭 말린 거나 볼락 뱅에돔 이런 거 저 말린 거 해서 올렸고 돼지고기 산적 쇠고기 산적 또 탕쉬 에 고사리.

= 방어페옥261).

— 또 이제 과일들.

예 과이른 멜 쫑이우꽈?

— 과이를 베262) 사과.

= 귤.

— 감 그 다음 귤.

= 다섯 까지.

예 오종.

— 그 정도.

오종예. 떠근 마씨? 아까 침떡?

— 아까 침떡.

곤떡.

— 솔변 절변 또 이 모멀헐 때는 모멀떡또263) 올릴 꺼고 도레기떡 또 전.

네.

— 예 그 정도 떠근.

도레기떠근 어떤 거우꽈?

— 우에264) 저 이 두 겨브로 이러케 헤 가지고 이러케 뚱그런 거 잊찌

아넘니까?265)

맨 우에 올라가는 거우꽈? 그걸 도레기떠겐 헤마씨?

우끼?

예 우찍.

우찍.

으 우찌글 도레기떠그로. 건 멜 깨 올려마씨? 도레기떠근.

= 세 개.

— 하여튼.

세 개?

= 방어폐옥.

─ 또 이제 과일들.

예 과일은 몇 종입니까?

─ 과일을 배 사과.

= 귤.

─ 감 그 다음 귤.

= 다섯 가지.

예 오종.

─ 그 정도.

오종요. 떡은요? 아까 시루떡?

─ 아까 시루떡.

흰떡.

─ 솔변 절편 또 이 메밀할 때는 메밀떡도 올릴 것이고 절편 또 전.

네.

─ 예 그 정도 떡은.

도레기떡은 어떤 겁니까?

─ 위에 저 이 두 겹으로 이렇게 해 가지고 이렇게 둥그런 거 있지 않습니까?

맨 위에 올라가는 것입니까? 그걸 도레기떡이라고 합니까?

웃기?

예 웃기.

웃기.

으 웃기를 절편으로. 그건 몇 개 올려요? 절편은.

= 세 개.

─ 하여튼.

세 개?

- 세 개나 다섯 깨나 이제 짝그르게266).

짝끄르게 헤갇꼬.

아까 방어로 헤 갇꼬 무신 거?

- 아 방어페옥267). 그거 방어 이러케 쪼끔씩 짤른 거끄라268) 페오기라고 허는데 방어페옥.

방어페옥. 게믄 방어 적 헌 거를 방어페오기렌 허는 거라예. 옌날부터 방어로 헤날쑤가? 여긴.

= 옌날도 방어.

상어 안 허는 시그로 방어로.

= 아 예. 상어도 헬쑤다.

모도리.

- 옌나렌 상어가 마니269) 낟찌. 겐디 요즈믄 상어가 정말 귀험니다게. 그 옌날 우리 저 구물칠헐270) 때는 상어 비께271).

= 도레기272).

저립.

여긴 저리비 안 나오고.

- 저리비273) 아니고 저리비 아니고 여기선 가다리라 허는데 그거 일본마린지 몰라도 그 저리비 우리 저 이 ᄀᆞ만일짜 육씹 년대 초까지 그거 나까쓰니까. 육씹 년대 말까지 나깓찌.

- 우리도 가민 그 다섯274) 마리씩 나깓써. 이벡 키로 벡오십 키로 백이십 키로 삼백 키로 나가는 건또 잇써. 우리 직접 나깓써요. ᄒᆞ루275) 가서 다섯 ᄆᆞ리까지도 나깐는데. 풍선헐 때부터 이제 발똥선 이제 헐 때까지 베를 헬썬는데.

- 그때는 그게 얼마나 마신는276) 줄 아라. 참치 그런 거에 비헐 빠가 아니야.

- 아주 저거 참치 종뉴에서도 특참치.

- 세 개나 다섯 개나 이제 짝짝이가 되게.

짝짝이가 되게 해 가지고.

아까 방어로 해 가지고 무슨 거?

- 아 방어페옥. 그거 방어 이렇게 조금씩 자른 것보고 페옥이라고 하는데 방어페옥.

방어페옥. 그러면 방어 적 한 것을 방어페옥이라고 하는 거네요. 옛날부터 방어로 했었습니까? 여기는.

= 옛날도 방어.

상어 안 하는 식으로 방어로.

= 아 예. 상어도 했습니다.

돌묵상어.

- 옛날엔 상어가 많이 났지. 그런데 요즘은 상어가 정말 귀합니다. 그 옛날 우리 저 그물질할 때는 상어 두툽상어.

= 괭이상어.

재방어.

여기는 재방어가 안 나오고.

- 저립이 아니고 저립이 아니고 여기서는 '가다리'라 하는데 그거 일본말인지 몰라도 그 재방어가 우리 저 이 가만있자 육십 년대 초까지 그거 낚았으니까. 육십 년대 말까지 낚았지.

- 우리도 가면 그 다섯 마리씩 낚았어. 이백 킬로 백오십 킬로 백이십 킬로 삼백 킬로 나가는 것도 있어. 우리 직접 낚았어요. 하루 가서 다섯 마리까지도 낚았는데. 풍선할 때부터 이제 발동선 이제 할 때까지 배를 했었는데.

- 그때는 그것이 얼마나 맛있는 줄 아는가. 참치 그런 것에 비할 바가 아니야.

- 아주 저거 참치 종류에서도 특참치.

가다리가예?

어떤.

― 재방어.

사초니거든.

― 참치 종눈디 거보단 더 커. 아주 크지. 거 겐디277) 우리가 여기 나
강278) 팔 때는 도니 얼마 안 뒈지. 옌나렌.

(웃음) 이제쯤 헬쓰면.

― 아 지금쯤 허면 그거는 항아리에다가 딱딱 자바가지고 소그메 딱케
서 곤혜서279) 항아리 쏘게 무더 노면 겨울 내내 한두 점만 무우꾸게280)
놔도 베춘꾸게281) 놔도 그 마시 정말. (웃음).

게믄 그 음식 이르믄 뭐렌 ᄀ라마씨. 경헌 음시근?

= 가다리 저린 거. 가다리.

가다리국.

아 가다리 저린 거. 아아 걷또 이 동네마니 이런 독특칸.

아까?

이제는 시께. (이제는 제사.)

방어페옥.

방어페옥? 작씨레기란 얘긴가?

아니 아니. 방어저글 그냥 다른 도새기 허민 돋꿰기적 험니까?

= 예.

돋꿰기적. 쉐고기는 쉐꿰기적.

― 예.

건디 방어 저근?

= 방어는 방어적깔로282) 허지마는 요 기리만씩 허영예283) 말리왕284).
예.

= 청285) 그 마른 고기영286) 가치. 청그네287) 건 따로. 건 방어페옥.

재방어가요?

어떤.

― 재방어.

사촌이거든.

― 참치 종류인데 거보다 더 커. 아주 크지. 거 그런데 우리가 여기 나가서 팔 때는 돈이 얼마 안 되지. 옛날에는.

(웃음) 이제쯤 했으면.

― 아 지금쯤 하면 그거는 항아리에다가 딱딱 잡아가지고 소금에 딱해서 간 해서 항아리 속에 묻어 놓으면 겨울 내내 한두 점만 뭇국에 넣어도 배춧국에 넣어도 그 맛이 정말. (웃음).

그러면 그 음식 이름은 무엇이라고 말하나요? 그렇게 한 음식은?

= 재방어 절인 거. 재방어.

재방어국.

아 재방어 절인 거. 아아 그것도 이 동네만의 이런 독특한.

아까?

이제는 제사.

방어페옥.

방어페옥? 부스러기라는 얘긴가?

아니 아니. 방어적을 그냥 다른 돼지 하면 돼지고기 산적 합니까?

= 예.

돼지고기 산적. 소고기는 소고기 산적.

― 예.

그런데 방어 적은?

= 방어는 방어 산적도 하지만 요 길이만씩 해서요 말려서.

예.

= 쪄서 그 마른 고기하고 같이. 찌고서 그건 따로. 그것은 방어페옥.

방어페옥 그거는 말려서 쪄내는 거.

− 어 말린 거.

= 잘도 맏써마씨288). 지금도 그거 주로 험니다.

아아 방어를. 방어를 말령 놔두는구나예?

= 시비뤌 딸 뒈며는. 장년에는예 이만큼씩 컨 방어 만오처 늴씩 파랃 쑤다289). 잘도 싸게. 게난 그런 거 아프로는 시에난290) 그런 거 먹꼬 시프며는 알리며는 싸게 사갈 쑤 시쑤다291).

그러니까.

= 아이고 장녀네는 대방어292) 이만큼씩 컨 거 난예293) 너무 마신께 머 건쑤다294).

방어페오기렌 헌 걸 머거 봐야 뒈는데.

= 그거에 머리빠근 국 끄려295) 머거도 싹 베벨랑으네296) 삼 밀만 시들키영으네297) 은박찌에 딱딱 쌍 놔두며는 생전 놔둬도 어떵298) 아녀마씨299). 잘도 맏씸니다.

방어페옥께?

방어페옥또 하고.

= 시비뤌 시비월 두 달 사이.

이제는 그거 말고 이제 식께를 또 헤 봐야쿠다.

그러니까 이젠 제무를 다 줄린 거 아니우꽈? 그러면 진서를 헐 꺼 아니라예? 진서를 허게 뒈면 한번 이러케 젤쌍을 줄려봅써.

꾸며 봅써.

− 진설허는데 저 츠례대로.

예.

− 아네는 메. 겡.

예.

− 그 다으믄 에 고사리. 가운데 잔때300). 그 바끄로는 에 적.

방어페옥 그것은 말려서 쪄내는 거.

— 아 말린 거.

= 잘도 맛있어요. 지금도 그거 주로 합니다.

아아 방어를. 방어를 말려서 놔두는군요?

= 십일월 달 되면. 작년에는요 이만큼씩 한 방어 만오천 원 씩 팔았습니다. 잘도 싸게. 그러니까 그런 거 앞으로는 제주시니까 그런 거 먹고 싶으면 알리면 싸게 사갈 수 있습니다.

그러니까.

= 아이고 작년에는 대방어 이만큼씩 한 거 나서요 너무 맛있게 먹었습니다.

방어페옥이라고 한 것을 먹어 봐야 되는데.

= 그거요 머리빡은 국 끓여 먹어도 싹 배따서 삼 일만 시들려서 은박지에 딱딱 싸서 놔두면 생전 놔두어도 어찌 아니합니다. 잘도 맛있습니다.

방어페옥요?

방어페옥도 하고.

= 십일월 십이월 두 달 사이.

이제는 그것 말고 이제 제사를 또 해 봐야겠습니다.

그러니까 이제는 제물을 다 차린 것 아닙니까? 그러면 진설을 할 거 아닌가요? 진설을 하게 되면 한번 이렇게 제사상을 차려보십시오.

꾸며 보십시오.

— 진설하는데 저 차례대로.

예.

— 안에는 메. 갱.

예.

— 그 다음은 에 고사리. 가운데 잔대. 그 밖으로는 에 산적.

- 또 그 바끄로는 에 과일. 주로 웬쪼게는 떡 그 정도.

예.

그러케 헤서 상이 출려지면 지방도 지방을 부치든 사지늘 노튼.

- 어 지방[301].

삼춘네 지방 험니까?

- 예.

예 지방은 이제 삼추니 썽 부치고예?

- 예.

그 다으멘 제사를 지내야헐 꺼 아니우꽈? 제사 지내는 순서를 ㄱ라 줍써?

- 어 제사 지내는 거는 처으메는 그 집싸가[302] 우선 저 이 세수 소늘 싯꼬[303].

거 관수.

- 관수허고[304]. 아 집싸가 먼저 저를 허고 드러간 다으메 그 다으메 이제 향뿌를 피우게 뒈며는 상제드리 에 헌과니 저를 하고.

헌과니. 예 헌관.

- 에 저를 하고 그 다으믄.

= 문전 허고[305].

- 어.

초허니 드러가서 강신.

- 강시네 그. 여기는 강시녕[306] 아녀고 그 아이고 갑짜기 얘기허젠 허난 처으메 드리는 잔 뭐?

= 잘 모르겐는데.

그게 그게 아아.

= 잘 이저부럳쩌.

첨자근 아니고.

― 또 그 밖으로는 에 과일. 주로 왼쪽에는 떡 그 정도.

예.

그렇게 해서 상이 차려지면 지방도 지방을 붙이든 사진을 놓든.

― 어 지방.

삼촌네 지방 합니까?

― 예.

예. 지방은 이제 삼촌이 써서 붙이고요?

― 예.

그 다음에는 제사를 지내야할 것 아닙니까? 제사 지내는 순서를 말해 주십시오?

― 어 제사 지내는 거는 처음에는 그 집사가 우선 저 이 세수 손을 씻고.

거 관수.

― 관수하고. 아 집사가 먼저 절을 하고 들어간 다음에 그 다음에 이제 향불을 피우게 되면 상제들이 에 헌관이 절을 하고.

헌관이. 예 헌관.

― 에 절을 하고 그 다음은.

= 문전제 지내고.

― 어.

초헌이 들어가서 강신.

― 강신에 그. 여기는 강신이라고 않고 그 아이고 갑자기 얘기하려고 하니까 처음에 드리는 잔 뭐?

= 잘 모르겠는데.

그것이 그것이 아아.

= 잘 잊어버렸다.

첨작은 아니고.

게난 초허니 일딴 술 쫌 따라가지고 향에 이러케 세 번씩.

– 큰상주가 이제.

예 초허니예.

– 큰 제과니 이제 아 초허니 이제 그걸 허는디.

– 웬쪼그로 세 번 오른쪼그로 세 번 돌려 가지고.

거 모사끄른.

– 에 모사끄르세307) 이제 집싸를 주며는 집싸가 그 모사끄르세 세 버
네 이제 따라 비우며는308) 거시.

강시니 뒌 겁쭈.

– 강시닌 뒈고. 그 다으믄 다시 이젠 안네 그거슨 모산쩝씨309)에 낱찌
마는 안넬 짜네다가 이제 다시 수를 비워310) 가지고 집싸가 똑 초헌관안
테 주며는 그 술짠 바다 가지고 올린 다으메 에 여기선 저붐311).

– 저부믈 아 탕쉬312) 쪼기나 이제 고기 저 이 적313) 낀는314) 쪼게 이러
케 올려노으며는 거시 에 초헌. 그 초허니 절허고 나며는 그 초허니 끈나고

– 그 저 두 번째는 또 안네315) 짠 내려 가지고 아 수를 바든 다으메
이제 집싸가 또 두번째.

잔도 드리고.

– 아 잔 드려 가지고 이젠 허게 뒈며는 에 잔 올리고 수저316)를 에 밥
끄르세 두껑을 열고 어 수저로 갱317)을 적신 다으메 바베다 꼬바318). 이
제 배례허고 나며는 두번째 끈나고.

– 세 번째는 그냥 술만 올려 가지고 절허면 끈난 다으메 그 다으메 이
제 다시 큰 초헌관안테 이제 수를 헤 가지고 첨작 짜늘 이제 허게 뒈면
저 안네 짜네다가 세 번을 더 비우게319) 뒈면 첨작. 그때는 이제 삼헌관
드리 다 절허고.

– 그 다으메 복친드리320) 또 다 절허고. 그거 끈난 다으메는 에 부복
케321) 가지고 어 숭늉 올려난 다으메 에 부복케 가지고 한 이삼 분 정도

그러니까 초헌이 일단 술 조금 따라가지고 향에 이렇게 세 번씩.

– 큰상주가 이제.

예 초헌이요.

– 큰 제관이 이제 아 초헌이 이제 그것을 하는데.

– 왼쪽으로 세 번 오른쪽으로 세 번 돌려 가지고.

거 모삿그릇.

– 아 모삿그릇에 이제 집사를 주면 집사가 그 무삿그릇에 세 번에 이제 따라 부우면은 것이.

강신이 된 것이지요.

– 강신이 되고. 그 다음은 다시 이제는 안에 그것은 모삿그릇에 놓았지만 안에 잔에다가 이제 다시 술을 부어가지고 집사가 똑 초헌관한테 주면 그 술잔 받아 가지고 올린 다음에 에 여기서는 젓가락.

– 젓가락을 아 탕쉬 쪽이나 이제 고기 저 이 적 있는 쪽에 이렇게 올려놓으면 그것이 에 초헌. 그 초헌이 절하고 나면 그 초헌이 끝나고.

– 그 저 두 번째는 또 안에 잔 내려 가지고 아 술을 받은 다음에 이제 집사가 또 두번째.

잔도 드리고.

– 아 잔 드려 가지고 이제는 하게 되면 에 잔 올리고 숟가락을 아 밥그릇에 뚜껑을 열고 어 숟가락으로 갱을 적신 다음에 밥에다 꽂아. 이제 배례하고 나면 두번째 끝나고.

– 세 번째는 그냥 술만 올려가지고 절하면 끝난 다음에 그 다음에 이제 다시 큰 초헌관한테 이제 술을 해 가지고 첨작 잔을 이제 하게 되면 저 안에 잔에다가 세 번을 더 붓게 되면 첨작. 그때는 이제 삼헌관들이 다 절하고.

– 그 다음에 복친들이 또 다 절하고. 그거 끝난 다음에는 에 부복해 가지고 어 숭늉 올려난 다음에 에 부복해 가지고 한 이삼 분 정도

그 뭐 소위늘 비는 건지 몰라도 그런 부복케 가지고 헌 다으메 철변322). 수저 내려노코 전부 다 헤서 철변.

– 전부 다 그름 타나씩323) 움지겨 가지고 허게 뒈먼 그 다으메 이제 또 헌관드리 절허고 난 다으메 또 복친드리 절허고 헤 가지고 이제 제사가 끈난 거.

그 문전?

– 에 그러케 헌 다으메 여기서는 문전쌍324)에 헐 쩌게는 걸명325)을 헌 다으메 다시 저를 허는데.

– 이 제사 때는 제사 완저니 끈난 다으메 걸명을 쪼금씩 뜨더 놔 가지고 숭늉에다 너어 가지고326) 그 숭늉에다 안네 짠 술도 비우고327) 모사쩝 씨는 따시 따로 지붕에 올리고 그 툿다328) 논 그 걸명 헌 거슬 저 문전 바께다가 정무네다가 좌츠게 세 번 우츠게 세 번 이러케 뿌려. 그러면 제사가 끈나는 거.

게난 문전쩨는 제사보다 먼저 헬쑤광?

– 먼저 헨.

혹씨 아네도 헬쑤과? 고팡을 위한 신?

– 엔날 엔나레는 헌 걸로 아는데 우리가 큰 후에는 그런 건 몯 봔.

게믄 아버님 제사헐 때 그거 안 노치예. 메 두 그를 세 그름. 문전까지.

– 아 그런 거 안 놔.

제사 음시근 누가 준비헤마씨?

– 아 뭐 집싸르미.

음. 궤기허는 제숙커는 거는 삼추니 허고.

– 제숙329)도 다 집싸라미 허고.

= 아녀 붙쑤다.

아 안 헤봔마씨? 우리 어릴 때 보면 남자가 이거 적깔헤연게마는.

– 헤야 뒈는디. 왜330) 처으멘 나도 헬썬찌. 왜. 허다 마으메 안 드런는

그 뭐 소원을 비는 것인지는 몰라도 그런 부복해 가지고 한 다음에 철변. 수저 내려놓고 전부 다 해서 철변.

- 전부 다 그릇 하나씩 움직여 가지고 하게 되면 그 다음에 이제 또 헌관들이 절하고 난 다음에 또 복친들이 절하고 해 가지고 이제 제사가 끝난 거.

그 문전?

- 에 그렇게 한 다음에 여기서는 문전상에 할 적에는 걸명을 한 다음에 다시 절을 하는데.

- 이 제사 때는 제사 완전히 끝난 다음에 걸명을 조금씩 뜯어 넣어 가지고 숭늉에다 넣어가지고 그 숭늉에다 안에 잔 술도 부으고 모삿그릇은 다시 따로 지붕에 올리고 그 뜯어 놓은 그 고수레 한 것을 저 문전 밖에 다가 정문에다가 좌측에 세 번 우측에 세 번 이렇게 뿌려. 그러면 제사가 끝나는 거.

그러니까 문전제는 제사보다 먼저 했습니까?

- 먼저 했어.

혹시 안에도 했습니까? 고방을 위한 신?

- 옛날 옛날에는 한 것으로 아는데 우리가 큰 후에는 그런 것은 못 봤어.

그러면 아버님 제사할 때 그거 안 놓지요. 메 두 그릇 세 그릇. 문전까지.

- 아 그런 것 안 놓아.

제사 음식은 누구가 준비하나요?

- 아 뭐 집사람이.

음. 고기하는 제육하는 것은 삼촌이 하고.

- 제육도 다 집사람이 하고.

= 아니해 봤습니다.

아 안 해봤습니까? 우리 어릴 때 보면 남자가 이거 산적하더니만.

- 해야 되는데. 왜 처음에는 나도 했었지. 왜. 하다 마음에 안 들었는

지 다음부터는 자기가 허데.

(웃음)

게난 메도 우리 여자 삼추니 거리고?

— 아 다 거려331).

음 다예. 게믄 그런데 이제 제사 음식 준비허는데 금기 제사 음식 준비 몰털 때가 잇짜나예. 뭐 상이 낟거나 아니면 여자들 가튼 경우 모메 꺼 온다거나 그때도 그냥 그런 거 안 걸려 봅띠가? 식게헐 때.

= 안 걸려 봔쑤다. 안 걸려 보고 어디 일 나며는 제사헐 싸르믄 안 가마씨.

— 여기서도 거 장사난332) 지베 이 제사 잇꺼나 겨론 경사 이쓸 때는 안 가주.

= 안 가주.

보통 사밀 정성은 헤야 뒈니까예.

— 예. 안 갑니다.

옛날 제사허고 요즘 제사허고 제사 지내는 방시기 달라져신가마씨?

— 제사 지내는 건 다 마찬가지.

= 요즈메는.

근데 달라진 거 이시믄 뭐가 달라져신고예. 옛날하고 지금하고.

— 모슬포333)에 강334) 확 간딴허게 허영 옵니다.

음.

— 이 뭐 그 저네는 떡 가튼 거 지베서 저 이 절구335)에다가 저 쌀도 빠아336) 가지고 이제 뭐 헬찌마는 지그믄 뭐 모슬포 가서 전부 다 떡치베337) 마껴 가지고 당일날338) 딱 드러오면 뭐 그대로 다 뒈니까 아주 간편헤졌찌.

= 옛날치록339) 사는 디가 어디 잇쑤과340)?

삼춘 도망가지 마랑 여기 왕예. 떡 이제 어쨀뜬 제사 음시근 삼추니 헌덴 허니까 떠기랑 탕쉬도 무신 거 무신 거 허는 거를 ᄀ라 줍써? 왕으네.

지 다음부터는 자기가 하데.

(웃음)

그러니까 메도 우리 여자 삼촌이 뜨고?

― 아 다 떠.

음 다요. 그러면 그런데 이제 제사 음식 준비하는데 금기 제사 음식 준비 못할 때가 있잖아요. 뭐 장사가 났거나 아니면 여자들 같은 경우 몸에 거 온다거나 그때도 그냥 그런 거 안 걸려 봤습니까? 제사할 때.

= 안 걸려 봤습니다. 안 걸려 보고 어디 일 나면 제사할 사람은 안 갑니다.

― 여기서도 거 초상난 집에 이 제사 있거나 결혼 경사 있을 때는 안 가지.

= 안 가지.

보통 삼일 정성은 해야 되니까요.

― 예. 안 갑니다.

옛날 제사하고 요즘 제사하고 제사 지내는 방식이 달라졌는가요?

― 제사 지내는 것은 다 마찬가지.

= 요즘에는.

그런데 달라진 것 있으면 뭐가 달라졌는가요. 옛날하고 지금하고.

― 모슬포에 가서 확 간단하게 해서 옵니다.

음.

― 이 뭐 그 전에는 떡 같은 거 집에서 저 이 절구에다가 저 쌀도 빻아 가지고 이제 뭐 했지만 지금은 뭐 모슬포 가서 전부 다 떡집에 맡겨 가지고 당일 딱 들어오면 뭐 그대로 다 되니까 아주 간편해졌지.

= 옛날처럼 사는 데가 어디 있습니까?

삼촌 도망가지 말고 여기 와서요. 떡 이제 어쨌든 제사 음식은 삼촌이 한다고 하니까 떡이랑 탕쉬도 무슨 거 무슨 거 하는 거를 말해 주십시오? 와서.

여기 노금헤야 뒈니까. 꼬자 줍써.

　— 크게 ᄀ르라341).

게난 이제 시아버지 식께 준비를 하는 거라예?

　= 예.

게난 시아버지 식께 준비를 한번 헤봅쭈. 삼추니. 오늘 이제 제사라예. 게 믄 메칠 전부터 준비허는 과정을 한번 ᄀ라 줍써?

　= 음 준비는 한 오일 저네부떠 마음고셍342) 막.

　— 엣날 헤난343) 시글 ᄀ라344)?

　= 엣나른예 지베서 떡커영 치곡345) 헬쭈마는 요즈메는 경 안 험니다.

게난 엣나레 상 왕 허지 말고 지베서 삼추니 준비헤 갇꼬 헐 때.

콩ᄂ무른 어떵 허고?

　= 콩나물 허고. 콩나물도 콩나무른 사당예. 콩나물허고 고사리허고.

　— 아 엣나렌 낭도346) 헬짜나게347)?

시금치도 허고. 시금치 허곡.

　— 엣날 말 ᄀ르렌348) 허니까?

　= 게난 엣나레 세 가지베끼 아녇쑤다. 탕쉬는.

탕쉬는 세 가지하고?

　= 예에.

그 다으메 제수근 뭐뭐 헫쑤과?

　= 예?

제숙?

　= 지숙349)

음 지숙.

　= 지수근 고기 바다에 간 자바오난.

예.

　= 꼭 제사 압띵예 상어. 상어를 경 자바옵떠다게. 게난350) 상어고기.

여기 녹음해야 되니까. 꽂아 주세요.

－ 크게 말해라.

그러니까 이제 시아버지 제사 준비를 하는 거예요?

＝ 예.

그러니까 시아버지 제사 준비를 한번 해보지요. 삼촌이. 오늘 이제 제사예요. 그러면 며칠 전부터 준비하는 과정을 한번 말해 주십시오?

＝ 음 준비는 한 오일 전에서부터 마음고생 막.

－ 옛날 했던 식을 말해?

＝ 옛날에는요 집에서 떡해서 찌고 했지만 요즘에는 그렇게 안 합니다.

그러니까 옛날에 사 와서 하지 말고 집에서 삼촌이 준비해가지고 할 때. 콩나물은 어떻게 하고?

＝ 콩나물 하고. 콩나물도 콩나물은 사다가요. 콩나물하고 고사리하고.

－ 아 옛날에는 놔서도 했잖아?

시금치도 하고. 시금치 하고.

－ 옛날 말 하라고 하니까?

＝ 그러니까 옛날에는 세 가지밖에 안 했습니다. 탕쉬는.

탕쉬는 세 가지하고?

＝ 예에.

그 다음에 제육은 뭐뭐 했습니까?

＝ 예?

제육?

＝ 제육

음 제육.

－ 제육은 고기 바다에 가서 잡아오니까.

예.

＝ 꼭 제사 앞둬서 상어. 상어를 그렇게 잡아옵디다. 그러니까 상어고기.

그때는 방어 아녀고. 저 구루찌351) 몰량으네352) 그거허고 소고기허고 뒈지고기허고 그거 허영 경 허영.

그러케 헤서 적카고. 그 저기 묵쩍 이런 거는 안 험니까? 여기는.

= 묵저근353) 안 헤봤쑤다. 나 씨집간 후에.

둠비는?

= 둠비354)도 안 해보고.

아아 그런 저근 안 올려예? 여기는.

= 지지미만355) 쪼꼼 허영.

아 지지미저근 올리고. 지지미는 어떤 시그로 헹 올려마씨? 여기서는.

= 오징어 가튼 거예. 그런 거 허영으네356) 지져그네357) 허고. 어떤 때는 뜨로 호박 동그라미 그런 거나 헨쭈. 요즈메 가치 막.

묵 씨그로 이러케는 안 올리는구나예.

= 안 헤봤쑤다. 우리. 간딴허게 헹. 나는 세 번째난 뜨로 식께헤도358) 큰지비 쪼꼼 허다네359) 나도 쪼꼼 허단 또 셀텽님360) 가져가 불고 허난 식께를 아녀봤쑤다.

아 기구나예.

= 예 안헤 봐네 지그메는 망내 도려니미 시나네361) 그 헴쭈362). 촘 씨지비엔363) 허영 씨집사리 경 몰 껜디게 살지도 아녀고 허난 식께364) 멩질도 아녀 보고.

게난 아까 게믄 떡칼 때 떠글 멘 미테예 멘 미테 노는 떠근 무슨 떡마씨? 떡 궬 때.

= 굽찡365).

굽찌. 굽찡에는 뭐뭐 올림? 멛 깨 올림니까?

= 굽찡 셍. 영 하나 시루떡 커며는 세 개레 딱 나넝 세 개로.

세 비슬 올려예?

= 예.

그때는 방어 안 하고. 저 병어돔 말려서 그거하고 소고기하고 돼지고기하고 그거 해서 그렇게 해서.

그렇게 해서 산적하고. 그 저기 묵적 이런 것은 안 합니까? 여기는.

= 묵적은 안 해봤습니다. 나 시집간 후에.

두부는?

= 두부도 안 해보고.

아아 그런 적은 안 올린다고요? 여기는.

= 지짐이만 조금 해서.

아 지짐이는 올리고. 지짐이는 어떤 식으로 해서 올려요? 여기서는.

= 오징어 같은 거요. 그런 거 해서 지져서 하고. 어떤 때는 또 호박 동그라미 그런 것이나 했지. 요즘과 같이 막.

묵 식으로 이렇게는 안 올리는군요.

= 안 해봤습니다. 우리. 간단하게 해서. 나는 세 번째이니까 따로 제사 해도 큰집에 조금 하다가 나도 조금 하다가 또 둘째 형님 가져가 버리고 하니까 제사를 안 해봤습니다.

아 그렇군요.

= 예 아니해 봐서 지금에는 막내 도련님이 있으니까 그 하고 있지. 참 시집이라고 해서 시집살이 그렇게 못 견디게 살지도 않고 하니까 제사 명절도 아니해 보고.

그러니까 아까 그러면 떡할 때 떡을 맨 밑에요 맨 밑에 놓는 떡은 무슨 떡이예요? 떡 궬 때.

= 밑켜.

밑켜. 밑켜는 뭐뭐 올림? 몇 개 올립니까?

= 밑켜 셋. 이렇게 하나 시루떡 하면 세 개로 딱 나눠서 세 개로.

세 조각을 올린다구요?

= 예.

아 굽찡에 맨 굽찡?

= 맨 굽찡에 꺼 세 개로 떠내영. 떠내영으네.

아아 시리떡 커민 맨 미테 껄로 논는구나. 올리는 거는예?

= 아니우다366).

아 그건 아니고.

= 아무 거라도 영 보기 존367) 걸로 올려.

예. 보기 조은 걸로 이제 세 빈 올려.

= 모르쿠다. 올리는 건.

— 세 빈368).

세 빈.

세 빈.

그 우에는?

게믄에 세 빈 제펜 그 제페니렌 허지예. 여기도예. 그 침떠글 세 빈 올리고 그 우에는 무슨 떡 올려마씨?

- 곤떡369).

곤떡. 곤떠근 어떤 곤떡부터.

= 아니 그 중게370) 얍께371) 올령. 쭐딱턴372) 거 보고 네모난 건 허고 중게 얍께렌 허지 아념니까예?

예예.

= 그거 올령.

게믄 중게는 멀 깨 올려. 중게부터 올림니까 얍께부터 올림니까?

= 모르쿠다373). 그건.

— 네모진 거부떠 올려.

정사각켱예?

= 예에.

게믄 얍께부떠 올령. 건 멛 깨 정도 올려마씨?

아 밑켜에 맨 밑켜?

= 맨 밑켜에 거 세 개로 떠내서. 떠내어서.

아아 시루떡 하면 맨 밑에 것으로 놓는구나. 올리는 것은요?

= 아닙니다.

아 그것은 아니고.

= 아무 것이라도 이렇게 보기 좋은 것으로 올려.

예. 보기 좋은 것으로 이제 세 조각 올려.

= 모르겠습니다. 올리는 것은.

– 세 조각.

세 조각.

세 조각.

그 위에는요?

그러면요 세 켜 제편. 그 제편이라고 하지요. 여기도요. 그 시루떡을 세 켜
올리고 그 위에는 무슨 떡 올립니까?

= 흰떡.

흰떡. 흰떡은 어떤 흰떡부터.

= 아니 그 중계 약과 올려서. 길쭉한 거 보고 네모난 것 하고 중계 약
과라고 하지 않습니까?

예예.

= 그거 올려서.

그러면 중계는 몇 개 올려. 중계부터 올립니까 약과부터 올립니까?

= 모르겠습니다. 그것은.

– 네모진 것부터 올려.

정사각형요?

= 예에.

그러면 약과부터 올려서. 그건 몇 개 정도 올리나요?

- 보통 저 이 다섯 깨.

다섯 깨 그 다으메 중게는?

- 걷또 다섯 깨.

= 똑 ᄀ뜨게374).

그 다으메 그 중게 얍꿰를 여기서 곤떠기렌 험니까? 혹씨.

= 아니 곤떠근375).

중게 얍꿰예?

- 어.

그거 올린 우에는 뭐 올려?

= 반달떡.

반달떡?

= 예 걷꼬라 곤떡.

아 반달떡ᄀ라 곤떡. 반달떡 멛 깨?

- 걷또 다섯 깨.

다섯 깨. 반달떡 우에는 뭐 올림니까?

= 거 도레기떡.

- 도레기떡.

도레기떡.

= 건 세 개.

건 세 개. 게믄 끋.

= 예.

그 우에 뭐 안 놔마씨?

= 안 놔.

아까 도레기떠글.

- 저 이 전 ᄀ뜬376) 걷또 노는377) 수가 일쭈게.

아 떡 우에?

- 보통 저 이 다섯 개.

다섯 개. 그 다음에 중계는?

- 그것도 다섯 개.

- 꼭 같게.

그 다음에 그 중계 약과를 여기서 흰떡이라고 하나요? 혹시.

= 아니 흰떡은.

중계 약과요?

- 어.

그거 올린 위에는 뭐 올려?

= 반달떡.

반달떡?

= 예 그것보고 흰떡.

아 반달떡보고 흰떡. 반달떡 몇 개?

- 그것도 다섯 개.

다섯 개. 반달떡 위에는 뭐 올립니까?

= 거 절편.

- 절편

절편.

= 그건 세 개.

그것은 세 개. 그러면 끝.

= 예.

그 위에 뭐 안 놓나요?

= 안 놓아.

아까 절편을.

- 저 이 전 같은 것도 놓는 수가 있지.

아 떡 위에?

- 예.

아 떡 꾸에 전도.

- 전 전 쪼끔씩.

= 초기전378) 가튼 거.

예 초기전 가튼 거.

= 초기전 가튼 그런 거 이 보통 그걷또 영 세 개나 다섯 깨 정도.

아 떡 꾸에 올리는 도레기떡 우에 올리는구나예.

게믄 삼춘 그 도레기떠기 어떤 떠기우꽈? 한번 정화키 한번?

= 우리는 도레기떠겐 험니다.

게니까 그걸 어떤 시그로 만드는 떡?

= 똥끌똥끌허게 모실포에379) 강380) 몬381) 만드러 올 때는예.

예 지베서 만들 때?

= 여기서 똥글똥글허게 허영382) 두 개 마주쳥.

예.

= 누뜨렁383).

뭘로 눌러마씨?

= 펭384) 꾸브로385).

펭 꾸브로.

= 예.

펭 꾸브로 눌르면 절벼늘 도레기떠기라고 하네. 다른 그 다음 그 우에는 업꼬예. 게연 솔변 우에 도레기떡 세 개를 올리는 거라예?

= 펭 굽만큼 요만큼 허게만.

으 요만큼 허게 허영으네 가운데 영 두 개 부쳥예.

게난 그 떡 머글 때는 거 띠지 말렌 허지예?

= 예. 띠지386) 안 허여.

띠지 말렌. 게난 절벼니야.

― 예.

아 떡 위에 전도.

― 전 전 조금씩.

= 버섯전 같은 거.

예 버섯전 같은 거.

= 버섯전 같은 그런 거 이 보통 그것도 이렇게 세 개나 다섯 개 정도.

아 떡 위에 올리는 절편 위에 올리는군요.

그러면 삼촌 그 도레기떡이 어떤 떡입니까? 한번 정확하게 한번?

= 우리는 도레기떡이라고 합니다.

그러니까 그것을 어떤 식으로 만드는 떡?

= 똥글똥글하게 모슬포에 가서 못 만들어 올 때는요?

예 집에서 만들 때?

= 여기서 똥글똥글하게 해서 두 개 마주쳐서.

예.

= 눌러서.

무엇으로 누르나요?

= 병 굽으로.

병 굽으로.

= 예.

병 굽으로 누르면 절편을 도레기떡이라고 하네. 다른 그 다음 그 위에는 없고요. 그래서 솔편 위에 절편 세 개를 올리는 거라고요?

= 병 굽만큼 요만큼 하게만.

으 요만큼 하게 해서 가운데 이렇게 두 개 붙여서.

그러니까 그 떡 먹을 때는 떼지 말라고 하지요?

= 예. 떼지 안 해요.

떼지 말라고. 그러니까 절편이야.

게난 그 도레기떠근.

— 그게 절벼니구나.

예 도레기떠글 떼영 머그민 뭐렌 곱니까?

= 모르쿠다387). 그건.

아 그건 모르고.

걷또 떼영 먹찌 말렌 허지예?

= 예. 떼영388) 먹찌 말고 여기는 우리 가파도에서는 다른 딘 몰라도 문전389) 올려난390) 떡도양.

예. 놈 주지 말렌.

= 예. 주이니 머그렌391) 그런 말 험니다게. 게도 난 그런 정성도 안 허고

아 문전 올려난 떠근 놈.

= 지베 주이니 머그라고.

그 다으메. 주이니 머그라고예. 그 그 다으메 아까 여기 헫떤 페옥. 방어페옥 그거 만드는 거를 한번 ?라줘 봅써?

= 방어페오근392) 방어 이러케 셍기지 아념니까게?

예.

= 게믄 베393) 딱 벌러394).

예 베불롸낭.

= 꽝395) 다 쳐 내영으네396) 살로만. 요만큼 지러기397) 허영으네 납찌룩커게398) 멘드랑 걸 말령. 한 사밀 정도 말령 찌믄 거시 페옥.

게믄 그 찌는 거는 어떵 뭐 낭 찌는 거마씨?

= 찜통도. 바드렝이399) 낭400).

바드렝이 낭으네 어 바드렝이 낭 허면 그거는 양녀믈 허영으네 쪄마씨 아니면?

= 그거 다 소금 뒌 거난.

예.

= 그대로 쪄.

그러니까 그 도레기떡은.

- 그것이 절편이구나.

예 절편을 떼어서 먹으면 무엇이라고 말합니까?

= 모르겠습니다. 그것은.

아 그것은 모르고.

그것도 떼서 먹지 말라고 하지요?

= 예. 떼어서 먹지 말고 여기는 우리 가파도에서는 다른 데는 몰라도 문전 올렸던 떡도요.

예. 남 주지 말라고.

= 예. 주인이 먹으라고 그런 말 합니다. 그래도 나는 그런 정성도 안 하고

아 문전 올렸던 떡은 남.

= 집에 주인이 먹으라고.

그 다음에. 주인이 먹으라고요. 그 그 다음에 아까 여기 했던 페옥. 방어페옥 그거 만드는 거를 한번 말해줘 보십시오?

= 방어페옥은 방어 이렇게 생기지 않습니까?

예.

= 그러면 배 딱 따.

예 배따서.

= 뼈 다 쳐 내어서 살로만. 요만큼 길이로 해서 납작스름하게 만들어서 그것을 말려서. 한 삼일 정도 말려서 찌면 그것이 페옥.

그러면 그 찌는 것은 어떻게 뭐 넣어서 찌는 거예요?

= 찜통도. 겅그레 놓아서.

겅그레 놓아서 어 겅그레 놓아서 하면 그것은 양념을 해서 찌나요 아니면?

= 그거 다 소금 된 것이니까.

예.

= 그대로 쪄.

아아 소금 헤 갇꼬 말린 거를 쪄낸 거를 페옥예. 게믄 그 페오근 멜 깨 올려마씨? 식께 때에.

— 하나. 그냥 다. 혼 점.

＝ 거 큰 거난401) 한 점씩썩402).

아 이러케 베 허면 이만큼 헌 거를 그대로 올리는 거구나예?

＝ 꼭 요만큼씩 커영403). 먹기 조케 허영 납짝납짝커게 요만큼 납짝크로허게 허영.

아아.

＝ 방어가 큰 거난.

예. 게믄 그 적또 쉐고기 적커는 거처럼 이러케 써러마씨? 걷도. 썰진 아너고.

＝ 예. 썰믄. 고지404) 헐 때는 써렁405) 허고.

예.

＝ 페오근 또로406) 그대로 또.

그대로 올린 다으메 머글 때만 이러케.

＝ 예. 찌쩡407) 먹꼬.

찌져 머글 수 읻께. 아아. 경허영 바드렝이 낭 찌는 거라 찜통에서예. 그게 다른 데 하고 다른 제사음식 담쑤다. 여기 이 동네.

게난 그거시 결구근 나가 보건대.

＝ 우리 시408)에서 아이고 고기 봐점쩌409). 시에서 아이덜 그 사네410) 벌초 오멍 그 고기를 촘 사네 멩질 몯 또나네 그 권411). 촘 지수글412) 헤 와신디413) 처으메는 카메케 굉414) 와십띠다게415).

＝ 권 오난. "야 다시랑 굽찌 마랑 찌라416). 쩡으네 헤야 보기도 조코 먹기도 조추." 다으멘 오난 쩐 오난 "아이고 언니야 찐 거시 더 훨씬 마신꼬 구난417) 원 기분도 안 조코" 허연 그때부턴 쩡418) 옵니다.

으음.

＝ 예 쩡.

아아 소금 해 가지고 말린 것을 쪄낸 것을 페옥요. 그러면 그 페옥은 몇 개 올려요? 제사 때에.

－ 하나 그냥 다. 한 점.

＝ 거 큰 것이니까 한 점씩.

아 이렇게 배 하면 이만큼 한 것을 그대로 올리는 거군요?

＝ 꼭 요만큼씩 해서. 먹기 좋게 해서 납작납작하게 요만큼 납작하게 해서.

아아.

＝ 방어가 큰 것이니까.

예. 그러면 그 산적도 쇠고기 산적하는 것처럼 이렇게 써나요? 그것도. 썰지는 않고.

＝ 예. 썰면. 꼬챙이 할 때는 썰어서 하고.

예.

＝ 페옥은 따로 그대로 또.

그대로 올린 다음에 먹을 때만 이렇게.

＝ 예 찢어서 먹고.

찢어서 먹을 수 있게. 아아. 그렇게 겅그레 놓아서 찌는 거라 찜통에서요. 그것이 다른 데 하고 다른 제사음식 같습니다. 여기 이 동네.

그러니까 그것이 결국은 내가 보건데.

＝ 우리 제주시에서 아이고 고기 보인다. 제주시에서 아이들 그 묘에 벌초 오면서 그 고기를 참 묘에 명절 못 오니까 그 구워서. 참 제육을 해 왔는데 처음에는 까맣게 구워서 왔습디다.

＝ 구워서 오니까. "야 다시는 굽지 말고 찌어라. 쩌서 해야 보기도 좋고 먹기도 좋지." 다음에는 오니까 쩌서 오니까 "아이고 언니야 찐 것이 더 훨씬 맛있고 구우니까 원 기분도 안 좋고" 해서 그때부터는 쩌서 옵니다.

으음.

＝ 예 쩌서.

아 무슨 고기를마씨?

= 그 그 볼락 그 지수글[419] 쩡 와.

아아.

= 예. 굽찌 아녕.

여기는 제숙또 쩡으네 몬딱 올려마씨?

= 예 청[420]. 굽찌 아념니다. 여기는.

아 기우꽈?

= 예. 바드렝이[421] 넝[422] 청.

아아 몬딱예. 그 지숙.

= 예. 지숙 ᄀ뜬 건 다 쳐마씨[423].

아아. 게믄 그 저 무슨 거 궤기드른?

= 궤기도 다 쳐. 아 그 뒈지고기 ᄀ튼 거는 튀기주마는 셍선 ᄀ튼 거는 다 침니다[424].

바른꿰기 바당에 허는 건예?

－ 바닫꿰기는[425] 전부 다 쳐.

= 은박찌에 똘똘 몰랑예[426] 이 하나씩 커영[427] 다 쳐마씨.

옌날부터 경 청 올렫쑤과? 여기는.

= 예. 나 씨집가난[428] 치기[429] 시작허연 경. 귀 보지 아녇쑤다.

아아 기구나.

－ 청. 친 거시 훨씬 만씸니다[430]. 귀시니랑 먹꼬 안 먹꼬.

아 웨냐 허면 우리는 그걸 켱으네 항상 지금도 이제. 그 셍선 ᄀ튼 거 올리게 뒈면 적 꾸에 이러케 올리자나예? 게믄 어펑 올려마씨 영 뒈쌍?

= 어펑[431].

여긴 어펑예. 아아.

= 동더레[432] 머리 향허영.

동더레 헤 갇꼬예. 아아. 아 다른 페옥만 찌는 게 아니라 다른 걷떨또 찌는 아 무슨 고기를요?

= 그 그 볼락 그 제육을 쪄서 와.

아아.

= 예. 굽지 않고.

여기는 제육도 쪄서 몽땅 올려요?

= 예 쪄서. 굽지 않습니다. 여기는.

아 그렇습니까?

= 예. 겅그레 놓아서 쪄.

아아 몽땅요. 그 제육.

= 예. 제육 같은 것은 다 쪄요

아아. 그러면 그 저 무슨 거 고기들은?

= 고기도 다 쪄. 아 그 돼지고기 같은 것은 튀기지만 생선 같은 것은 다 찝니다.

바닷고기 바다에 하는 것은요?

— 바닷고기는 전부 다 쪄.

= 은박지에 똘똘 말아서요 이 하나씩 해서 다 쪄요.

옛날부터 그렇게 쪄서 올렸습니까? 여기는.

= 예. 나 시집가니까 찌기 시작해서 그렇게. 구워 보지 않았습니다.

아아 그렇구나.

— 쪄서. 찐 것이 훨씬 맛있습니다. 귀신이랑 먹고 안 먹고.

아 왜냐 하면 우리는 그것을 구워서 항상 지금도 이제. 그 생선 같은 거 올리게 되면 산적 위에 이렇게 올리잖아요? 그러면 엎어서 올립니까 이렇게 뒤집어서?

= 엎어서.

여기는 엎어서요? 아아.

= 동으로 멀리 향해서.

동으로 해 가지고요. 아아. 아 다른 페옥만 찌는 것이 아니라 다른 것들도 찌는

구나예?

게믄 상어로 헌 걷또 페오기렌 곰니까?

= 예. 상어페옥[433].

상어페옥?

= 고기마다 고기 이르므로 페옥. 상어페오근 상어페옥 방어페오근 방어페옥 경 허영.

게믄 뒈지고기는?

= 뒈기고기는 그냥 뒈지고기 저깔렌[434] 험니다.

건 저까리엔 허고예?

= 뒈지저깔 소고기적깔.

아아. 게믄 마냐게 예를 드러서 저기 뭐는 우럭 가튼 건?

= 우러근 지숙[435].

거는 지숙.

= 예. 우러근 지숙.

우럭 지숙.

= 예.

그 다으메 아까 구루찌 지숙?

= 예. 구루찌[436] 지숙컨 건 구루찌로 헌 건 구루찌 지숙 우러그로 헌 건 우럭 찌숙. 볼라그로 헌 건 볼락 찌숙 경 허연.

아아.

= 겡꺼리는[437] 저 도미나. 여기는 고기 꼬다니나네[438] 다 그런 거 허영으네[439].

그러면 그 올리는 이름도 다르구나. 그거는 지수기고. 지수근 바닥꼬기만 지수기구나예?

= 잔 잔고기만.

잔 아아.

군요?

그러면 상어로 한 것도 페옥이라고 말합니까?

= 예. 상어페옥.

상어페옥.

= 고기마다 고기 이름으로 페옥. 상어페옥은 상어페옥 방어페옥은 방어페옥 그렇게 해서.

그러면 돼지고기는?

= 돼지고기는 그냥 돼지고기 산적이라고 합니다.

그것은 산적이라고 하고요?

= 돼지 산적 소고기 산적.

아아. 그러면 만약에 예를 들어서 저기 뭐는 우럭 같은 것은?

= 우럭은 제육.

그것은 제육.

= 예. 우럭은 제육.

우럭 제육.

= 예.

그 다음에 아까 벵에돔 제수?

= 예. 벵에돔 제육한 것은 벵에돔으로 한 것은 벵에돔 제육 우럭으로 한 것은 우럭 제육 볼락으로 한 것은 볼락 제육 그렇게 해서.

아아.

= 갱거리는 저 돔이나. 여기는 고기 고장이니까요 다 그런 것 해서.

그러면 그 올리는 이름도 다르구나. 그것은 제육이고. 제육은 바닷고기만 제육이군요?

= 잔 잔고기만.

잔 아아.

= 방어 ᄀ뜬 건 페옥.

건 페오기고예. 아주 트기한. 요거 말고 특별허게 이제 제사 음식칼 때 허는 거 어서마씨? 무그로는 뭘로 헤마씨?

= 모멀440).

모멀?

= 예 모멀. 묵 컬 땐 모멀로. 모멀까루441).

음 모멀떠근 어떤 거 험니까?

제사헐 때?

= 모멀떠근 제사헐 때 중게442) 얍께443)만 험니다. 네모난 거 허고 쭐딱헌444) 거.

으음.

= 중게 얍께만.

아아 중게 얍께는 항상 모멀떠그로 험니까?

= 주로 그걸로 허젠 헴쭈마는 여르메는 변지리 시나네445) 겨우레 큰 정월멩지레는 주로 그 모멀떠그로446) 험니다.

예 모멀떡께. 다른 이제 그 도레기떠기나 이런 걷뜨른?

= 하얀 쌀떠그로.

곤떡으로 하고.

= 예. 쌀떠그로만.

기구나. 아라쑤다. 요 정도까지 하면 제사 음시기 이제 달라젼네예. 음식또 옌날하고 마니 달라져찌예? 요즘 제사하고예?

= 예게. 옌나른 춤 쌀밥. 큰닐 때나 쌀밥 머건쭈. 쌀밥 머거 봘쑤가게? 춤 요즈메는 그자447) 집찜마다 쌀바비 흔전허난448) 쌀밥.

옌나렌 그 곰밥 먹쩬 막 애써신디예?

= 잔치지비나 강449) 곰밥450) 먹꼭.

일딴 끈마치게씀니다.

= 방어 같은 것은 폐옥.

그것은 폐옥이고요. 아주 특이한. 요거 말고 특별하게 이제 제사 음식할 때 하는 거 없나요? 묵으로는 무엇으로 하나요?

= 메밀.

메밀?

= 예 메밀. 묵 할 때는 메밀로. 메밀가루.

음. 메밀떡은 어떤 것 합니까?

제사할 때?

= 메밀떡은 제사할 때 중계 약과만 합니다. 네모난 거 하고 길쭉한 거.

으음.

= 중계 약과만.

아아 중계 약과는 항상 메밀떡으로 합니까?

= 주로 그것으로 하려고 하고 있지만 여름에는 변질이 되니까 겨울에 큰 정월명절에는 주로 그 메밀떡으로 합니다.

예 메밀떡요. 다른 이제 그 절편이나 이런 것들은?

= 하얀 쌀떡으로.

흰떡으로 하고.

= 예 쌀떡으로만.

그렇구나. 알았습니다. 요 정도까지 하면 제사 음식이 이제 달라졌네요. 음식도 옛날하고 많이 달라졌지요? 요즘 제사하고요?

= 예. 옛날은 참 쌀밥. 큰일 때나 쌀밥 먹었지. 쌀밥 먹어봤습니까? 참 요즘에는 그저 집집마다 쌀밥이 흔전하니까 쌀밥.

옛날에는 그 흰밥 먹으려고 막 애썼는데요?

= 잔칫집에나 가서 흰밥 먹고.

일단 끝마치겠습니다.

1) '친척'을 말한다.
2) '그래서'의 뜻이다.
3) '향수를'의 뜻이다. '향수(향나무 가지를 넣어 끓인 물)'의 방언형은 '상물'로 나타난다.
4) '복을 불러요'의 뜻이다. '복부르다'의 방언형은 '혼부르다, 혼불르다' 등으로 나타 난다. '복부르다'는 '사람이 죽었을 때, 죽은 사람이 살아생전에 입었던 저고리나 적 삼을 들고 지붕에 올라가 "~복(復)"이라고 세 번 부르는 것'을 말한다.
5) '끝나서'의 뜻이다.
6) '지관'을 말한다. '지관(地官)'의 방언형은 '정시, 지관' 등으로 나타난다.
7) '맞추어서'의 뜻으로, '맞초-+-앙' 구성이다. '맞추다'의 방언형은 '맞초다, 맞추다' 등으로 나타난다.
8) '조문'을 말한다. '조문(弔問)'의 방언형은 '고견, 고애, 고렴, 조문' 등으로 나타난다.
9) '위에'의 뜻이다. '위[上]'의 방언형은 '우, 우이, 우희' 등으로 나타난다.
10) '보장(寶帳-상여에 지붕 모양으로 꾸며 둘러치는 꽃이나 수놓은 천 따위)'을 말한다.
11) '올래'는 '거릿길에서 대문까지 집으로 드나드는 아주 좁은 골목'의 뜻은 지닌 어휘다.
12) '상엿대'는 '상여를 꾸밀 때 쓰는 2개의 장강과 5개의 연춧대를 통틀어 이르는 말'이다.
13) '뚜껑'을 말한다. '뚜껑'의 방언형은 '두겅, 두께, 두껭이, 두엉, 두엥이, 뚜겅' 등으로 나타난다.
14) '떡[餠]'을 말한다.
15) '모슬포(摹瑟浦)'는 서귀포시 대정읍 상·하모리(上·下摹里)를 통틀어 이르는 말인데, 여기서는 '하모리'의 뜻으로 쓰였다.
16) 각각은 '춘남(春南), 하북(夏北), 추동(秋東), 동서(冬西)'를 이른다.
17) '병풍'을 말한다. '병풍'의 방언형은 '뱅풍, 펭풍' 등으로 나타난다.
18) '거관베[擧棺布]'로, '입관할 때 주검을 들기 위하여 시신에 두르는 베. 또는 출상하거나 하관할 때에 관을 들어서 움직일 수 있게 관에 두른 베'를 뜻하는 어휘다.
19) '고'를 말한다. '고[紐]'의 방언형은 '코, 코골레기, 코글래기' 등으로 나타난다.
20) '광중(壙中)'을 말한다. '광중(壙中)'의 방언형은 '개광'으로 나타난다.
21) '그리로'의 뜻이다.
22) '그래'의 뜻이다.
23) '여기서는'의 뜻이다.
24) '흙을'의 뜻이다. '흙'의 방언형은 '헉, 흑, 훅' 등으로 나타난다.
25) '날라다가'의 뜻이다. '나르다[移]'의 방언형은 '나르다, 날르다' 등으로 나타난다.
26) '잔디로'의 뜻이다. '떼'는 '흙을 붙여서 뿌리째 떠낸 잔디'를 뜻하는 어휘다.

27) '찧는데'의 뜻이다.

28) '다진'의 뜻이다. '다지다'의 방언형은 '다리다'로 나타난다.

29) '위에다'의 뜻이다. '위[上]'의 방언형은 '우, 우이, 우희' 등으로 나타난다.

30) '연춧대'를 말한다. '연춧대(상여를 꾸밀 때 , 두 개의 긴 채인 장강에 가로로 동여 묶는 다섯 개의 나무)'의 방언형은 'ᄀ른대, 몰켓냥' 등으로 나타난다.

31) '묘'를 말한다.

32) '때려'의 뜻이다. '때리다'의 방언형은 '떼리다, 뜨리다' 등으로 나타난다.

33) '필제(畢祭)'를 말한다.

34) '밭에서'의 뜻이나 여기서는 '장지(葬地)'의 의미로 쓰였다.

35) '그러면'의 뜻이다.

36) '그저'를 말한다.

37) '궤연(几筵)'을 말한다. 이 '궤연'은 대개 제사를 모시는 방 벽장 안에 마련하며 상식을 올리기도 한다.

38) '삭일(朔日)'을 말한다.

39) '돌기 탈상'은 1년 뒤 탈상을 뜻한다. '돌기'는 '돌(한 해가되는 날)'을 말한다.

40) '와서는'의 뜻이다.

41) '향수에다'의 뜻이다.

42) '도포'를 말한다.

43) '악수'를 말한다. '악수(幄手)'의 방언형은 '손마개, 손장갑, 악수, 왁수' 등으로 나타난다.

44) '창호지'를 말한다.

45) '씌우고'의 뜻이다. '씌우다'의 방언형은 '씌우다, 씝다' 등으로 나타난다.

46) '넣어'의 뜻이다.

47) '위에다'의 뜻이다. '위[上]'의 방언형은 '우, 우이, 우희' 등으로 나타난다.

48) '흑두건'은 '명주로 만들어 주검의 머리와 얼굴을 맨 마지막으로 씌우는 가리개'의 뜻을 지닌 어휘다. 달리 '검은호상, 복감티'라 한다.

49) '소렴'은 '대렴'의 잘못으로 보인다.

50) '그저'를 말한다.

51) '많이도'의 뜻이다.

52) '길이'를 말한다. '길이'의 방언형은 '지절기, 지럭시, 지럭지, 지레기' 등으로 나타난다.

53) '군데'를 말한다. '군데'의 방언형은 '곤데, 반듸, 밧듸' 등으로 나타난다.

54) '뚫어'의 뜻이다. '뚫다[鑿]'의 방언형은 '뚤루다, 뚤우다, 뚤르다, 뚤우다, 뚧다' 등으로 나타난다.

55) '끼운'의 뜻이다.

56) '일곱'을 말한다.

57) '않게끔'의 뜻이다.

58) '매듭을'의 뜻으로, 'ᄆ작[結]+-을' 구성이다. '매듭[結]'의 방언형은 'ᄆ작'으로 나

타난다.

59) '않으니까'의 뜻이다.

60) '흔들거리지'의 뜻이다.

61) '창호지'를 말한다.

62) '뚫어'의 뜻이다.

63) '흙에다가'의 뜻으로, '흑[土]+-에다가' 구성이다. '흙[土]'의 방언형은 '헉, 흑, 흑' 등으로 나타난다.

64) '넣은'의 뜻이다.

65) '친척들이'의 뜻이다.

66) '맏상제'를 말한다.

67) '띄우면'의 뜻이다.

68) '관판(棺板)'을 말한다. '관판(棺板)'의 방언형은 '관널, 집널' 등으로 나타난다. 여기서 '관판'은 '관의 뚜껑'의 의미로 쓰였다.

69) '덮으면'의 뜻으로, '더끄[蓋]-+-면은' 구성이다. '덮다[蓋]'의 방언형은 '더끄다, 더프다' 등으로 나타난다.

70) '그러니까는'의 뜻이다.

71) '굽이져'의 뜻이다. '굽이지다'의 방언형은 '곱이지다, 굽이지다' 등으로 나타난다.

72) '팔[臂]'을 말한다.

73) '그러니까'의 뜻이다.

74) '넣은'의 뜻이다.

75) '배워'의 뜻이다. '배우다[學]'의 방언형은 '베우다, 베웁다, 벱다' 등으로 나타난다.

76) '복(復)'을 말한다.

77) '위에'의 뜻으로, '위[上]+-의(처소)' 구성이다. '위[上]'의 방언형은 '우, 우이, 우희' 등으로 나타난다.

78) '복부르는'의 뜻이다. '복부르다'의 방언형은 '혼부르다, 혼불르다' 등으로 나타난다.

79) '혼적삼을' 말하는데, '혼적삼'은 '복부를 때 썼던 적삼'의 뜻을 지닌 어휘다.

80) '왼쪽'을 말한다.

81) '그러니까'의 뜻이다.

82) '저고리'를 말한다. '저고리'의 방언형은 '저고리, 저구리' 등으로 나타난다.

83) '같으면'의 뜻이다. '같다[如]'의 방언형은 'ᄀ뜨다, ᄀ트다, 닮다, 답다' 등으로 나타난다.

84) '해'의 뜻이다. '하다[爲]'의 방언형은 '허다, ᄒ다' 등으로 나타난다.

85) '곱쳐서'의 뜻으로, '곱이치-+-엉' 구성이다. '곱치다(반 접어 합치다)'의 방언형은 '곱이지다, 곱이치다, 곱치다' 등으로 나타난다.

86) '동쪽 처마로'의 뜻이다. '동가지'는 '동쪽 처마'를 말한다.

87) '서쪽 처마로'의 뜻이다. '서가지'는 '서쪽 처마'를 말한다.

88) '다르는지'의 뜻이다. '다르다[異]'의 방언형은 '다르다, 달르다, 뜰리다, 뜨나다, 틀리다, 투나다' 등으로 나타난다.

89) '수의(壽衣)'를 말한다. '수의(壽衣)'의 방언형은 '저승옷, 호상, 호상옷' 등으로 나타난다.

90) '탕쉬'는 달리 '메물, 탕수'라 하는데, '제사에 쓰이기 위하여 삶은 고사리나 콩나물 따위에 기름, 참깨 등을 쳐서 만든 음식'을 이르는 어휘다.

91) '돼지머리(잡은 돼지의 대가리 부분)'를 말한다. '돼지머리'의 방언형은 '도새기머리, 도야지머리' 등으로 나타난다.

92) '시루떡'을 말한다. '시루떡'의 방언형은 '시리떡, 친떡, 침떡' 등으로 나타난다.

93) '절편'을 말한다. '절편(切䭖)'의 방언형은 '동고량곤떡, 둘떡, 절벤, 절변, 절뺀' 등으로 나타난다.

94) '솔벤'은 '쌀가루나 메밀가루를 반죽하여 얇게 민 다음에 반달 모양의 떡살로 떠서 끓는 물에 삼거나 겅그레 위에서 찐 떡'을 말한다. 달리 '둘반착떡, 반둘떡, 솔변, 수랑곤떡' 등이라 하기도 한다.

95) '동관(動棺)하게'의 뜻이다. 곧 관을 움직이는 것을 뜻한다.

96) '모슬포'는 서귀포시 대정읍 상·하모리(上·下摹里)를 통틀어 이르는 말이나 여기서는 '하모리(下摹里)'를 뜻한다.

97) '있었어'의 뜻이다. '있다[有]'의 방언형은 '시다, 싯다, 이시다, 잇다' 등으로 나타난다.

98) '접고'의 뜻이다. '접다'의 방언형은 '접다, 줍다' 등으로 나타난다.

99) '재봉틀'을 말하는데, 일본어 'ミシン'이다.

100) '갖다'의 뜻이다.

101) '위에'의 뜻이다. '위[上]'의 방언형은 '우, 우이, 우희' 등으로 나타난다.

102) '테두리'를 말한다. '테두리'의 방언형은 '바위, 테도리, 테' 등으로 나타난다.

103) '상장(喪杖)'을 말한다. '상장(喪杖)'의 방언형은 '방장대, 상장대, 상죽대' 등으로 나타난다.

104) '머귀나무'를 말한다.

105) '않은'의 뜻이다.

106) '자식은'의 뜻이다. '자식'의 방언형은 'ᄌᆞ석, ᄌᆞ식, ᄌᆞ속' 등으로 나타난다.

107) '없어'의 뜻이다. '없다[無]'의 방언형은 '없다, 엇다, 읎다, 웃다' 등으로 나타난다.

108) '다르구나'의 뜻이다. '다르다[異]'의 방언형은 '다르다, 달르다, 뜰리다, 뜨나다, 틀리다, 투나다' 등으로 나타난다.

109) '전삼후사(前三後四)라'이다.

110) '창호지'를 말한다.

111) '테두리'를 말한다.

112) '그런데'의 뜻이다.

113) '위에'의 뜻이다. '위[上]'의 방언형은 '우, 우이, 우희' 등으로 나타난다.

114) '모르는데'를 말한다. '모르다[不知]'의 방언형은 '모르다, 몰르다' 등으로 나타난다.

115) '팥죽'을 말한다.

116) '쑤었습니다'의 뜻이다.

117) '일폿날'은 '발인 전날 죽은 사람의 가족과 그 친족들이 모여 영결을 고하는 제사
    가 있는 날'을 말한다. 곧 '일포제를 지내는 날'이란 뜻이다.
118) '방법 같아'는 '사기(邪氣)를 물리치기 위한 비법 같아'라는 뜻이다.
119) '사돈집에서'의 뜻이다. '사돈집'의 방언형은 '사돈칩, 사돈칫, 사둔칩' 등으로 나타
    난다.
120) '꼭'의 뜻이다.
121) '거기'를 말한다.
122) '부조(扶助)'의 방언형은 '부조, 부주, 부줘, 부지' 등으로 나타난다.
123) '있었는데'의 뜻이다.
124) '만장(輓章)'을 말한다.
125) '만사(輓詞)'를 말한다.
126) '만사(輓詞)'를 말한다. '만사(輓詞)'의 방언형은 '만서, 만亽' 등으로 나타난다.
127) '헝겊'을 말한다. '헝겊'의 방언형은 '험벅'으로 나타난다.
128) '메고'의 뜻이다.
129) '모르겠네'의 뜻이다. '모르다[不知]'의 방언형은 '모르다, 몰르다' 등으로 나타난다.
130) '했어'의 뜻으로, '허[爲]-+-언' 구성이다. '하다[爲]'의 방언형은 '허다, ㅎ다' 등으
    로 나타난다.
131) '배[素]'를 말한다.
132) '걷고'의 뜻으로, '걸[步]-+-고' 구성이다. '걷다[步]'의 방언형은 '걷다, 걸다' 등으
    로 나타난다.
133) '상여꾼들은'의 뜻이다. '상여꾼'의 방언형은 '담상꾼, 상뒤꾼, 상예꾼, 운상꾼, 유
    대곤, 행상꾼' 등으로 나타난다.
134) '배[素]'를 말한다.
135) '졸라맸습니다'의 뜻이다.
136) '설배라고'의 뜻이다. '설배'는 '상여를 메고 운반할 때 상여에 두 가닥으로 매어
    상여가 앞으로 나아갈 수 있게 줄은 선 부인들이 잡아서 당기는 바'를 말한다.
137) '메고'의 뜻이다.
138) '뒤에는'의 뜻이다. '뒤[後]'의 방언형은 '두이, 뒤' 등으로 나타난다.
139) '상두꾼'을 말한다. '상두꾼'의 방언형은 '담상꾼, 상뒤꾼, 상예꾼, 운상꾼, 유대곤,
    행상꾼' 등으로 나타난다.
140) '연춧대'를 말한다. '연춧대'의 방언형은 'ㄱ른대, 몰켓낭' 등으로 나타난다.
141) '가만있자'의 뜻이다. '가만있자'의 방언형은 'ㄱ만싯자, ㄱ만잇자' 등으로 나타난다.
142) '놓게'의 뜻이다.
143) '끄트머리도'의 뜻이다. '끄트머리'의 방언형은 '끄트머리, 끗겡이, 끗다리, 끗데기,
    끗뎅이' 등으로 나타난다.
144) '서고'의 뜻이다. '서다[立]'의 방언형은 '사다, 스다' 등으로 나타난다.
145) '방향'을 말한다.

146) '장강(長杠)'을 말한다. '장강(長杠)'의 방언형은 '대팻목, 장대, 찻낭, 찻대' 등으로 나타난다.
147) '연춧대'를 말하다.
148) '놓은'의 뜻이다.
149) 이 '줄'을 '박다우줄'이라 한다. 멘 어깨가 아프지 말라고 그 모양은 다른 바와 달리 둥그렇게 되지 않고 평평하게 되어 있다.
150) '이리로'의 뜻이다.
151) '여기다'의 뜻이다.
152) '데[所]'를 말한다.
153) '끄트머리'를 말한다.
154) '두벌'을 말한다.
155) '매게 되니까'의 뜻이다.
156) '선두라고'의 뜻이다. '상여를 맨 앞에서 메어 상여를 인도하는사람'을 '마새기'라 하고, '상여를 맨 뒤에서 메어 상여의 방향을 조정하는 사람'을 '치잡이(뒤채잡이)'라 한다. '치잡이'에 해당하는 표준어는 '뒤채잡이'이다.
157) '사람의' 뜻이다.
158) '권당'을 말한다. '권당(眷黨)'의 방언형은 '궨당'으로 나타난다.
159) '하례(下禮)'로 보인다. 이렇게 하는 것을 '하메ᄒ다'라 하는데, '상여를 메고 가다 친척의 묘소를 지날 때 예을 표시하기 위하여 상여를 낮게 하다.'는 뜻이다.
160) '상여'를 말한다. '상여'의 방언형은 '상기, 상여, 상예, 생예, 생이' 등으로 나타난다.
161) 회을(悔乙) 김성숙(金成淑, 1896-1979)은 조사 마을인 서귀포시 대정읍 가파리 출신으로, 일본 와세다대학 경제학과를 졸업하고 귀국하여 협동조합운동을 전개하였다. 조봉암 등과 더불어 진보당 창당추진위원회 위원으로 활동하며 정치활동을 하기도 하였다. 1983년 건국공로대통령표창이 추서되었다. 회을 김성숙 동상은 가파초등학교 교문 바로 남쪽에 서 있다.
162) '거의'의 뜻이다.
163) '몫으로'의 뜻이다.
164) '하메'는 '상여를 메고 가다 친척의 묘소를 지날 때 예을 표시하기 위하여 상여를 낮추는 일'의 뜻을 지닌 어휘다.
165) '그러니까'의 뜻이다.
166) '시키고'의 뜻이다. '시키다'의 방언형은 '시기다, 시키다' 등으로 나타난다.
167) '웬만큼'의 뜻이다.
168) '꼭'의 뜻이다.
169) '점심'을 말한다. '점심'의 방언형은 '점심, 정심, 증심, 징심' 등으로 나타난다.
170) '바꾸어'의 뜻으로, '바꼬[換]-+-아' 구성이다. '바꾸다'의 방언형은 '바꼬다, 바꾸다' 등으로 나타난다.
171) '밭에서'의 뜻으로, 여기서 '밭'은 '장지(葬地)'를 말한다. '장지(葬地)'의 방언형은

'영장밧, 장밧' 등으로 나타난다.

172) '자일(子日)'을 말한다.

173) '오(午)'를 말한다.

174) '말띠'를 말한다. '말띠'의 방언형은 '몰혜치'로 나타난다.

175) '택일단자(擇日單子)'를 말한다. '택일단자'는 '결혼, 장사 등 집안에 큰일이 있을 때 지관이 좋은 날을 가리어 적은 종이'를 말한다. 장사인 경우는 장례 날짜, 입관 날짜와 시간, 발인 시간, 장지에서의 관의 위치, 입관과 하관을 보지 말아야 사람 등이 적혀 있고, 결혼의 경우는 결혼 날짜, 신랑이 신부 집에 도착하는 시간, 예식 시간, 신부상을 받을 때 신부가 앉는 방향 따위가 기록되어 있다.

176) '굿(壙)를 쓸 때에 방향을 바로잡아 관이 들어갈 만큼 알맞게 판 구덩이)'을 말한다.

177) '소피(小避)'를 말한다. '소피'는 '장례에서 입관할 때나 하관할 때 바로 곁에서 그 모습을 보지 말아야 할 사람이 현장에서 잠시 피하는 일'을 뜻한다. 달리 '호충(呼沖)'이라고도 한다.

178) '호충(呼沖)'을 말한다.

179) '봉분제(封墳祭)'를 말한다. '봉분제'는 '무덤을 다 완성하고 난 다음에 지내는 제사'를 말한다.

180) '귀양풀이'는 '장사를 지낸 날 밤에 죽은 사람이 저승으로 잘 가도록 비는 굿'을 말한다.

181) '생쌀'을 말한다.

182) '이맘때'를 말한다.

183) '아침에'의 뜻으로, '아척[朝]+-의' 구성이다. '아침[朝]'의 방언형은 '아적, 아척, 아칙, 아침' 등으로 나타난다.

184) '마쳐서'의 뜻으로, '마치[終]-+-엉' 구성이다. '마치다[終]'의 방언형은 '마치다, ᄆ끄다, ᄆ치다' 등으로 나타난다.

185) '미리'를 말한다. '미리'의 방언형은 '미릇, 미리' 등으로 나타난다.

186) '초상나게'의 뜻이다. '초상나다'의 방언형은 '상나다, 영장나다, 장나다' 등으로 나타난다.

187) '주상제들이'의 뜻이나 여기서는 '아들 상제'의 의미로 쓰였다.

188) '그저'를 말한다. '그저'의 방언형은 '그자, 긔자' 등으로 나타난다.

189) '빵'을 말한다.

190) '공정'은 '공장'이라도 하는데, '장사를 지내고 난 후 특별히 수고한 사람에게 감사의 뜻으로 건네는 음식'을 뜻하는 어휘다.

191) '흰쌀'을 말한다. '흰쌀'의 방언형은 '곤쓸, 흰쓸' 등으로 나타난다.

192) '뒷병'을 말한다.

193) '되[升]'를 말한다.

194) '개광하다'는 '광중을 파다, 광중을 마련하다.'라는 뜻을 지닌 어휘다.

195) '도감(都監)'은 '잔치나 초상 따위의 큰일이 있는 집에서 돼지고기를 썰고 나누어

주며 관리하는 사람'을 뜻하는 어휘다.

196) '산담하다'는 '무덤 주위를 돌로 에워 두르다.'는 뜻을 지닌 어휘다. '산담'이란 '무덤 주위를 에워 두른 담'을 말하는데, '외담(타원형)'으로 한 경우가 있고, '겹담(장방형)'으로 한 경우가 있다. 무덤 뒤쪽에만 흙으로 반달 모양으로 둘러막은 사성(莎城)과는 다르다.

197) '벌(옷 세는 단위)'을 말한다.

198) '해서'의 뜻으로, '허[爲]-+-영' 구성이다. '-영'은 '-고서, -어서'의 의미로 쓰이는 어미이다. '하다[爲]'의 방언형은 '허다, ᄒᆞ다' 등으로 나타난다.

199) '공정인지 만지' 또는 '공정이며 말며'의 뜻이다. '-멍말멍'은 '-ㄴ지 만지, -며 말며'의 의미로 쓰이는 어미이다.

200) '수고했다고'의 뜻으로, '수고허-+-엇젠' 구성이다. '-엇젠'은 '-었다고'의 의미로 쓰이는 어미이다.

201) '하고서, 해서'의 뜻으로, '허[爲]-+-영' 구성이다. '-영'은 '-고서, 어서'의 의미로 쓰이는 어미이다.

202) '묘에, 뫼에'의 뜻이다.

203) '상식하는데'의 뜻이다. '상식(上食)'은 '망인을 위하여 대상까지 아침, 점심, 저녁으로 궤연 앞에 올리는 음식'을 말한다.

204) '달구노래'를 말한다. 한 마디가 끝날 때 마다 "에에 달구"라는 후렴이 따른다.

205) '찧는데'의 뜻이다. '찧다[搗]'의 방언형은 '짛다'로 나타난다.

206) '했던'의 뜻으로, '허[爲]-+-어난' 구성이다. '-어난'은 '-었던'의 의미로 쓰이는 어미이다.

207) '하려고'의 뜻으로, '허[爲]-+-젠' 구성이다. '-젠'은 '-려고'의 의미로 쓰이는 어미이다. '하다[爲]'의 방언형은 '허다, ᄒᆞ다' 등으로 나타난다.

208) '돼지'를 말한다. '돼지'의 방언형은 '도새기, 도야지, 돗, 뒈야지' 등으로 나타난다.

209) '열 각으로'의 뜻이지만 여기서는 '열 부분으로'의 의미로 쓰였다.

210) '떠내지'의 뜻이다.

211) '돼지머리(잡은 돼지의 대가리)'를 말한다. '돼지머리'의 방언형은 '도새기머리, 도야지머리' 등으로 나타난다.

212) '제상(祭床)' 또는 '제사상(祭祀床)'을 말한다.

213) '가른'의 뜻이다. '가르다[分]'의 방언형은 '가르다, 갈르다' 등으로 나타난다.

214) '산적(散炙)'을 말한다. '산적(散炙)'의 방언형은 '적, 적갈' 등으로 나타난다.

215) '다르게'의 뜻이다. '다르다[異]'의 방언형은 '다르다, 달르다, 뜰리다, 뜨나다, 틀리다, 튼나다' 등으로 나타난다.

216) '그런데'의 뜻이다.

217) '상두꾼'을 말한다. '상두꾼'의 방언형은 '담상꾼, 상뒤꾼, 상예꾼, 운상꾼, 유대곤, 헹상꾼' 등으로 나타난다.

218) '순대'의 방언형은 '수에, 수웨, 피창' 등으로 나타난다.

219) '장삿날'이다. '장삿날'의 방언형은 '영장날'로 나타난다.
220) '꼬챙이에다가'의 뜻이다. '꼬챙이'의 방언형은 '고젱이, 고지, 꼬지, 코젱이' 등으로 나타난다.
221) '양푼에다가'의 뜻이다. '양푼'의 방언형은 '낭푼이'로 나타난다.
222) '돼지고기'를 말한다. '돼지고기'의 방언형은 '도야지궤기, 돗궤기, 뒈야지궤기' 등으로 나타난다.
223) '산적'을 말한다. '산적(散炙)'의 방언형은 '적, 적갈' 등으로 나타난다.
224) '뀀[貫]'의 뜻이다.
225) '꼬챙이고기라고'의 뜻이다.
226) '꼬챙이'를 말한다.
227) '된장국'을 말한다.
228) '끓였지만'의 뜻이다. '끓이다[沸]'의 방언형은 '꿰우다, 끌리다, 끌이다' 등으로 나타난다.
229) '모자반'을 말한다. '모자반'의 방언형은 '뭄, ᄆᆞ망, 몰망' 등으로 나타난다.
230) '모자반국에는'의 뜻이다. '돼지고기를 삶은 국물에 모자반을 넣어 끓인 국'을 '뭄국, 돗국물, 뭄쿡'이라 한다.
231) '힘이 들다'는 '어렵다'의 의미로 쓰였다.
232) '끓이는'의 뜻이다.
233) '합지요'의 뜻으로, '허[爲]-+-ㅂ주+마씨(종결보조사)' 구성이다. '-ㅂ주'는 '-ㅂ지요'의 의미로 쓰이는 어미이고, '마씨'는 '존대'를 표시하는 종결보조사이다.
234) '하고 있습니다'의 뜻으로, '허[爲]-+-엄수다' 구성이다. '-엄수다'는 '-고 있습니다'의 의미로 쓰이는 어미이다.
235) '많아'의 뜻이다. '많다[多]'의 방언형은 '만ᄒᆞ다, ᄒᆞ다' 등으로 나타난다.
236) '다른'의 뜻이다.
237) '일에'의 뜻이나 여기서는 '기일에'의 의미로 쓰였다.
238) '아니하는, 않는'의 뜻이다.
239) '시제(時祭)'를 말한다.
240) '합니다'의 뜻으로, '허[爲]-+-여+마씨' 구성이다. '마씨'는 '존대'의 뜻을 나타내는 종결보조사이다.
241) '초하룻날'을 말한다. '초하룻날'의 방언형은 '초ᄒᆞ롯날, 초ᄒᆞ를날, 초ᄒᆞ룻날' 등으로 나타난다.
242) '한식(寒食)'을 말한다.
243) '청명(淸明)'을 말한다.
244) '묘에, 뫼에'의 뜻이다.
245) '제사(祭祀)'를 말한다.
246) '시루떡'을 말한다. '시루떡'의 방언형은 '시리떡, 친떡, 침떡' 등으로 나타난다.
247) '흰떡'을 말한다.

248) '솔변'은 달리 '솔벤, 돌반착떡, 반둘떡, 수랑곤떡'이라 하는데, '쌀가루나 메밀가루를 반죽하여 얇게 민 다음에 반달 모양의 떡살로 떠서 끓는 물에 삼거나 경그레 위에서 찐 떡'을 말한다.
249) '절편(切餠)'을 말한다. '절편切餠)'의 방언형은 '동고랑곤떡, 둘떡, 절벤, 절변, 절펜' 등으로 나타난다.
250) '절편'을 말한다.
251) '흉년'을 말한다.
252) '산적(散炙)'을 말한다. '산적(散炙)'의 방언형은 '적, 적갈' 등으로 나타난다.
253) 이 '고기'는 '바닷고기'의 의미로 쓰였다.
254) '갱(羹)'을 말한다. '갱(羹)'의 방언형은 '거영, 게영, 게영국, 겡, 겡국' 등으로 나타난다.
255) '문어도'의 뜻이다. '문어'의 방언형은 '무꾸럭, 문게, 물꾸럭, 뭉게' 등으로 나타난다.
256) '상'은 '제사상'의 의미로 쓰였다.
257) '우럭' 또는 '우럭볼락'을 말한다.
258) '돼지고기적'은 '돼지고기로 만든 산적'을 말한다.
259) '쉐고기적'은 '소고기로 만든 산적'을 말한다.
260) '탕쉬'는 달리 '메물, 탕수'라 하는데, '제사에 쓰기 위하여 삶은 고사리나 콩나물 따위에 기름, 깨 등을 쳐서 만든 음식'을 말한다.
261) '방어페옥'은 '방어의 배를 갈라 뼈를 발라내어 말린 것'을 말한다. '페옥'은 '물고기를 손바닥만큼 저미어 소금에 절인 것'을 뜻하는 어휘다.
262) '배[梨]'를 말한다.
263) '메밀떡도'의 뜻이다. '메밀떡'의 방언형은 '모멀떡, 모믈떡, 모몰떡' 등으로 나타난다.
264) '위에'의 뜻이다. '위[上]'의 방언형은 '우, 우이, 우희' 등으로 나타난다.
265) 이야기의 내용을 봐서는 '절편'에 대한 설명으로 보인다. '절편'은 '쌀가루를 익반죽하여 끓는 물에 삶아낸 다음 잘 이기면서 반죽한 후 둥글게 만든 떡 두 개를 맞붙여 '절변본'이라는 본으로 찍은 후 참기름을 바른 떡'을 말한다.
266) '짝그르다'는 '한 짝이 되어야 할 것이 짝짝이가 되다.'는 뜻을 지닌 어휘다. 여기서는 '홀수가 되게'의 의미로 쓰였다.
267) '방어페옥'은 '방어의 배를 갈라 뼈를 발라내어 말린 것'을 말한다. '페옥'은 '물고기를 손바닥만큼 저미어 소금에 절인 것'을 뜻하는 어휘다.
268) '것보고'의 뜻으로, '것[其]+-ㄱ라' 구성이다. '-ㄱ라'는 '-보고, -더러'의 의미로 쓰이는 조사이다.
269) '많이'를 말한다. '많이'의 방언형은 '만이, 만히, 하영, 해' 등으로 나타난다.
270) '그물질할'의 뜻이다. '그물질하다'의 방언형은 '구물질ᄒ다, 구물칠ᄒ다' 등으로 나타난다.
271) '두툽상어'를 말한다.
272) '괭이상어'를 말하는 것 같다. '괭이상어'의 방언형은 '도렝이, 도롱이' 등으로 나

타난다.

273) '재방어가'의 뜻이다. '재방어'의 방언형은 '가다리, 저립, 제립' 등으로 나타난다.

274) '다섯'의 뜻이다.

275) '하루'를 말한다. '하루'의 방언형은 '흐르, 흐를' 등으로 나타난다.

276) '맛있는'의 뜻이다.

277) '그런데'의 뜻이다.

278) '나가서'의 뜻으로, '나개[出]-+-앙' 구성이다.

279) '간해서(맛을 내기 위해 간을 치다)'의 뜻이다. '간하다'의 방언형은 'ᄀᆞᆫ절이다, ᄀᆞᆫ지르다, ᄀᆞᆫᄒᆞ다, 소곰ᄒᆞ다, 소금ᄒᆞ다' 등으로 나타난다.

280) '뭇국에'의 뜻이다. '뭇국'의 방언형은 '놈삐국'으로 나타난다.

281) '배춧국에'의 뜻이다. '배춧국'의 방언형은 'ᄂᆞᆨ물쿡, ᄂᆞ물쿡, 베춧국' 등으로 나타난다.

282) '방어 산적으로'의 뜻이다. '방어적갈'은 '방어로 만든 산적'을 말한다.

283) '해서요'의 뜻이다.

284) '말려서'의 뜻이다. '말리다[乾]'의 방언형은 '몰류다, 몰리다, 몰립다' 등으로 나타난다.

285) '쪄서'의 뜻으로, '치[蒸]-+-엉' 구성이다. '찌다[蒸]'의 방언형은 '치다'로 나타난다.

286) '고기하고'의 뜻으로, '고기[肉]+-영' 구성이다. '-영'은 '-하고'의 의미로 쓰이는 조사이다.

287) '찌고서'의 뜻으로, '치[蒸]-+-엉근에' 구성이다. '-엉근에'는 '-고서'의 의미로 쓰이는 어미이다.

288) '맛있어요'의 뜻이다. '맛있다'의 방언형은 '맛싯다, 맛잇다' 등으로 나타난다.

289) '팔았습니다'의 뜻이다.

290) '시에니까'의 뜻으로, 여기서 '시'는 '제주시'를 말한다.

291) '있습니다'의 뜻으로, '싯[有]-+-수다' 구성이다. '-수다'는 '-습니다'의 의미로 쓰이는 어미이다. '있다[有]'의 방언형은 '시다, 싯다, 이시다, 잇다' 등으로 나타난다.

292) '대방어(大魴魚)'를 말한다. '대방어(大魴魚)'는 방어 가운데서 크기가 큰 것을 달리 이르는, 새로 만들어진 어휘다.

293) '나서요'의 뜻이다.

294) '먹었습니다'의 뜻이다.

295) '끓여'의 뜻이다. '끓이다'의 방언형은 '꿰우다, 끌리다, 끌이다' 등으로 나타난다.

296) '베따서'의 뜻으로, '베벨르-+-앙은에' 구성이다. '-앙은에'는 '-아서'의 의미로 쓰이는 어미이다. '생선의 배를 가르다'는 뜻을 지닌 '배따다'의 방언형은 '베벨르다, 베부르다, 베볼르다, 베카다, 베크다, 베타다, 페쓰다, 페씨다' 등으로 나타난다. 만일 생선의 등을 따서 창자를 꺼낼 경우는 '등타다, 등탕페쓰다'라 한다.

297) '시들려서'의 뜻이다. '시들리다'의 방언형은 '소들리다, 시들루다, 시들리다' 등으로 나타난다.

298) '어찌'의 뜻이다.

299) '아니합니다'의 뜻이다.

300) '잔대(盞臺)'를 말한다.

301) '지방(紙榜)'을 말한다.

302) '집사가(執事-)'의 뜻이다.

303) '씻고'의 뜻이다. '씻다[洗]'의 방언형은 '시지다, 시치다, 싯다' 등으로 나타난다.

304) '관수(盥手)'를 말한다.

305) '문전제(門前祭)를 지내고'의 뜻이다.

306) '강신(降神)이라고'의 뜻이다.

307) '모삿그릇에'의 뜻이다. '모삿그릇'의 방언형은 '모샛줍시'로 나타난다.

308) '부우면은'의 뜻으로, '비우[注]-+-면은' 구성이다. '붓다[注]'의 방언형은 '부수다,
부으다, 비우다, 빕다' 등으로 나타난다.

309) '모삿그릇'을 말한다.

310) '부어[注]'의 뜻이다.

311) '젓가락'을 말한다. '젓가락'의 방언형은 '저봄, 저붐, 젓가락, 젯가락, 즈봄' 등으로
나타난다.

312) '탕쉬'는 달리 '메물, 탕수'라 하는데, '제사에 쓰기 위하여 삶은 고사리나 콩나물
따위에 기름, 깨 등을 쳐서 만든 음식'을 뜻하는 어휘다.

313) '산적(散炙)'을 말한다. '산적(散炙)'의 방언형은 '적, 적갈' 등으로 나타난다.

314) '있는'의 뜻이다.

315) '안에'의 뜻이다.

316) '수저'의 뜻이나 여기서는 '숟가락'의 의미로 쓰였다.

317) '갱(羹)'을 말한다. '갱(羹)'은 '제사 때 신위에게 올리는 국'이다.

318) '꽂아'의 뜻이다. '꽂다[挿]'의 방언형은 '꼽다, 꽂다, 꽂우다, 꽂이다' 등으로 나타
난다.

319) '붓게[注]'의 뜻이다.

320) '복친들이'의 뜻이다.

321) '부복해(俯伏-)'의 뜻이다.

322) '철변(撤籩)'을 말한다.

323) '하나씩'의 뜻이다.

324) '문전상(門前床)'을 말하는데, '문전상'은 '제사 때 문전신(門前神)에게 올리는 제물
을 차린 상'을 말한다.

325) '걸명'은 달리 '걸맹'이라 하는데, '제사를 지낸 뒤 제사상 위의 여러 제물을 조금
씩 떠 넣어서 문간채의 지붕위로 올리거나 집으로 드나드는 골목길 한 구석에 두
어 잡신을 대접하는 일'의 뜻을 지닌 어휘다.

326) '넣어 가지고'의 뜻이다.

327) '붓고'의 뜻이다. '붓다[注]'의 방언형은 '부수다, 부으다, 비우다, 빕다' 등으로 나
타난다.

328) '뜯어'의 뜻으로, '튿[撦]-+-아' 구성이다. '뜯대[撦]'의 방언형은 '뜯다, 튿다, 톧다' 등으로 나타난다.
329) '제육(祭肉)'의 뜻이다. '제육(祭肉)'의 방언형은 '제숙, 제육, 지숙' 등으로 나타난다.
330) '왜'를 말한다.
331) '떠'의 뜻이다. '뜨대[分]'의 방언형은 '거리다'
332) '초상난'의 뜻이다. '초상나다'의 방언형은 '상나다, 영장나다' 등으로 나타난다.
333) '모슬포(摹瑟浦)'는 서귀포시 대정읍 상·하모리(上·下摹里)를 통틀어 이르는 말이나 여기서는 '하모리(下摹里)'를 뜻한다.
334) '가서'의 뜻으로, '개[去]-+-앙' 구성이다.
335) '절구'의 방언형은 '방에, 방이, 절귀' 등으로 나타난다.
336) '빻아'의 뜻이다. '빻대[碎]'의 방언형은 '뺏다'로 나타난다.
337) '떡집에'의 뜻이다. '떡집'의 방언형은 '떡집, 떡칩' 등으로 나타난다.
338) '당일(當日)'을 말한다.
339) '옛날처럼'의 뜻이다.
340) '있습니까'의 뜻이다.
341) '말해라'의 뜻으로, '굴[曰]-+-으라' 구성이다. '-으라'는 '-어라'의 의미로 쓰이는 어미이다. '말하대[曰]'의 방언형은 '곧다, 굳다, 말곧다, 말굳다, 말ᄒ다' 등으로 나타난다.
342) '마음고생'을 말한다.
343) '했던'의 뜻으로, '허[爲]-+-어난' 구성이다. '-어난'은 '-었던'의 의미로 쓰이는 어미이다. '하대[爲]'의 방언형은 '허다, ᄒ다' 등으로 나타난다.
344) '말해'의 뜻이다.
345) '찌고'의 뜻이다. '찌대[蒸]'의 방언형은 '치다'로 나타난다.
346) '놔서도'의 뜻이다.
347) '했잖아'의 뜻이다.
348) '말하라고'의 뜻으로, '굴[曰]-+-으렌' 구성이다. '-으렌'은 '-으라고'의 의미로 쓰이는 어미이다.
349) '제육(祭肉)'을 말한다. '제육(祭肉)'의 방언형은 '제숙, 제육, 지숙' 등으로 나타난다.
350) '그러니까'의 뜻이다.
351) '뻥에돔'을 말한다. '뻥에돔'의 방언형은 '구르찌, 구리치, 구릿, 귀릿' 등으로 나타난다.
352) '말려서'의 뜻이다. '말리대[乾]'의 방언형은 '몰류다, 몰리다, 몰립다' 등으로 나타난다.
353) '묵적은'의 뜻이다. '묵적'은 '메밀묵을 도막도막 네모지게 썰어서 만든 적'을 말한다.
354) '두부'를 말한다.
355) '지짐이만'의 뜻이다. '지짐이'의 방언형은 '부끔이, 지짐이' 등으로 나타난다.
356) '해서'의 뜻으로, '허[爲]-+-영은에' 구성이다. '-영은에'는 '-여서'의 의미로 쓰이는

어미이다. '하다[爲]'의 방언형은 '허다, ᄒᆞ다' 등으로 나타난다.

357) '지져서'의 뜻으로, '지지[煎]-+-어근에' 구성이다. '-어근에'는 '-고서, -어서'의 의미로 쓰이는 어미이다.

358) '제사해도'의 뜻이다. '제사하다'의 방언형은 '식게ᄒᆞ다, 제사ᄒᆞ다, 제ᄉᆞᄒᆞ다, 지ᄉᆞᄒᆞ다' 등으로 나타난다.

359) '하다가'의 뜻으로, '허[爲]-+-단에' 구성이다. '-단에'는 '-다가'의 의미로 쓰이는 어미이다.

360) '둘째 형님'의 뜻이다. '셋-'은 가족이나 친족 관계를 나타내는 말 앞에 붙어서, '둘째'의 뜻을 더하는 접두사이다.

361) '있으니까'의 뜻으로, '시[有]-+-난에' 구성이다. '-난에'는 '-니까'의 의미로 쓰이는 어미이다. '있다[有]'의 방언형은 '시다, 싯다, 이시다, 잇다' 등으로 나타난다.

362) '하고 있지'의 뜻으로, '허[爲]-+-엄주' 구성이다. '-엄주'는 '-고 있지'의 의미로 쓰이는 어미이다.

363) '시집이라고'의 뜻이다. '시집[媤家]'의 방언형은 '씨녁, 씨집' 등으로 나타난다.

364) '제사(祭祀)'를 말한다.

365) '굽징'은 '밑에 넣는 켜'의 의미로 쓰였다. 곧 떡을 궬 때 맨 아래에 넣은 떡을 뜻한다.

366) '아닙니다'의 뜻으로, '아니-+-우다' 구성이다. '-우다'는 '-ㅂ니다'의 의미로 쓰이는 어미이다.

367) '좋은'의 뜻이다.

368) '빗'은 '칼로 베어 낸 시루떡의 조각. 또는 그것을 세는 단위'의 뜻을 지닌 어휘다.

369) '흰떡'을 말한다.

370) '중계'는 '좁쌀가루나 메밀가루를 반죽해서 얇게 밀어서 직사각형으로 만들어 기름에 지진 떡'으로, 그 방언형은 '중게, 중궤' 등으로 나타난다.

371) '약과'를 말한다. '약과'는 '쌀가루나 좁쌀가루를 반죽해서 얇게 민 다음 정사각형으로 잘라 네 귀에 구멍을 내고 기름에 지져낸 떡'을 말하는데, 그 방언형은 '약게, 약궤, 얍게, 얍궤' 등으로 나타난다.

372) '길쭉한'의 뜻이다. '길쭉하다'의 방언형은 '질쭉ᄒᆞ다, 쫄딱ᄒᆞ다' 등으로 나타난다.

373) '모르겠습니다'의 뜻으로, '모르-+-쿠다' 구성이다. '-쿠다'는 '-겠습니다'의 의미로 쓰이는 어미이다.

374) '같게'의 뜻이다. '같다[如]'의 방언형은 'ᄀᆞ뜨다, ᄀᆞ트다, 닮다, 답다' 등으로 나타난다.

375) '흰떡은'의 뜻이다.

376) '전(煎)같은'의 뜻이다.

377) '놓는'의 뜻이다.

378) '버섯을 재료로 하여 만든 전'을 말한다.

379) '모슬포(摹瑟浦)에'의 뜻이다. '모슬포'는 서귀포시 대정읍 상·하모리(上·下摹里)

를 통틀어 이르는 말이다. 여기서는 하모리(下募里)의 뜻이다.

380) ‘가서’의 뜻으로, ‘가[去]-+-앙’ 구성이다.

381) ‘못’의 뜻이다.

382) ‘해서’의 뜻이다.

383) ‘눌러서’의 뜻으로, ‘누뜰[壓]-+-엉’ 구성이다. ‘누르다[壓]’의 방언형은 ‘누뜰다, 누르다, 누르뜨다, 누울리다, 눌뜨다, 눌르다’ 등으로 나타난다.

384) ‘병(瓶)’을 말한다. ‘병(瓶)’의 방언형은 ‘벵, 펭’ 등으로 나타난다.

385) ‘굽으로’의 뜻이다.

386) ‘떼지’의 뜻이다. ‘떼다[脫]’의 방언형은 ‘떼다, 테다, 트다’ 등으로 나타난다.

387) ‘모르겠습니다’의 뜻으로, ‘모르-+-쿠다’ 구성이다. ‘-쿠다’는 ‘-겠습니다’의 의미로 쓰이는 어미이다.

388) ‘떼어서’의 뜻이다.

389) ‘문전(門前)’을 말하나 여기서는 ‘문전상(門前床)’의 의미로 쓰였다. ‘문전상’은 ‘제사 때 문전 신에게 올리는 제물을 차린 상’을 말한다.

390) ‘올렸던’의 뜻이다.

391) ‘먹으라고’의 뜻으로, ‘먹[食]-+-으렌’ 구성이다. ‘-으렌’은 ‘-라고’의 의미로 쓰이는 어미이다.

392) ‘방어페옥’은 ‘방어를 재료로 하여 만든 페옥’을 말한다. ‘페옥’은 ‘배를 갈라 뼈를 발라내어 말린 바닷물고기. 또는 손바닥만큼 저미어 소금에 절인 바닷물고기 살’을 뜻하는 어휘다.

393) ‘배[腹]’를 말한다.

394) ‘따’의 뜻이다. 여기서 ‘따다’는 ‘째거나 찔러 터뜨리다.’의 뜻이다. 곧 ‘베 벌르다’는 ‘생선 따위에서 창자를 꺼내려고 배를 가르다.’는 것을 말한다. 생선의 배를 딸 때는 배래기로 하는 경우도 있고 등으로 하는 경우도 있다. 배래기를 가를 때는 ‘베벨르다, 베브르다, 베볼르다, 베카다, 베크다, 베타다, 페쓰다, 페씨다’라 하고, 등을 가를 때는 ‘등타다, 등탕페쓰다’라 한다.

395) ‘뼈’를 말한다.

396) ‘내어서’의 뜻이다.

397) ‘길이’를 말한다. ‘길이’의 방언형은 ‘지러기, 지럭시, 지럭지, 지레기’ 등으로 나타난다.

398) ‘납작스름하게’의 뜻이다. ‘납작스름하다’의 방언형은 ‘납수룩ᄒ다, 납시근ᄒ다, 납주룩ᄒ다, 납지룩ᄒ다’ 등으로 나타난다.

399) ‘경그레’를 말한다. ‘경그레’의 방언형은 ‘ᄀ살, ᄀ소왈, 도들, 떡징, 바드렝이’ 등으로 나타난다.

400) ‘놓아서’의 뜻으로, ‘놓[放]-+-앙’ 구성이다.

401) ‘것이니까’의 뜻으로, ‘거[其]+-난’ 구성이다.

402) ‘점씩’의 뜻이다.

403) '해서'의 뜻이다.
404) '꼬챙이'를 말한다. '꼬챙이'의 방언형은 '고젱이, 고지, 꼬지, 코젱이' 등으로 나타난다.
405) '썰어서'의 뜻이다.
406) '따로'의 뜻이다. '따로'의 방언형은 '또로, 토로' 등으로 나타난다.
407) '찢어서'의 뜻이다. '찢다'의 방언형은 'ㅂ리다, 찌지다, 찢다, 치지다, 칮다' 등으로 나타난다.
408) '제주시'를 말한다.
409) '보인다'의 뜻이다.
410) '묘에, 뫼에'의 뜻이다.
411) '구워서'의 뜻이다.
412) '제육(祭肉)을'의 뜻이다.
413) '왔는데'의 뜻이다.
414) '구워서'의 뜻이다.
415) '왔습디다'의 뜻으로, '오[來]-+-아십디다+게(종결보조사)' 구성이다. '-아십디다'는 '-았습디다'의 의미로 쓰이는 어미이다.
416) '쪄어라'의 뜻이라.
417) '구우니까'의 뜻이다.
418) '쪄서'의 뜻이다.
419) '제육을'의 뜻이다. '제육(祭肉)'의 방언형은 '제숙, 제육, 지숙' 등으로 나타난다.
420) '쪄서'의 뜻으로, '치[蒸]-+-엉' 구성이다. '찌다[蒸]'의 방언형은 '치다'로 나타난다.
421) '겅그레'를 말한다.
422) '놓아서'의 뜻이다.
423) '쪄요'의 뜻으로, '치[蒸]-+-어+마씨(종결보조사)' 구성이다.
424) '찝니다'의 뜻이다.
425) '바닷고기는'의 뜻이다. '바닷고기'의 방언형은 '바당고기, 바당궤기, 바르코기, 바르퀘기, 바룻궤기' 등으로 나타난다.
426) '말아서요'의 뜻이다.
427) '해서'의 뜻이다.
428) '시집가니까'의 뜻이다. '시집가다'의 방언형은 '씨집가다'로 나타난다.
429) '찌기'의 뜻이다.
430) '맛있습니다'의 뜻이다. '맛있다'의 방언형은 '맛싯다, 맛잇다' 등으로 나타난다.
431) '엎어서'의 뜻으로, '어프[覆]-+-엉' 구성이다. '엎다'의 방언형은 '어꾸다, 어프다' 등으로 나타난다.
432) '동으로, 동쪽으로'의 뜻으로, '동(東)+-더레' 구성이다. '-더레'는 '-으로'의 의미로 쓰이는 조사이다.
433) '상어페옥'은 '상어를 재료로 하여 만든 페옥'이라는 말이다. '페옥'은 '배를 갈라

뼈를 발라내어 말린 바닷물고기. 또는 손바닥만큼씩 저미어 소금에 절인 바닷물고
기 살'을 뜻하는 어휘다.

434) '산적(散炙)이라고'의 뜻이다. '산적(散炙)'의 방언형은 '적, 적갈' 등으로 나타난다.
435) '제육(祭肉)'을 말한다.
436) '벵에돔'을 말한다. '벵에돔'의 방언형은 '구르찌, 구리치, 구릿, 귀릿' 등으로 나타
난다.
437) '겡거리'는 '제사 때 신위 앞에 올리는 국을 끓이는 쇠고기나 생선 따위의 재료'를
뜻하는 어휘다.
438) '고장이니까'의 뜻이다. '고장(어떤 물건이 많이 나거나 있는 곳)'의 방언형은 '고
단, 고장' 등으로 나타난다.
439) '해서'의 뜻이다.
440) '메밀'을 말한다. '메밀'의 방언형은 '모멀, 모믈, 모물' 등으로 나타난다.
441) '메밀가루'를 말한다. '메밀가루'의 방언형은 '모멀ᄀ르, 모멀ᄏ를, 모믈ᄀ르, 모믈
ᄏ를, 모물ᄀ르, 모물ᄏ를' 등으로 나타난다.
442) '중계'를 말한다. '중계'의 방언형은 '중게, 중궤' 등으로 나타난다. '중계'는 '좁쌀
가루나 메밀가루를 반죽해서 얇게 밀어서 직사각형으로 만들어 기름에 지진 떡'을
말한다.
443) '약과'를 말한다. '약과'의 방언형은 '약게, 약궤, 얍게, 얍궤' 등으로 나타난다. '약
과'는 '쌀가루나 좁쌀가루를 반죽해서 얇게 민 다음 정사각형으로 잘라 네 귀에
구멍을 내고 기름에 지져낸 떡'을 말한다.
444) '길쭉한'의 뜻이다. '길쭉하다'의 방언형은 '질쭉ᄒ다, 쭐딱ᄒ다' 등으로 나타난다.
445) '있으니까'의 뜻이나 여기서는 '되니까'의 뜻이다.
446) '메밀떡으로'의 뜻이다.
447) '그저'의 뜻이다.
448) '흔전하니까'의 뜻이다.
449) '거서'의 뜻이다.
450) '흰밥'을 말한다.

02 생업 활동

밭농사 128

2.1 밭농사

오느른 반농사와 괄련된 거 무러보쿠다.

반농사로 진는 그 곡썩예?

— 예.

그 가파도서 지얻떤 게 어떤 거 어떤 거 이신고예?

— 이 콩 보리.

예.

— 에에 이 조 감자 고추 마늘 이런 거는 조꼼씩 그자[1].

= 무사[2] 엔나렌 감자[3]가 주로 헬쭈게.

— 감자. 이거 이거 감자는 지슬[4] 아냐게. 지슬 보고 감자라고.

이거 보지 맙써 삼촌. (웃음)

— 게난[5].

게난.

— 주로 콩 보리 수화글 마니[6] 허고.

= 고구마도 헬쑤게.

— 고구마.

게난 지금 감자마씨 그거시예. 소람헌 거.

= 예 감제[7].

— 감제. 감제.

예 감제.

— 예. 감제. 감제하고 보리 콩 ** 나머지 수수 가뜬 거나 이런 거는 지반 그 뜨레서 에 쪼꼼씩 케서 먹꼭. 주로 콩 보리 감제.

예 아라쑤다.

그러며는예 우리가 일년 열뚜 다를 기주느로 헤 갇꼬 그 봄부떠. 봄부터 이

오늘은 밭농사와 관련된 거 물어보겠습니다.

밭농사로 짓는 그 곡식요?

— 예.

그 가파도에서 지었던 것이 어떤 거 어떤 거 있었는가요?

— 이 콩 보리.

예.

— 에에 이 조 감자 고추 마늘 이런 것은 조금씩 그저.

= 왜 옛날에는 고구마가 주로 했지.

— 감자. 이거 이거 감자는 감자 아닌가. 감자 보고 감자라고.

이거 보지 마십시오 삼촌. (웃음)

— 그러니까.

그러니까

— 주로 콩 보리 수확을 많이 하고.

= 고구마도 했습니다.

— 고구마.

그러니까 지금 고구마죠 그것이요. 갸름한 거.

= 예 고구마.

— 고구마. 고구마.

예 고구마.

— 예. 고구마하고. 고구마하고 보리 콩 ** 나머지 수수 같은 것이나 이런 것은 집안 그 뜰에서 에 조금씩 해서 먹고. 주로 콩 보리 고구마.

예 알겠습니다.

그러면요 우리가 일년 열두 달을 기준으로 해가지고 그 봄부터. 봄부터 이제 겨울까지 쭉 보메는 어떤 농사짇꼬 여르메는 어떤 농사짇꼬 헌 거예 그거를 쭉 한번 ᄀᆞ라줘 봅써. 계절별로.

– 에 보리는 에 상강 지나서 아 입뚱까지 그때 이제 파종허고 이듬헤에 오월따레 에 수화글 합니다.

– 수화글 허고. 그 수확 끈나며는 에 그 소서. 유월쩔8) 저네 망종으로부터 유월쩔 그 사이에 에 콩을 파종헤마씨. 경허영 에 시월따레 에 수확카고 콩은.

– 또 고구마도 또 보리 재배가 끈나며는 에 그때는 이 고구마를 마니 시머 가지고 고구마 종자는 에 고구마를 에 겨으레 겨으레 에 집 뜨레다가 이제 헤 가지고 그 묘종을 키와 가지고 그거 가지고 보리가 수확 끈나며는 받테다가 시머 가지고 아 그건또 이제 상강 끄르에9) 수확켄쑤다.

으음.

보리농사 한번 지어봅쭈예. 그러면 어 거르믄 어떵 허여신고예?

– 엔나레는 그 해초. 몸10) 몸 몰려 가지고 바닫까에 올른11) 거 몸 몰려 가지고 눌12) 누럴따가13) 그거 이제 에 보리 갈 때는 상강 지나가며는 그걸 이제 바테다 저다가 고랑에다가 그때는 소로 쟁기로 바슬14) 갈 때니까 고랑에다가 이제 그거슬 쭉 찌저 가지고 매 고지15)마다 매 고량16)마다 까라 가지고 보리를 보리를 시므며는 그때는 비료가 업썰끼 때무네 그게 비료가 뒈여마씨.

– 그러케 헤 가지고 어 바로 그 입뚱 저네 에 보리 파종헤 가지고 그 다으메 이 그 김메는 거는 여기서는

예 검질 검질메는 거.

– 김메는 거는 이 받뚜게는17) 지그믄 저 이 제초제 헤 가지고 푸를 주기지만 엔나레는 어 굴겡이로18) 그냥 풀 다 메열꼬.

– 그 보리가 이클 때까지도 이 저 대오리19). 대오리는 수시로 보리 끈 날 때까지 그 이듬헤 또 그 한 펄기20)만 일써도 이듬해는 여러 아주 마니

제 겨울까지 쭉 봄에는 어떤 농사짓고 여름에는 어떤 농사짓고 한 것을요 그 것을 쭉 한번 말해주십시오. 계절별로.

　－ 에 보리는 에 상강 지나서 아 입동까지 그때 이제 파종하고 이듬해 에 오월 달에 에 수확을 합니다.

　－ 수확을 하고. 그 수확 끝나면 에 그 소서. 유월절 전에 망종으로부 터 유월절 그 사이에 에 콩을 파종합니다. 그렇게 해서 에 시월 달에 에 수확하고 콩은.

　－ 또 고구마도 또 보리 재배가 끝나면 에 그때는 이 고구마를 많이 심 어 가지고 고구마 종자는 에 고구마를 에 겨울에 겨울에 에 집 뜰에다가 이제 해 가지고 그 모종을 키워 가지고 그거 가지고 보리가 수확 끝나면 밭에다가 심어 가지고 아 그것도 이제 상강 고비에 수확했습니다.

　으음.

　보리농사 한번 지어보지요. 그러면 아 거름은 어떻게 했는가요?

　－ 옛날에는 그 해초. 모자반 모자반 말려 가지고 바닷가에 오른 거 모 자반 말려 가지고 가리 가리었다가 그거 이제 에 보리 갈 때는 상강 지나 가면 그것을 이제 밭에다 져다가 이랑에다가 그때는 소로 쟁기로 밭을 갈 때니까 이랑에다가 이제 그것을 쭉 져 가지고 매 이랑마다 고랑마다 깔아 가지고 보리를 보리를 심으면 그때는 비료가 없었기 때문에 그게 비료가 되지요.

　－ 그렇게 해 가지고 어 바로 그 입동 전에 에 보리 파종해 가지고 그 다음에 이 그 김매는 것은 여기서는.

　예. 김 김매는 거.

　－ 김매는 것은 이 밭두둑에는 지금은 저 이 제초제 해 가지고 풀을 죽 이지만 옛날에는 어 호미로 그냥 풀 다 매었고.

　－ 그 보리가 익을 때까지도 이 저 귀리. 귀리는 수시로 보리 끝날 때 까지 그 이듬해 또 그 한 포기만 있어도 이듬해는 여러 아주 많이

번식커니까. 그 하여튼 보리 재배헐 때까지도 그 대오리를 메여야마씨21).

─ 경허영 겨우레 헬따가 에 오월따레 이제 수화글 헤 가지고. 그건또 또 옌나레는 수확카며는 전부 다 지베 가져 와서 아 지반 마당에 눌트를22) 만드러 가지고 돌로 싸아 가지고 그 비가 스며들지 모터게 그 노펴 가지고 거기다 이제 보리를 눌 누러23).

예.

─ 눌 누러 가지고 일기 조은 날 보면서 이제 그거 보리를 홀트는데 홀트는 기계로24) 헤 가지고 보리를 홀타 가지고 보리찌븐25) 한 문씩 이러케 한 아름씩 무꺼 가지고 그거 역씨 그건또 눌 누러서26) 겨우레 땔까므로 썰꼬.

─ 또 고고리27)는 이제 그 옌나레 탈꼭끼 저 멕타기28)가 잇써 가지고 어 그 멕타기가 한 여기 세 대쯤 잇써는가? 그 그거시 가파도 도라다니면서 에 먼저 이 저 고고리 불리헌29) 사람들부떠 이제 차례차례로 이제 탈곡헤 가지고 이제 그 보리를 보리싸를 내는데.

─ 또 그 보리싸를 에 그 껍찔 벗껴얄30) 꺼 아니우꽈31)?

예.

─ 게며는 그걸 크겐 우리 막 어릴 쩌게는 방에토게다32) 노코 이제 에 방엘끼로33) 한 사르미든 또 두 사름 세 사람꺼지도 이러케 서로 번가라 가면서 쩌 가지고 곡씩 내왇꼬. 그 후에는 또 연자방아34). 소를 연자방아가 여기 한 연자방아가 한 가파도에 한 삼사십 때쯤 잇써쓰니까.

그 연자방아를 가파도에선 뭐렌 불럳쑤과?

= 방에35).

─ 방에.

물방에?

─ 예 물방에36).

─ 물방에가 아니고 여긴 무른 업쓰니까 그냥 방에. 쉐를 쉐를 이용헤 가지고 헬꼬.

번식하니까. 그 하여튼 보리 재배할 때까지도 그 귀리를 매어야 해요.

– 그렇게 해서 겨울에 했다가 아 오월 달에 이제 수확을 해 가지고. 그것도 또 옛날에는 수확하면 전부 다 집에 가져 와서 아 집안 마당에 가리틀을 만들어가지고 돌로 쌓아 가지고 그 비가 스며들지 못하게 그 높여 가지고 거기다 이제 보릿가리를 가려.

예.

– 가리 가려 가지고 일기 좋은 날 보면서 이제 그거 보리를 훑는데 훑는 기계로 해 가지고 보리를 훑아 가지고 보릿짚은 한 뭇씩 이렇게 한 아름씩 묶어 가지고 그거 역시 그것도 가리 가리어서 겨울에 땔감으로 썼고.

– 또 이삭은 이제 그 옛날에 탈곡기 저 탈곡기 있어가지고 아 그 탈곡기가 한 여기 세 대쯤 있었는가? 그 그것이 가파도 돌아다니면서 에 먼저 이 저 이삭 분리한 사람들부터 이제 차례차례로 이제 탈곡해 가지고 이제 그 보리를 보리쌀을 내는데.

– 또 그 보리쌀을 에 그 껍질 벗겨야 할 것 아닙니까?

예.

– 그러면 그것을 크게는 우리 막 어릴 적에는 방아확에다 넣고 이제 아 방앗공이로 한 사람이든 또 두 사람 세 사람까지도 이렇게 서로 번갈아 가면서 찧어 가지고 곡식 내왔고. 그 후에는 또 연자방아. 소를 연자방아가 여기 한 연자방아가 한 가파도에 한 삼사십 대쯤 있었으니까.

그 연자방아를 가파도에서는 뭐라고 불렀습니까?

= 방아.

– 방아.

연자방아?

– 예 연자방아.

– 연자방아가 아니고 여기는 말이 없으니까 그냥 방아. 소를 소를 이용해가지고 했고.

– 그건또 혼 뻐네 뒈는 거시 아니고 혼 불[37] 두 불 막뿔꺼지[38] 세 버늘 헐려며는 그 혼 사름뿌니 아니고 동넷뿐들 허여나며는 또 허고 허젱[39] 허며는 시가니 마니 걸련찌.

– 경허난 그 세 번 헤야 그 완전난 싸리 뒈고 어 나머지 누까는[40] 말려 가지고 소 가뜬 거 머기고. 싸른 사르미 머걷찌.

그러케 헤 갇꼬네 이제 보리농사는 헌 거라예. 아까 그 탈곡끼 헐 때 보리를 고고리로 다 훑튼 다으메 고고리만 탈고글 헷쑤과? 아니며는 한꺼버네 헤 갇꼬?

– 아이[41] 고고리[42]만.

아 여긴 고고리만예.

– 게난 그 에 탈곡 아녀며는 안 뒈니까.

– 그 멕타기[43]가 고고리만 이러케 올라가게끔 저 이 승강기 헤 가지고 멕타기에 고고리 보리찜[44]까지 가게 뒈며는 기계가 안 도라가니까. 엉켜 가지고.

거 우리도 거 기억남쑤다. 영 올라가게만 헤서예. 벨트시그로예.

– 예예.

그런 시그로 헹으네 이제 보리는 지어서예? 여기는 보리씨 뺄 때 뭐 저기 돈통에 거르메 막 저기 서껑으네 삐지는 아년마씨?

– 서껑[45] 삐지[46] 아녀[47]. 그 거름 저 이.

몸걸름 험니까?

– 몸걸름[48]도 허지마는 돈통[49]에 인는 걸름[50]도 보리찍[51] 까랑 이제 뒈지 키우당 허면은 그걸 중시리[52]로 몸소 이제 지게로 정[53]. 리어까[54]도 업쓸 때니까 지게로 져 가지고 그거 보리바테다가 걸 막 골고로[55] 삐여[56] 가지고 그러케도 허고.

– 또 그러케 몯터는 사름더른 또 이제 해초 헤당[57] 깔고.

그 바당에 해초 까는 거는 어떤 종뉴드를 까라신고예?

- 그것도 한 번에 되는 것이 아니고 한 벌 두 벌 막벌까지 세 번을 하려고 하면 그 한 사람뿐 아니고 동네분들 해 나면 또 하고 하려고 하면 시간이 많이 걸렸지.

- 그러니까 그 세 번 해야 그 완전한 쌀이 되고 어 나머니 보릿겨는 말려 가지고 소 같은 거 먹이고. 쌀은 사람이 먹었지.

그렇게 해 가지고 이제 보리농사는 한 거지요. 아까 그 탈곡기 할 때 보리를 이삭으로 다 훑은 다음에 이삭만 탈곡을 했습니까 아니면 한꺼번에 해 가지고?

- 아니 이삭만.

아 여기는 이삭만요.

- 그러니까 그 에 탈곡 않으면 안 되니까.

- 그 탈곡기가 이삭만 이렇게 올라가게끔 저 이 승강기 해 가지고 탈곡기에 이삭 보릿짚까지 가게 되면 기계가 안 돌아가니까. 엉켜 가지고.

거 우리도 그것 기억납니다. 이렇게 올라가게만 해서요. 밸트식으로요.

- 예예.

그런 식으로 해서 이제 보리는 지었지요? 여기는 보리씨 뿌릴 때 뭐 저기 돼지우리에 거름에 막 저기 섞어서 뿌리지는 않았습니까?

- 섞어서 뿌리지 않아. 그 거름 저 이.

모자반 거름 합니까?

- 모자반 거름도 하지만 돼지우리에 있는 거름도 보릿짚 깔아서 이제 돼지 키우다가 하면 그것을 발채로 몸소 이제 지게로 져서. 손수레도 없을 때니까 지게로 져 가지고 그거 보리밭에다가 그것을 막 골고루 뿌려 가지고 그렇게도 하고.

- 또 그렇게 못하는 사람들은 또 이제 해초 해다가 깔고.

그 바다에 해초 까는 것은 어떤 종류들을 깔았는가요?

— 느렝이[58] 종류.

예.

— 감태 가튼 거는 말리게 뒈며는 너무 에 거칠고 이러니까 그 썽는 디도 오래고 저 느렝이.

= 뭄[59].

느렝이뭄예.

— 예. 느렝이뭄이 예 그거시 저기 파도가 씨고[60] 허민 여기 아주 마니 올라왐쑤다. 바닫까에.

그냥 올라와예?

— 바닫까에 그 가며는 구역. 이 구역 꾸역마다 자기가 들고 시픈 통[61]에다 가이블 헤마씨.

으음.

— 에 또 부라게서 이기덕통[62]이 요쪼기가 이기더긴데, 이기덕통에 들려며는 이기덕통에 뭐 돈 이처 눠늘 낸다든지 헤 가지고 가이블 하게 뒈며는 거기 한 대여섯 싸름 허게 뒈면 대여섯 싸름만 이 여기서 허고.

— 또 쩌쪼게 두껜머리[63] 허며는 두껜머리 쪼게도 그디도 대여섯 명 쩡도[64] 헤 가지고 그러케 헤서 이제 뭄.

= 저 가고 시픈 디.

— 에.

으음.

— 므믈 허영그네[65].

게믄 그러케 할 때는 마으레서 이러케 도늘 받꼬 그 정헤주는 거구나예?

— 예. 겨난[66] 그러치 아느며는 이쪼게만 므미 올랃쓸 쩌게는 가파도 싸르미 전부 다 오게 뒈며는 큰 싸우미 나지. 그러니까 들든 안 들든 거기다 오르며는 거기 든 사름드른 마니[67] 저 퉤비를 마니 허는 거고.

— 또 다른 데에도 오르긴 오르지마는 적게 올르며믄 또 그 저 적께 올

- 괭생이모자반 종류.

예.

- 감태 같은 것은 말리게 되면 너무 에 거칠고 이러니까 그 썩는 데도 오래고 저 괭생이모자반.

= 모자반.

괭생이모자반요.

- 예. 괭생이모자반이 예 그것이 저기 파도가 세고 하면 여기 아주 많이 올라왔습니다. 바닷가에.

그냥 올라온다구요?

- 바닷가에 그 가면 구역. 이 구역 구역마다 자기가 들고 싶은 통에다 가입을 합니다.

으음.

- 아 또 마을에서 이기덕통이 요쪽이 이기덕인데, 이기덕통에 들려면 이기덕통에 뭐 돈 이천 원을 낸다든지 해가지고 가입을 하게 되면 거기 한 대여섯 사람 하게 되면 대여섯 사람만 이 여기서 하고.

- 또 저쪽에 두껫머리 하면 두껫머리 쪽에도 거기도 대여섯 명 정도 해가지고 그렇게 해서 이제 모자반.

= 저 가고 싶은 데.

- 에.

으음.

- 모자반을 해서.

그러면 그렇게 할 때는 마을에서 이렇게 돈을 받고 그 정해주는 거군요?

- 예. 그러니까 그렇지 않으면 이쪽에만 모자반이 올랐을 적에는 가파도 사람이 전부 다 오게 되면 큰 싸움이 나지. 그러니까 들든 안 들든 거기다 오르면 거기 든 사람들은 많이 저 퇴비를 많이 하는 것이고.

- 또 다른 데에도 오르긴 오르지만 적게 오르면 또 그 저 적게 오른

만큼 헤 가지고 이제 뒈지우리 돈통[68]에 걸름 허영으네 노코.

그러며는 가파도를 쭉 이러케 들면 그런 통드리 멫 깨 정도 뒈마씨?

— 만씀니다게. 물완통[69], 장택코, 이개덕.

= 가메기돌아피.

— ᄆ시리, 뒤껠머리, 사개, 게염주리, 큰옹진물, 조근옹진물, 말자분몬, 한개창 그 정도.

열하나.

그러케를.

열하나.

열하나예요. 그 열한 곤데를 이 마으레서 이제 다 이러케 나눠서예. 구역 정헤 갇꼬.

— 나눠 가지고.

그러면 그 걸름허는 게 농사짇쩬 허민 아주 큰이리라낟따예?

— 아 예. 그때 비료 업쓸 때니까 그 완저니 그거 몯터며는 농사가 안 뒈지.

네에. 그러며는예 여기에서 가랃떤 보리 종뉴는 어떤 게 이신고예?

— 에 여기는 살보리[70]하고 어 맥쭈보리 걷뽀리[71] 그거 두 가지.

= ** 옌날 걷뽀리.

게믄 걷뽀리허고 술보리 그 두 개를 가랃꼬.

— 주로 저 양시그로는 이 술보리[72]를 마니 가랃꼬 걷뽀리는 이 쫌 술보리 안 뒈는 데 ᄇ름[73] ᄇ른[74] 데는 에 걷뽀리를 가랃꼬.

게믄 그 걷뽀리도 다 멍는 거 아니라예?

— 예예.

— 마슨 이심니다게[75].

아 마슨 걷뽀리가 더 셔마씨?

— 마슨 더 신는디[76].

만큼 해 가지고 이제 돼지우리 돼지우리에 거름 해서 넣고.

그러면 가파도를 쭉 이렇게 들면 그런 통들이 몇 개 정도 됩니까?

− 많습니다. 물왓통, 장택코, 이개덕.

= 가마귀돌앞에.

− 무시리, 뒤겟머리, 사개, 게염주리, 큰옹짓물, 작은옹짓물, 말잡은못, 한개창 그 정도.

열하나.

그렇게를.

열하나.

열하나예요. 그 열한 군데를 이 마을에서 이제 다 이렇게 나눠서요. 구역 정해 가지고.

− 나눠 가지고.

그러면 그 거름하는 것이 농사지으려고 하면 아주 큰일이었네요?

− 아 예. 그때 비료 없을 때니까 그 완전히 그거 못하면 농사가 안 되지.

네에. 그러면요 여기에서 갈았던 보리 종류는 어떤 게 있는가요?

− 에 여기는 쌀보리하고 어 맥주보리 겉보리 그거 두 가지.

= ** 옛날 겉보리.

그러면 겉보리하고 쌀보리 그 두 개를 갈았고.

− 주로 저 양식으로는 이 쌀보리를 많이 갈았고 겉보리는 이 좀 쌀보리 안 되는 데 바람 바른 데는 에 겉보리를 갈았고.

그러면 그 겉보리도 다 먹는 거 아닌가요?

− 예예.

− 맛은 있습니다.

아 맛은 겉보리가 더 있습니까?

− 맛은 더 있는데.

수화근?

- 수화근 약깐 저거마씨77).

그러면예 아까 이제 보리농사 짓는 과정은 설명을 헤 주긴 헨찌마는. 여기도 밀농사도 지서신가마씨? 밀도 가라낟쑤가?

- 밀도 가랃찌마는 그자78) 가파도 허며는 한두 군데 정도. 아주 소량으로예.

으음. 혹씨 보리 갈젠 허면 바슬 번헤나거나 이런 밭 미리 갈앙 놔두거나 이러진 안 헤마씨?

- 아 왜 저 그 소 쟁기로 갈 쩌게는 훈불79) 두불 막뿔80)꺼지 세 번은 가라야 뒈. 감자81) 캐난 다으메는.

- 아 예. 감자 캐난 다으메는 훈불 갈며는 고량82)이 서너네 개 나고. 고구마 이제 캐면서 막 발바 노며는83) 고랑이 업끼 때무네 거르믈 몯 깔지. 예.

- 그러니까 소로 이제 지피84) 가라가지고 이제 고량을 만든 다으메 거기다 거르믈 낱꼬.

- 또 풀 마니 나며는 또 가라야 뒈고.

- 또 쟁기로 가는 거는 벙에85). 흐기 뭉청으네 이제 잍끼 때무네 보리 갈 때게는 보리가 잘 안 나기 때무네 이제 막뿔86) 이제 가라가지고.

- 이제 그건 대개 번년87) 바슨 그랟꼬. 감자88) 안 시믄 바슨 그러케 세 번씩 가라야 뒈고.

- 감자 시믄 바슨 건 감자 시므면서 보드러우니까 한번 정도 갈고는 아 보리 그냥 파종헤서.

그러며는예 아까 걸르믈 먼저 낍니까? 아니며는 걸름 낃고 씨도 ?치 헤영 험니까?

- 아이 아니. 거르믈 믄저 깐 다으메 그 다음 내중에 씨 뿌려.

그러면 그거예 이제 그냥 번헹 놔둘 때든 아니면 감저 싱겅으네 밧

수확은?

- 수확은 약간 적어요.

그러면요 아까 이제 보리농사 짓는 과정은 설명을 해 주기는 했지만. 여기도 밀농사도 지었는가요? 밀도 갈았었습니까?

- 밀도 갈았지만 그저 가파도 하면 한두 군데 정도. 아주 소량으로요.

으음. 혹시 보리 갈려고 하면 밭을 애벌갈이하거나 이런 밭 미리 갈아서 놔두거나 이러지는 안 하나요?

- 아 왜 저 그 소 쟁기로 갈 적에는 초벌 두벌 막벌까지 세 번은 갈아야 돼. 고구마 캐난 다음에는.

- 아 예. 고구마 캔 다음에는 애벌 갈면 고랑이 서너 개 나고. 고구마 이제 캐면서 막 밟아 놓으면 고랑이 없기 때문에 거름을 못 깔지.

예.

- 그러니까 소로 이제 깊이 갈아가지고 이제 고랑을 만든 다음에 거기다가 거름을 넣었고.

- 또 풀 많이 나면 또 갈아야 되고.

- 또 쟁기로 가는 것은 볏밥. 흙이 뭉쳐서 이제 있기 때문에 보리 갈 때는 보리가 잘 안 나기 때문에 이제 막벌 이제 갈아가지고.

- 이제 그것은 대개 애벌갈이한 밭은 그랬고. 고구마 안 심은 밭은 그렇게 세 번씩 갈아야 되고.

- 고구마 심은 밭은 그것은 고구마 심으면서 보드라우니까 한번 정도 갈고는 아 보리 그냥 파종했어.

그러면요 아까 거름을 먼저 깝니까? 아니면 거름 깔고 씨도 같이 해서 합니까?

- 아니 아니. 거름을 먼저 간 다음에 그 다음 나중에 씨 뿌려.

그러면 그거요 이제 그냥 애벌갈이해서 놔둘 때든 아니면 고구마 심어서 밭

가는 거부터 헤서 그 씨 뿌리는 과정예. 걸름 먼저 허고 그 다으메 씨 뿌리고 뭐 검질메고 헤 갇꼬 그 순서예. 탈곡 순서를 한번만 더 ㄱ라 줍써?

－ 에 보리.

보리 싱그젠 허믄예?

－ 감자 수화카고 난 다으메 에 상강 지나 가지고 입똥까지 에 거름 치고 거름 노코 그 다으믄 보리씨 삐고[89] 이제 소로 갈고 그러며는 파종은 뒈는 거지.

음 게믄 검지른 언제부터 멜쑤과? 보리 검지른.

－ 검지른[90] 보통 이 보릳때[91] 저 두둑 가뜬 데는 뭐 처음부떠도 메얼찌마는 그 대우리[92] 가뜬 거는 이 보릳때가 서기 시작케야 그 구부니 잘 뒈니까 그때부터 메기 시작헤.

여기도 수눌멍 검질메거나도 헷쑤과?

－ 검질메는 건 수 안 누럳쑤다[93].

＝ 식구덜끼리.

－ 고구마 캐는 거 그런 거는 자기드리 일 업쓸 때 동넫싸름덜 이러케 모여서 헤줟꼬.

－ 또 이 사름 지베 헤나며는 이 사람 집 허고. 소 안 키우는 사람드른 주로 이제 소 인는 지베 농사부터 우선 헤주고 난 다으메 그 소를 비러[94] 가지고 또 농사를 지얻쓰니까.

혹씨 가파도에서도 보리밥끼도 헤마씨?

－ 보리밥끼[95] 우리 초등학꾜 때는 그 보리밥낄 헤여나쑤다.

아아.

－ 겐디[96] 그 반마다[97] 이제 학꾜 끈나며는 이제 반마다 다니면서 이제 쭉 열 지어가지고 한 번씩 발바주고.

으음.

－ 그 그건또 보릳때 서기 저네 파종해서 그 보리 펄기[98] 안즐 때. 대

가는 것부터 해서 그 씨 뿌리는 과정요. 거름 먼저 하고 그 다음에 씨 뿌리고 뭐 김매고 해 가지고 그 순서요. 탈곡 순서를 한번만 더 말씀해 주십시오?

– 에 보리.

보리 심으려고 하면요?

– 고구마 수확하고 난 다음에 에 상강 지나 가지고 입동까지 에 거름 치고 거름 넣고 그 다음은 보리씨 뿌리고 이제 소로 갈고 그러면 파종은 되는 것이지.

음 그러면 김은 언제부터 맸습니까? 보리 김은.

– 김은 보통 이 보릿대 저 두둑 같은 데는 뭐 처음부터도 맸지만 그 귀리 같은 것은 이 보릿대가 서기 시작해야 그 구분이 잘 되니까 그때부터 매기 시작해.

여기도 품앗이하면서 김매거나도 했습니까?

– 김매는 것은 품앗이 안 했습니다.

= 식구들끼리.

– 고구마 캐는 것 그런 것은 자기들이 일 없을 때 동네 사람들 이렇게 모여서 해주었고.

– 또 이 사람 집에 해나면 이 사람 집 하고. 소 안 키우는 사람들은 주로 이제 소 있는 집의 농사부터 우선 해주고 난 다음에 그 소를 빌려 가지고 또 농사를 지었으니까.

혹시 가파도에서도 보리밟기도 합니까?

– 보리밟기 우리 초등학교 때는 그 보리밟기 했었습니다.

아아.

– 그런데 그 밭마다 이제 학교 끝나면 이제 밭마다 다니면서 이제 쭉 열 지어가지고 한 번씩 밟아주고.

으음.

– 그 그것도 보릿대 서기 전에 파종해서 그 보리 포기 앉을 때. 대

서기 저네 그거슬 발바야 보리가 튼튼허고. 이듬해 그 비 와도 비 마니 와도 쓰러지지 말라고 그러케 헤서 우리 보리밧끼 헬떤 기어기 남니다.

에 초등학꾜 때예. 그 다으메 아까는 보리를 하고예. 여기 콩도 하영 헬뗀 허니까. 콩은 언제 파종하고 언제 수확카는 지 그 순서대로예?

— 에 콩도 이제 에 보리 끈나며는 그 하여튼 유월쩔[99] 저네 망종으로부터 시작케 가지고 어 유월쩔 소서까지.

= 유월쩔 일쭈일 안네[100].

— (기침) 에 그때까지 소서. 느저도 소서 때까지도 헤쓰니까. 헤 가지고 어 파종헤 가지고 여기는 콩 フ뜬 거는 비료가 피료 업써요.

아아.

— 월래[101] 보리 헐 쩌게 거름 낳떤 거시 너무 저 이 거르믈 마니 깔며는 너무 기름져서 보리가 자꾸 쓰러지니까.

으음.

— 그 양부니 계속 나마 잇끼 때무네 콩 시믈 때는 비료 フ뜬 거 비료 뮘[102] フ뜬 거 안 꼴고 그대로 파종만 허고.

— 그냥 아 내중에 그거 자라게 뒈며는 에 또 콩 검질메야 뒈고.

— 걷또 훈불 두불 또 잡풀 フ뜬 걷드른 큰. 존 걷떨 메여불며는[103] 저 큰 풀드른 수시로 이러케 저 콩 저기 헐 때꺼지 그냥 바테는 검지렌[104] 헌 게 어섣쑤게[105].

예.

— 깨끋터게.

그러며는 그 콩은 어떤 콩을 가라신고예? 예저네는예.

— 예저네는 장콩 종뉴를 마니 가랃썬는데 내중에는 이.

= 준자리[106].

— 준자리. 저 방우리[107] 자근 거.

예에.

서기 전에 그것을 밟아야 보리가 튼튼하고. 이듬해 그 비 와도 비 많이 와도 쓰러지지 말라고 그렇게 해서 우리 보리밟기 했던 기억이 납니다.

에 초등학교 때요. 그 다음에 아까는 보리를 하고요. 여기 콩도 많이 했다고 하니까. 콩은 언제 파종하고 언제 수확하는 지 그 순서대로요?

─ 에 콩도 이제 에 보리 끝나면 그 하여튼 유월절 전에 망종으로부터 시작해가지고 어 유월절 소서까지.

＝ 유월절 일주일 안에.

─ (기침) 에 그때까지 소서. 늦어도 소서 때까지도 했으니까. 해 가지고 어 파종해 가지고 여기는 콩 같은 거는 비료가 필요 없어요.

아아.

─ 원래 보리 할 적에 거름 넣었던 것이 저무 저 이 거름을 많이 깔면 너무 기름져서 보리가 자꾸 쓰러지니까.

으음.

─ 그 양분이 계속 남아 있기 때문에 콩 심을 때는 비료 같은 거 비료 모자반 같은 거 안 깔고 그대로 파종만 하고.

─ 그냥 아 나중에 그거 자라게 되면 에 또 콩 김매야 되고.

─ 그것도 애벌 두벌 또 잡풀 같은 것들은 큰. 작은 것들 매어버리면 저 큰 풀들은 수시로 이렇게 저 콩 저기 할 때까지 그냥 밭에는 김이라고 한 게 없었습니다.

예.

─ 깨끗하게.

그러면 그 콩은 어떤 콩을 갈았는가요? 예전에는요.

─ 예전에는 장콩 종류를 많이 갈았었는데 나중에는 이.

＝ 준자리.

─ 준자리. 저 콩알이 작은 거.

예에.

= 콩ㄴ몰콩108).

콩나물콩예?

− 예 콩ㄴ몰콩. 건 수화기 마니 나고. 그런 걸 가라근에.

그러면 이제 콩은 그러케 헤서 콩도 비여야. 비덴 험니까? 콩 꺼끈덴 험니까?

= 꺼끈덴109) 험니다. 꺼끈덴도 허고 빔도110) 허고.

− 건 콩 비는111) 게. 콩. 콩 비엄쩬112) 허주.

콩 비영으네 그걷또 탈고근 어떵 헬쑤과?

− 엔나레는 콩 비여다가 그거 역씨 지베다 다 가정 왕 저 이 눌터113) 만드랑 그거 역씨 누러114).

− 날 조은 날 보면서 이제 마당에 멍석 까라노코 에 거기다 이제 콩을 아 여러 사라미 이제 동넬 싸람드리 도께아덜115) 그걸로 두드려 가지고 이제 알116) 불리헫꼬.

− 그거 이제 다 허기 뒈며는 에 대얼멩이117).

예.

− 큰 걸로 친 다으메 또 검부리 읻쓰면 푸는체118)로 또 퍼119).

− 그러케 헤 가지고.

= 바라메 불령120).

− 어 바라메 이제 손빠그로121) 헹으네122) 이제 *** 내려 노며는 바라메 꺼푸른 나라가고 경허민 그거 콩이 왈료 뒈는 거.

예. 콩은 경허고예. 그 다으메 아까 다른 지역커고 달리 가파도는 옌날부떠 감제 하영 싱그지 아느꽈?

− 예.

감제 싱그젠 허며는 감저 씨 논는 거부터 시작켕에 쉐로 허영 수화컬 때까지. 감저 주스는123) 거까지.

− 감제124).

= 콩나물콩.

콩나물콩요?

- 예 콩나물콩. 그것은 수확이 많이 나고. 그런 걸 갈아서.

그러면 이제 콩은 그렇게 해서 콩도 베야. 벤다고 합니까? 콩 꺾는다고 합니까?

= 꺾는다고 합니다. 꺾는다고도 하고 베기도 하고.

- 그것은 콩 베는 게. 콩. 콩 벤다고 하지.

콩 베서 그것도 탈곡은 어떻게 했습니까?

- 옛날에는 콩 베다가 그거 역시 집에다 다 가져 와서 저 이 가리 터 만들어서 그거 역시 가려.

- 날 좋은 날 보면서 이제 마당에 멍석 깔아놓고 에 거기다 이제 콩을 아 여러 사람이 이제 동네 사람들이 도리깨 그것으로 두드려 가지고 이제 콩알 분리했고.

- 그거 이제 다 하게 되면 에 대어레미.

예.

- 큰 것으로 친 다음에 또 검불이 있으면 키로 또 까불러.

- 그렇게 해 가지고.

= 바람에 불려서.

- 어 바람에 이제 손박으로 해서 이제 *** 내려 놓으면 바람에 꺼풀은 날아가고 그렇게 하면 그거 콩이 완료 되는 거.

예. 콩은 그렇게 하고요. 그 다음에 아까 다른 지역하고 달리 가파도는 옛날부터 고구마 많이 심지 않습니까?

- 예.

고구마 심으려고 하면 고구마 씨 놓는 것부터 시작해서 소로 해서 수확할 때까지. 고구마 줍는 것까지.

- 고구마.

= 감제씨125) 구뎅이126) 팡.

‒ 아 감제씨는 감제 수확커고 나며는 아 그늘에 좀 한 일쭈일쯤 뒬따
가 물끼가 완저니 빠지며는 에 집 우영127)에다가 구뎅이를 파 가지고 거
기 여프로 이제 보리찌플128) 싸아노코 그 아네다가 깔고 헤서 그 보리찝
우의다가129) 감저를 놔 가지고 이제 주제기130).

예.

‒ 느람지131) 헤 가지고 딱 더꺼132) 가지고 주제기 딱 더꺼 가지고 이
듬혜 봄끄지.

예.

‒ 에 낱따가 보메 초보메 이제 그걷또 여기는 바테다 아녀고 우영133)에.

예.

‒ 집 가까이에 인는 바라미 엄는 덜 부는 고세다 그걸 시므며는 춈 빨
리 자라마씨134).

음.

‒ 그 자랄 만큼 자라며는 이제 그 보리 캔 다으메 이제 허는데 그 시
기에 마춰그네 자라마씨. 너무 자란 거슨 또 두 마디 세 마디로 짤라 가
지고 그러케 심꼬.

그러면 그 우영에 논는예 그 감저를 싱그는 거를 뭐렌 험니까?

‒ 메135) 논다.

= 감전메136).

‒ 감전메 논다.

감전메예. 게민 감전메가 크면 그걸 짤라다가.

줄 비어다가.

‒ 어 줄137) 비어다가138) 심언찌.

그건 언제 정도에 시믐니까?

= 사월 정도. 보리 끈나면.

= 고구마 씨 구덩이 파서.

− 아 고구마씨는 고구마 수확하고 나면 아 그늘에 좀 한 일주일쯤 됐다가 물기가 완전히 빠지면 에 집 터알에다가 구덩이를 파 가지고 거기 옆으로 이제 보릿짚을 쌓아놓고 그 안에다가 깔고 해서 그 보릿짚 위에다가 고구마를 넣어 가지고 이제 주저리.

예.

− 이엉 해가지고 딱 덮어가지고 주저리 딱 덮어 가지고 이듬해 봄까지.

예.

− 에 놨다가 봄에 초봄에 이제 그것도 여기는 밭에다 않고 터알에.

예.

− 집 가까이에 있는 바람이 없는 덜 부는 곳에다 그것을 심으면 참 빨리 자라요.

음.

− 그 자랄 만큼 자라면 이제 그 보리 팬 다음에 이제 하는데 그 시기에 맞춰서 자라요. 너무 자란 것은 또 두 마디 세 마디로 잘라 가지고 그렇게 심고.

그러면 그 텃밭에 넣는 그 고구마를 심는 것을 뭐라고 합니까?

− 모 놓는다.

= 고구마 모.

− 고구마 모 놓는다.

고구마 모요. 그러면 고구마 모가 크면 그것을 잘라다가.

줄기 베다가.

− 어 기는줄기 베어다가 심었지.

그것은 언제 정도에 심습니까?

= 사월 정도 보리 끝나면.

- 그 그 ᄉ위리 아이고.
- 하여튼 유월쩔[139] 저네 싱거야.
- 걷또 역씨 마찬가지. 저 오월.
게난 보린끄르에 싱그는 거라마씨?
- 예예.
아아 게민 그러믄 보리끄르에 이제 감자를 싱그는 거부떠 수확컬 때까지 ᄀ라줍써?
- 그거는 에 감자 역씨 기믈 메야 뒈고.
으. 검지를.
- 이 고량[140]이 마니 내려안지며는 흑또 올려줘야 뒈고. 그걷바께 업썬쑤다.
그러면 예를 들면 보리를 갈젠 헐 때 그 잠대로 갈 꺼 아니우꽝예? 그럼 그때 어 웨벤찌기 험니까? 양벤찌기 험니까?
골 가는 거?
무슨 얘기냐 허면 감제를 싱글려고 하면 요러케 두둑ᄀ치 올라와야 뒐 거 아니우꽈?
- 게난 보통 여기 에 고구마 가뜬 거는 니벤떼기[141] 헤야 뒈고 에 보리는 세벤떼기[142] 정도.
- 그러케 저 한 고지[143]에 고구마 가뜬 거는 네 버늘 갇따와야 뒈고. 한 고지 만들려며는.
예예.
- 한 고지를 네 버네 이쪽 * 갈고 올 때는 이쪽 * 갈고 나머지 인는 건 또 두 버네 갈랑[144] 여기서 네벤떼기. 네벤떼기 헨꼬.
- 보리는 그 번헐[145] 때 보드러우니까 쫌 넙께 자바 가지고 이쪽 강[146] 갈고 이쪽 강 갈고 가운데 한번 갈고 그러케 세벤띠기.
게믄 이제 감저주를 이제 싱글 꺼 아니라예? 그러며는 어느 정도

- 그 그 사월이 아니고.

- 하여튼 유월절 전에 심어야.

- 그것도 역시 마찬가지. 저 오월.

그러니까 보리그루에 심는 거예요?

- 예예.

아아 그러면 그러면 보리그루에 이제 고구마를 심는 것부터 수확할 때까지 말씀해 주십시오?

- 그거는 아 감자 역시 김을 매야 되고.

으. 김을.

- 이 고랑이 많이 내려앉으면 흙도 올려줘야 되고. 그것밖에 없었습니다.

그러면 예를 들면 보리를 갈려고 할 때 그 쟁기로 갈 거 아닙니까? 그럼 그 때 아 '외볏뜨기'합니까? '양볏뜨기' 합니까?

고랑 가는 거?

무슨 얘기냐 하면 고구마를 심으려고 하면 요렇게 두둑같이 올라와야 될 거 아닙니까?

- 그러니까 보통 여기 에 고구마 같은 것은 '네볏뜨기' 해야 되고 아 보리는 '세볏뜨기' 정도.

- 그렇게 저 한 이랑에 고구마 같은 것은 네 번을 갔다와야 되고. 한 이랑 만들려면.

예예.

- 한 이랑을 네 번에 이쪽 * 갈고 올 때는 이쪽 * 갈고 나머지 있는 것은 또 두 번에 갈라서 여기서 '네볏뜨기.' '네볏뜨기' 했고.

- 보리는 그 애벌갈이할 때 보드라우니까 좀 넓게 잡아 가지고 이쪽 가서 갈고 이쪽 가서 갈고 가운데 한번 갈고 그렇게 '세볏뜨기.'

그러면 이제 고구마 기는줄기를 이제 심을 것 아닙니까? 그러면 어느 정도 하면 아까 골 골 가라마씨? 감저.

　－ 거 감자가 곧 시므며는 금방 사는 게 아니고 아 한 일쭈일 뒈 가며는 잡푸리 납쭈게147).

　예.

　－ 게며는148) 그 그때는 골 갈리 거마씨.

　아아.

　－ 골149) 갈리게 뒈며는 잡풀도 마가졍 죽꼬 우에150) 고구마 트메 인는 거는 더러 메기고 허고. 그냥 내부러도 그거 얼마 자라질 몬테마씨.

　아아.

　－ 고구마가 저 양부늘 빠라먹끼 때무네.

　＝ 주리151) 어울려져152) 가멍153).

　－ 주리 마니 어울려지며는.

　＝ 땅이 어스난.

　－ 푸리 잘 자라지 몬터고. 고량154)에 인는 걷떠른 그 가라버리니까 존 풀드리 다 주거버려마씨.

　게믄 그 감자 검지른 건 하영 안 멛겓따예. 보리 검지리나 이런 걷처럼.

　－ 감자는 여르메 허는 거기 때무네 그 더우니까 검질 메젠155) 헤도 더 힘드러마씨.

　으음.

　－ 그러니까 검지를 주로 안 멛찌.

　예에.

　－ 골 갈렁 내불며는 그걸로 끈나니까. 감저쭐156) 싹 버더졍 고량꺼지 더퍼지게 뒈면 잡푸리 안 나니까.

　예에.

　검지리 몰릴 꺼지.

　예에.

하면 아까 고랑 고랑 가나요? 고구마.

－ 거 고구마 곧 심으면 금방 사는 것이 아니고 아 한 일주일 되어 가면 잡풀이 나지요.

예.

－ 그러면 그 그때는 고랑 가르는 거지요.

아아.

－ 고랑 갈게 되면 잡풀도 막아져서 죽고 위에 고구마 틈에 있는 것은 더러 매기도 하고. 그냥 내버려도 그거 얼마 자라질 못합니다.

아아.

－ 고구마가 저 양분을 빨아먹기 때문에.

＝ 기는줄기가 어우러져 가며.

－ 기는줄기가 많이 어우러지면.

＝ 땅이 없으니까.

－ 풀이 잘 자라지 못하고. 고랑에 있는 것들은 그 갈아버리니까 잔풀들이 다 죽어버립니다.

그러면 그 고구마 김은 그렇게 많이 안 매었겠네요. 보리 김이나 이런 것처럼.

－ 고구마는 여름에 하는 것이기 때문에 그 더우니까 김 매려고 해도 더 힘들어요.

으음.

－ 그러니까 김을 주로 안 맸지.

예에.

－ 골 갈아서 내버리면 그것으로 끝나니까. 고구마 기는줄기 싹 뻗어져서 고랑까지 덮어지게 되면 잡풀이 안 나니까.

예에.

김이 몰릴 것이지.

예에.

= 안 나. 안 나고.

그러케 헤영으네 이제 감저를 수확카면 옌나레 절간도 헤실 꺼 아니라예? 그냥도 팔기도 하고. 삐떼기. 삐떼기 허는 거를 좀 ᄀ라 줍써?

— 그 삐떼기157) 그 바다갈 쩌게는 그때는 고구마 이제 지베 전부 다 가져다가 손수 저 이 시친158) 다으메 에 손수 칼로 하나하나씩 전부다 삐떼길 멘들아. 짤라가지고.

소느로 멘드라서마씨? 옌날 기계로.

— 아니 처으메는 처으메는 허다가. 이제 그러케 멘드런 삐떼기도 멘드런쭈마는. 그걷또 역씨 저 머글려며는 또 방에토게159) 낭 뽄사160). 체로 친 다으멘 그 가루로 이제 즈베기161)도 헤영162) 먹꼬 저 돌레떡163)도 헤영 먹꼬 헤엳꼬.

— 그 내중에는 이제 그 소느로. 걷또 소느로 이제 돌리는 그 그 기계 이름 뭔지 모르겐네.

= 감저164) 써는 기계주.

— 그냥 감저 써는 기계라고 헬쓸 꺼야.

예 맏쑤다. 통으로 집어너면.

— 예예. 한 개씩 놔서 자꾸 노면서 이제 그 아궁이165)에 노며는 삐떼기 써러지는데 그거 가지고 이제 주로 이제 널 때가 업쓰니까.

= 바테 너러.

— 지붕 우에166).

아아 지붕 우에도 너러예.

— 우리 이 쓰레트167) 우에다가 막 이빠이168) 너러.

= 받티도169) 널곡.

— 또 바티는 잘 안 므르니까.

= 게도 주로 받띠 너런 프랃쭈.

— 그 받띠 너는 거는 이 저 구물170).

= 안 나. 안 나고.

그렇게 해서 이제 고구마를 수확하면 옛날에 고지도 했을 것 아닙니까? 그냥도 팔기도 하고. 고지. 고지 하는 것을 좀 말씀해 주십시오?

─ 그 절간고구마 그 받아갈 적에는 그때는 고구마 이제 집에 전부 다 가져다가 손수 저 이 씻은 다음에 아 손수 칼로 하나하나씩 전부다 절간고구마를 만들어. 잘라 가지고.

손으로 만들었어요? 옛날 기계로.

─ 아니 처음에는 처음에는 하다가. 이제 그렇게 만들어서 절간고구마도 만들었지만. 그것도 역시 저 먹으려면 또 방아확에 넣어서 빻아. 체로 친 다음에는 그 가루로 이제 수제비도 해서 먹고 저 도래떡도 해서 먹고 하였고.

─ 그 나중에는 이제 그 손으로. 것도 손으로 이제 돌리는 그 그 기계 이름 뭔지 모르겠네.

= 고구마 써는 기계지.

─ 그냥 고구마 써는 기계라고 했을 거야.

예 맞습니다. 통으로 집어넣으면.

─ 예예. 한 개씩 넣어서 자꾸 넣으면서 이제 그 아가리에 넣으면 절간 고구마 썰어지는데 그거 가지고 이제 주로 이제 널 때가 없으니까.

= 밭에 널어.

─ 지붕 위에.

아아 지붕 위에도 널어요.

─ 우리 이 슬레이트 위에다가 막 가득 널어.

= 밭에도 널고.

─ 또 밭에는 잘 안 마르니까.

= 그래도 주로 밭에 널어서 팔았지.

─ 그 밭에 너는 것은 이 저 그물.

예.

- 이 저 덤장 구물 가튼 거 이러케 바닫까에 마니 올르면[171] 그런 거 마니 주서다[172] 낱따가 거 깔고 그 위에다 또 뻬떼기 너렁 말리고. 그러케도. 지붕에 주로 지붕에 마니 너럳쭈.

으음. 지붕 우에 하영 너런예?

게난 여기도 이제 감저 뻬떼기 헤 갇꼬 음시글 하영 헹 먹얻꾸나예?

- 예. 뻬떼기 옌나렌 뭐 보리 아녀며는 그 고구마 감저.

= 주로 감자 쪈 머걷쭈게.

예에.

- 구뎅이에 인는 감저 쪼꼼씩 꺼내면서 쪄도 먹꼬.

= 뻬떼기 헹[173] 통개[174]에 놔두서.

- 썩지 아년 거는 씨허고. 써거가는 거슨 꺼냉 써근 거 도려내 노코 이제 쌀마 먹끼도 허고.

게난 구가미렌 말도 드러봗찌예?

- 구가믄[175] 이제.

줄 난 다으메.

- 그 감저줄 낭으네[176] 그 파종헤 불민 다으메 에 다으메 이제 그 고구마 그 종자 키우려고 저 그 무던떤 거슬 파내영으네. 에 그거 허영 구감제[177] 헤영으네 그걷또 쌀망 먹고.

그거 허당 보면 그 구감 미테 쪼꼬만허게 또.

- 새감제[178]가 셍겨마씨.

예. 거기 셍기지예?

새감.

예.

- 어 구감제 미테 저 뿌리에 또 새가미[179] 셍기니까 그 새가미 셍기며는 아주 조아헫찌.

예.

－ 이 저 덤장 그물 같은 거 이렇게 바닷가에 많이 오르면 그런 것 많이 주워다 놓았다가 거 깔고 그 위에다 또 절간고구마 널어서 말리고. 그렇게도. 지붕에 주로 지붕에 많이 널었지.

으음 지붕 위에 많이 널었다고요?

그러니까 여기도 이제 고구마 절간고구마 해 가지고 음식을 많이 해서 먹었군요?

－ 예. 절간고구마 옛날에는 뭐 보리 않으면 그 고구마 고구마.

＝ 주로 고구마 쪄서 먹었지.

예에.

－ 구덩이에 있는 고구마 조금씩 꺼내면서 쪄도 먹고.

＝ 절간고구마 해서 항아리에 놔두고서.

－ 썩지 않은 것은 씨하고. 썩어가는 것은 꺼내서 썩은 거 도려내 놓고 이제 삶아 먹기도 하고.

그러니까 '구감'이라는 말도 들어봤지요?

－ 구감은 이제.

기는줄기 난 다음에.

－ 그 고구마 기는줄기 나서 그 파종해 버리면 다음에 에 다음에 이제 그 고구마 그 종자 키우려고 저 그 묻었던 것을 파내서. 에 그거 해서 구감 해서 그것도 삶아서 먹고.

그거 하다가 보면 그 '구감' 밑에 조그만하게 또.

－ 새감 생깁니다.

예. 거기 생기지요?

새감.

예.

－ 어 해묵은 구감 밑에 저 뿌리에 또 새감이 생기니까 그 새감이 생기면 아주 좋아했지.

- 맏또 읻꼬 허니까.

너무 물랑물랑. (웃음)

엔나렌 춤.

머글 께 어서 노난예.

구감도 보면 줄기가 마나예. 줄 버서서 그런지 몰라도.

거기도 구감에도 웨 새로로 부풀어오른 그 부부는 맛 조코 다른 거는 이제 허고.

그 다으메 그 반농사허멍 검지른 보통 멜 뻔 메마씨? 보리 가튼 경우는 아까 세 불.

- 감자는 한 번 정도.

감 감잔 한 번 정도예?

= 한두 번.

이 가파도도 조도 헫쑤과?

- 조도 엔나렌 걷또 마니는 아녀고.

- 그걷또 똑 보리 밀 가튼 걷또 똑 보리농사하고 가치 뒈니까 양시기 인는 사름드른 새해 먹을 꺼 인는 사람드른 쫌 받180) 하나 정도 갈고.

예.

- 농토가 마는 사르른 아무래도 하나 쩡도는 조 갈고 나머지는 전부 다 이제 보리 갈고 헫쓰니까.

그 조도 직접 가라봔마씨?

- 조는 안 가라 봗쑤다.

아 안 가라보고. 조는 그 조컴질 메는 게 우턴덴 헨게마는.

- 아이 조컴질181) 저 이 나 어머니 따랑으네 조컴질 메봗쑤다182).

- 겐디183) 그거 더원 아이고.

예. 수미 ᄀ을ᄀ을험니다게.

- 아이.

- 맛도 있고 하니까.

너무 물렁물렁. (웃음)

옛날에는 참.

먹을 것이 없어 놓으니까요.

구감도 보면 줄기가 많지요. 줄 뻗어서 그런지 몰라도.

거기도 구감에도 왜 새로로 부풀어오른 그 부분은 맛 좋고 다른 것은 이제 하고.

그 다음에 그 밭농사하면서 김은 보통 몇 번 매나요? 보리 같은 경우는 아까 세 벌.

- 고구마는 한 번 정도.

고 고구마는 한 번 정도요?

= 한두 번.

이 가파도도 조도 했습니까?

- 조도 옛날에는 것도 많이는 아니하고.

- 그것도 꼭 보리 밀 같은 것도 똑 보리농사하고 같이 되니까 양식이 있는 사람들은 새해 먹을 것 있는 사람들은 좀 밭 하나 정도 갈고.

예.

- 농토가 많은 사람은 아무래도 하나 정도는 조 갈고 나머지는 전부 다 이제 보리 갈고 했으니까.

그 조도 직접 갈아봤습니까?

- 조는 안 갈아 봤습니다.

아 안 갈아보고. 조는 그 조김 매는 게 힘들다고 하더니만.

- 아니 조밭 김 저 이 나 어머니 따라서 조밭 김 매어봤습니다.

- 그런데 그거 더워서 아이고.

예. 숨이 헉헉합니다.

- 아니.

그 조컴질 조 허는 거를 한번 ᄀ라줘 봅써?

- 그거 조는 어떠케 헨는지 모르지마는. 잘 기어기 안 나지마는 그 조 역씨 보리랑 꼭가치 시기에 뒈는 거라서 그거 조 전부 다 이제 비어[184] 오며는 비며는 그 고고리[185]를 호미[186]로.

예.

- 이러케 한 줌씩 케 가지고 호미 이러케 발로 볼바서 이제 미인 다으 메 고고리 짤라 가지고 그거 역씨 이제 저 거 뭘꼬.

덩드렁마께.

- 어 덩드렁마께[187]로 이제 두들경 이제 곡씨글 불리헨찌.

으 조는예?

- 예.

조컴지린 경우는 안장 몬 메거든.

완전 ᄌ작벨띠.

게난 이러케 서야 허리를 굽퍼야 뒈. 왜냐허면 대 꺼꺼지믄 안 뒈니까. 그 래서 더 힘든 거야.

- 게난 조컴질 그 막 어릴 때.

예.

- 그때 조컴질 메어난 기어기 나.

여기도 조 버서블면 소끄곡 헤낟찌예?

- 땅 비 왕으네[188] 그 쓰러불며는[189] 다 그 굽짜리[190] 올려주고 또 헤낟쭈.

방 벌리멍예?

- 예.

너무 이제 빽빽케도 소까야 뒈곡.

- 예.

그러면 어럳쓸 때예 지그믄 머글 꺼가 이제 풍족카지 아느니까 노미 콩 서 리허레 뎅기거나 아니면 여기도 둑뜰도 키우니까 둑 서리허레 가거나 감저눌 그 조밭 김 조 하는 것을 한번 말씀해 줘보세요.

- 그거 조는 어떻게 했는지 모르지만. 잘 기억이 안 나지만 그 조 역시 보리랑 꼭같이 시기에 되는 것이어서 그거 조 전부 다 이제 베어 오면 베면 그 이삭을 낫으로.

예.

- 이렇게 한 줌씩 해 가지고 호미 이렇게 발로 밟아서 이제 밀린 다음에 이삭 잘라가지고 그거 역시 이제 저 거 뭐지.

덩드렁방망이

- 어 덩드렁방망이로 이제 두들겨서 이제 곡식을 분리했지.

으 조는요?

- 예.

조밭 김인 경우는 앉아서 못 매거든.

완전 뙤약볕에.

그러니까 이렇게 서야 허리를 굽혀야 돼. 왜냐하면 대 꺾어지면 안 되니까. 그래서 더 힘든 거야.

- 그러니까 조밭 김 그 막 어릴 때.

예.

- 그때 조밭 김 매었던 기억이 나.

여기도 조 벗어버리면 솎고 했었지요?

- 땅 비 와서 그 쓸어버리면 다 그 굽자리 올려주고 또 했었지.

방 벌이면서요?

- 예.

너무 이제 빽빽해도 솎아야 되고.

- 예.

그러면 어렸을 때요 지금은 먹을 것이 이제 풍족하지 않으니까 남의 콩 서리하러 다니거나 아니면 여기도 닭들도 키우니까 닭 서리하러 가거나 고구마

강 노미 꺼 강 헤 먹꺼나 이런 기어근 얻쑤가?

- 아 뭐 그런 거.

어렫쓸 때.

- 그 농사하는 거는 그 그런 건 업썯꼬. 둑191) 가뜬 거는 우리 절믈 때 저 나믜 지븨 강으네192) 몰래 져다가 메시서 그자193) 나눠서 쑬마194) 먹떤 기어근 나는데. 거 뭐 그것.

그 말 ᄀᆞ라줘 봅써? (웃음)

- 그 그거 어떠케 뭐 말로 표현허여게.

겐디 그거 재미이쑬 꺼 가튼데.

예. 게난 친구드리영 노미 지비 강 그 스리리 이쑬 꺼 가튼데.

게니까 어떤 사르미 그럽떠다게. 어 ᄃᆞ긴 경우는 아주 기수리 피료한 거고. 그 다음 도새기는에 가마니에 불치. 불치를 다망 강 도새기 머리를 콱 바그면 소리를 몯턴덴마씨. 게영 자방 왇뗸 허고.

ᄃᆞ근 어디 영 어디 이렇게 안지면 이 노미 술술술술 소느로 너머온덴마씨. 게니까 아주 기수리 피료해서.

- 아 그런 거 마른 드러봔쑤다마는. 둑 가튼 거 이러케 압가스메다 톡 이러케 손 쫌 뜯뜯터게195) 헤 가지고 이러케 허며는 ᄃᆞ기 저 소리를 안 진다196) 허여. 게며는 그 모그로 헤 가지고 날개 인는 쪼그로 양 소느로 콱 자브며는 이 저 이 ᄃᆞ기 꿈쩍또 몯턴데.

꼬꼬댁 소리도 몯터고.

- 소리도 몯터고. 게며는 그거 들고 저 바테 산땀197) 인는 데 강으네 털 뜨덩.

= 둑 도둑쨍이198)로구나.

- 게199). 그거 헤연200) 쌀마 멍는 기어기 나. 걷또 빨리 헤영 먹쩬 허난 덜 술마네201) 찔견 먹찌도 몯터고 뒨날 발간202) 베려보난203) 스리204) 벌겅허연. 덜 술만.

가리 가서 남의 거 가서 해 먹거나 이런 기억은 없습니까?

- 아 뭐 그런 것.

어렸을 때.

- 그 농사하는 것은 그 그런 것은 없었고. 닭 같은 것은 우리 젊을 때 저 남의 집에 가서 몰래 져다가 몇이서 그저 나눠서 삶아 먹던 기억은 나는데. 그 뭐 그것.

그 말 말씀해줘 보십시오? (웃음)

- 그 그것 어떻게 뭐 말로 표현하나.

그런데 그것 재미있을 것 같은데.

예. 그러니까 친구들이랑 남의 집에 가서 그 스릴이 있을 것 같은데.

그러니까 어떤 사람이 그럽디다. 어 닭인 경우는 아주 기술이 필요한 것이고. 그 다음 돼지는 가마니에 재. 재를 담아서 가서 돼지 머리를 콱 박으면 소리를 못한다네요. 그래서 잡아서 왔다고 하고.

닭은 어디 이렇게 어디 이렇게 앉으면 이 놈이 살살살살 손으로 넘어온대요. 그러니까 기술이 필요해서.

- 아 그런 거 말은 들어봤습니다만. 닭 같은 거 이렇게 앞가슴에다 톡 이렇게 손 좀 따뜻하게 해 가지고 이렇게 하면 닭이 저 소리를 안 지른다 해. 그러면 그 목으로 해 가지고 날개 있는 쪽으로 양 손으로 콱 잡으면 이 저 이 닭이 꿈쩍도 못한다고.

꼬꼬댁 소리도 못하고.

- 소리도 못하고. 그러면 그거 들고 저 밭에 산담 있는 데 가서 털 뜯어서.

= 닭 도둑놈이로구나.

- 그래. 그거 해서 삶아 먹는 기억이 나. 것도 빨리 해서 먹으려고 하니까 덜 삶아서 질겨서 먹지도 못하고 뒷날 밝아서 보니까 닭살이 벌개서. 덜 삶아서.

예. 게믄 그 주이는 그거 아라실 꺼 아니라예?

　- 주인 ᄃᆞ근 일러부럳찌마는.

　= 사르믄 몰랃쭈.

　- 사르믄 모르지게. 누가 거 뭐 알게 함니까게. 모르게.

(웃음)

　= 다 ᄀᆞ라부켜205). 이젠.

게난.

누구네 지비 꺼까지 해야 이제 골 껀디.

(웃음)

옌나레 그런 말 읻찌 아녀우꽈? 들러간 사르믄 줴가 ᄒᆞ나여. 들러간 줴. 이여분 사르믄 누군고 누군고 허다 보난 줴가 열 깨.

　- 게고 저 이 ᄃᆞ근 일러분206) 사름덜토.

그러려니.

　- 에 그러려니 허는 거주. 에이 절믄 놈덜 허여단 머거실 테지.

(웃음). 그러면 이제는예. 옌나른 어쨋튼 이젠 보린낭. 이제 여기는 미른 하영 안 가니까 허지만 보린낭으로 만든 게 하서예? 그 보린낭 쓰임새가 핟찌예?

　- 보리낭207)으론 쓰임새는 우서는 걸로 지들케208) 헹꼬. 겨우내에. 그 걸로 불 술랑으네 밥페 먹꼬 헹꼬. 더러는 저 이 여껑으네 거 거 보고 뭐라 하나?

바작.

페렝이. 삳깐?

　- 아니고 거적.

　= 거적.

　- 에 거적 만드러 가지고 여르메 마당에 까랑으네 까라 안끼도 허고. 비 올 때 저 이 창문 아페 이러케 막끼도 허고 그런 정도.

예. 그러면 그 주인은 그거 알았을 거 아닌가요?

 - 주인 닭은 잃어버렸지만.

 = 사람은 몰랐지.

 - 사람은 모르지. 누가 그것 뭐 알게 합니까. 모르게.

(웃음)

 - 다 말해버리겠어. 이제는.

그러니까.

누구네 집에 것까지 해야 이제 말할 것인데.

(웃음)

옛날에 그런 말 있지 않습니까? 들어간 사람은 죄가 하나다. 들어간 죄. 잃어버린 사람은 누굴까 누굴까 하다 보니까 죄가 열 개.

 - 그러고 저 이 닭 잃어버린 사람들도.

그러려니.

 - 아 그러려니 하는 것이지. 에이 젊은 놈들 해다가 먹었을 테지.

(웃음). 그러면 이제는요. 옛날은 어쨌든 이제는 보릿대. 이제 여기는 밀은 많이 안 가니까 하지만 보릿대로 만든 것이 많지요? 그 보릿대 쓰임새가 많지요?

 - 보릿대로는 쓰임새는 우선은 그것으로 땔감 했고. 겨우내내. 그것으로 불 살라서 밥해 먹고 했고. 더러는 저 이 엮어서 거 거 보고 뭐라 하나?

발채.

밀짚모자. 삿갓?

 - 아니고 거적.

 = 거적.

 - 에 거적 만들어 가지고 여름에 마당에 깔아서 깔아 앉기도 하고. 비 올 때 저 이 창문 앞에 이렇게 막기도 하고 그런 정도.

거저그로예?

― 예.

페렝이 믄는 거는 안 봐반마씨?

― 페렝이209)는 여기서 안 ᄆ잗쑤다210). 보릴때211)로 허며는 거 물러 가지고 거는 페렝이는 여기서 무테 강 사당212) 썰꼬.

무테서는 페렝이를 저기 짜낟뗀 허는데 어르드리.

― 예. ** 가튼 걸로 짜며는 우린 여기서 사당 썰꼬. 여긴 그런 거 안 나니까. 보리찌브로 헌 건 비 한 번 마지민 흘탁케213) 불곡 이 저 세기214) 거머 불고.

그러며는.

게난 통시 지슨 안 줘낟쑤과?

― 예?

보리낭으로.

보린낭으로.

통시에 짙.

돋통에.

― 아 그거야 비 와 나민 주곡. 경헤야 걸름215) 뒈니까.

예. 걷또 보리낭으로?

― 예. 보리낭으로. 순전 돋통216)에 드러가는 건 보리찝217).

= 도새기218) 질민 물 굴르민219) 덤박덤박케220) 가민 그레221) 주곡 그레 주곡.

마당에 깔거나 이러지는 안넨마씨? 여기는.

― 거 엔나레는 나미 지비 이러케 드러가다 보면 보리낭도 까라나서마씸. 땅이 흐기니까 질픅질픅커며는 깔기도 허고. 또 그 집 드러가젠 허며는 가셍이로222) 이제 팡똘223) 놔그네224) 그 돌로 발브멍 비 올 때는 드러가낟꼬225). 보리찝226)또 그러케 마니는 안 까라떤 거 가*.

거적으로요?

― 예.

밀짚모자 겯는 것은 안 봤었습니까?

― 밀짚모자는 여기서 안 맸었습니다. 보릿대로 하면 거 물러 가지고 그것은 밀짚모자는 여기서 뭍에 가서 사다가 썼고.

뭍에서는 밀짚모자를 저기 짰었다고 하는데 어른들이.

― 예. ** 같은 것으로 짜면 우리는 여기서 사다가 썼고. 여기는 그런 거 안 나니까. 보릿대로 한 것은 비 한 번 맞으면 헐렁해져 버리고 이 저 색이 거메 버리고.

그러면.

그러니까 돼지우리에 깃은 안 줬었습니까?

― 예?

보릿대로.

보릿대로.

돼지우리에 깃.

돼지우리에.

― 아 그거야 비 오고 나면 주고. 그렇게 해야 거름 되니까.

예. 그것도 보릿대로?

― 예. 보릿대로. 순전히 돼지우리에 들어가는 것은 보릿짚.

= 돼지 질면 물 고이면 덤벙덤벙해 가면 그리로 주고 그리로 주고.

마당에 깔거나 이러지는 아니했습니까? 여기는.

― 그 옛날에는 남의 집에 이렇게 들어가다 보면 보릿대도 깔았었습니다. 땅이 흙이니까 질퍽질퍽하면 깔기도 하고. 또 그 집 들어가려고 하면 가장자리로 이제 디딤돌 놓아서 그 돌로 밟으면서 비 올 때는 들어갔었고. 보릿짚도 그렇게 많이는 안 깔았던 것 같*.

아 게난 거저글 헬썬꾸나예.

─ 예. 거적 멘드랑으네[227] 비 올 때는 창무네 첟꼬.

거 우리 동네는 지지기라고 허는 거거든.

지직?

대 헤가지고예.

근데 여기는 보린낭으레 헤서 거적헹은네예 그 정제에 까랑으네 밤 먹끼도 하고 마당에 까라서 마당에서 먹끼도 하고예.

─ 정제[228]는 *** 보리찍[229] 그냥 난 깨로 영 페왕[230] 까랑 머건꼬. 이 거저근 주로 거 거적또 만드는 게 거 심들기[231] 때무네 걷또 줄 여러 줄 놓으네 그건또 일부러 짜젠 허민 걷또 시가니 걸리고 허니까 주로 비 올 때 저 이 창문 아니우꽈게? 옛날른 걷문[232] 얻꼬[233] 초가지비민 그거 허영 창무네 비마기[234] 비마기 헫꼬. 또 여르멘 그거 마당에 끄랑[235] 아장[236] 놀기도 줌도 자고 그레[237].

삼춘도 거적 짜봔마씨?

─ 거적 안 짜 봗쑤다.

건 안 짜보고예?

= 짤 기훼가 셔게[238].

그러면네 이 우엉에 농사 크게 안 지지 안 헤도 고치도 가라보고 고치는 어떤 시그로 저기 가라마씨?

= 고치[239] 씨 뿌령 쪼꼼씩 까랑.

─ 그 고치 걷또 굴겡이[240]로.

예.

─ 이녁 우엉[241]에 바람으지에다가[242] 쪼꼼. 그자[243] 우엉 전체 가는 걷또 아니고 한 고지[244] 정도. 이러케 굴겡이로 팡으네[245] 씨 톡톡 놔그네 그거 허영으네.

허면 양녀믄 충분허자나예? 여르메 땅으네.

아 그러니까 거적을 했었군요.

- 예. 거적 만들어서 비 올 때는 창문에 쳤고.

거 우리 동네는 기직이라고 하는 거거든.

기직?

대 해 가지고요.

그런데 여기는 보릿대로 해서 거적해서요 그 부엌에 깔아서 밥 먹기도 하고 마당에 깔아서 먹기도 하고요.

- 부엌은 *** 보릿대 그냥 날 개로 이렇게 펴서 깔아서 먹었고. 이 거적은 주로 거 거적도 만드는 것이 거 힘들기 때문에 그것도 줄 여러 줄 놓아서 그것도 일부러 짜려고 하면 그것도 시간이 걸리고 하니까 주로 비 올 때 저 이 창문 아닙니까? 옛날은 덧문 없고 초가집이면 그거 해서 창문에 비막이 비막이 했고. 또 여름에는 그거 마당에 깔아서 앉아서 놀기도 잠도 자고 거기에.

삼촌도 거적 짜봤습니까?

- 거적 안 짜 보았습니다.

그것은 안 짜보고요?

= 짤 기회가 있어.

그러면요 이 터앝에 농사 크게 안 짓지 안 해도 고추도 갈아보고 고추는 어떤 식으로 저기 가나요?

= 고추 씨 뿌려서 조금씩 갈아서.

- 그 고추 그것도 호미로.

예.

- 이녁 터앝에 바람 의지에다가 조금. 그저 터앝 전체 가는 것도 아니고 한 이랑 정도. 이렇게 호미로 파서 씨 톡톡 넣어서 그거 해서.

하면 양념은 충분하잖아요? 여름에 따서.

- 저이 느무레246) 허며는 그때도 저이 가는 거시 업끼 때무네 걷또 그때도 뻐산찌이247). 조근 방에톡게248) 낳으네249) 뻐상 그거 가루 내영으네 베추에 무청 져렫땅으네250) 김치 멘드랑 먹꼬. 게난 벌건 고춘까루가 이만쓱 넙쭉넙쭉커지251).

= 거시 마신쑤다252).

예.

(웃음)

그거 눌걸로 헤 갇꼬 헤영예. 여기 부레기. 부레기도 옌날부터 싱거낟쑤과?

= 대죽부레기253).

예에.

- 아 대죽뿌레기도예. 옌날부터.

으 그거는 어.

- 그걷또 역씨 뭐 수수 어 대죽부레기 그 씨 헤영254) 놔뒫따가 어 그 봄 나민 거.

= 하나쓱 옴겨255) 싱경256).

- 그거 그거 역씨 저 굴겡이257)로 팡으네258) 씨 하나쓱 낳으네259). 뭐 크게는 아니.

= 가랑 주거불민 몬 먹꼭 바람 안 불며는 아이덜.

- 워낙 그 바라미 그 잘 타기 때무네 이 아페도 잍쭈마는 저거 그래도 태풍이 늗께260) 부러주니까261) 게도262) 맏뽣찌263). 경 아녀민 미릏264) 바람 부러버리면 저거 꺼꺼져버리고 자빠져불며는 아리 안 셍겨마씨265).

우리는 재수 조아 갇꼬 먹꼬.

- 여기는 바람 때무네 그런 거는 큰 농사 아녀266). 그냥 한 고지267) 정도 사탕대죽또 헤 봗띠가?

- 예. 사탕대죽268)또 허영으네 허며믄 우리 어릴 때 허영으네 그거 나미 우영에269) 드러강으네270) 저.

- 저이 나물에 하면 그때도 저이 가는 것이 없기 때문에 것도 그때도 빻았지. 작은 방아확에 넣어서 빻아서 그거 가루 내서 배추에 무쳐서 저렸다가 김치 만들어서 먹고. 그러니까 벌건 고춧가루가 이만씩 넓죽넓죽하지.

= 것이 맛있습니다.

예.

(웃음)

그거 날것으로 해 가지고 해서요. 여기 옥수수. 옥수수도 옛날부터 심었었습니까?

= 옥수수.

예에.

- 아 옥수수도요. 옛날부터.

으 그것은 어.

- 그것도 역시 뭐 수수 어 옥수수 그 씨 해서 놔두었다가 어 그 봄 나면 거.

= 하나씩 옮겨 심어서.

- 그거 그거 역시 저 호미로 파서 씨 하나씩 놓아서. 뭐 크게는 아니.

= 갈아서 죽어버리면 못 먹고 바람 안 불면 아이들.

- 워낙 그 바람이 그 잘 타기 때문에 이 앞에도 있지만 저거 그래도 태풍이 늦게 부니까 그래도 맛봤지. 그렇지 않으면 미리 바람 불어버리면 저거 꺾어져버리고 자빠져버리면 알이 아니 생깁니다.

우리는 재수 좋아 가지고 먹고.

- 여기는 바람 때문에 그런 거는 큰 농사 않아. 그냥 한 이랑 정도.

사탕수수도 해 봤습니까?

- 예. 사탕수수도 해서 하면 우리 어릴 때 해서 그것 남의 터앝에 들어가서 저.

익찌도 아늘 때.

— 어 파당으네 저기 개까시271) 쩌쪼에 강으네 수멍덜 그거 영 꺼꺼으네 씨버 먹꼭 허던 셍각또 나고.

여기도 담베도 싱거낟쑤과?

— 예. 옌날덜 담베도 ** 담베도 그 저 이 봉초272).

= 담베 싱거낟꾸나273). 난 몰란274).

— 어 담베 하르방덜 다 싱거낟쭈. 저 담 으지에275) 허영으네 여기도 바람 쎄니까.

예.

— 뭐 이 고추가치 담 으지에다 이제 거 씨 어떠케 씨로 시먼는지 어떠케 시먼는지 하여튼 씨로 시머실 테지. 그 허영으네276) 담베 헤영으네 허며는 이파리가 넙꼬.

= 예. 상추 모냥으로277) 셍긴 거.

— 크지. 게며는 그거 말렫따가 세끼278) 꼬아 가지고 그 세끼에다 하나씩 하나씩 케279) 가지고 이러케 쭉 커게 허영 그느레서 말렁 그거 허영으네 칼로 일이리 써렁280) 담베 그 봉초 멘든 거를 봐난쑤다게281).

그러며는 그 봉초는 봉초는 어떤 시그로 만든 게 봉초우꽈?

— 그 담베 이플 말려 가지고 칼로 썬 게 그게 봉초.

궐년. 궐년.

게믄 그거는 어떤 시그로 헤영으네 피와마씨?

— 그 여기 저 학쎙덜 그 공첵 쓰다 나믄 거나 썰던 거나.

신문지.

— 그런 걸로 헤 가지고. 예. 그땐 뭐 신문지도 업썬꼬 허니까 그 주로 공첵. 첵 가뜬 거 이제.

지나가분 거?

— 예. 지나간 첵들 이제 버린 거. 아이덜 쓰당 버린 걷떨. 그런 거 헤

익지도 않을 때.

― 어 파다가 저기 갯가 저쪽에 가서 숨어서들 그거 이렇게 꺾어서 씹어 먹고 하던 생각도 나고.

여기도 담배도 심었었습니까?

― 예. 옛날들 담배도 ** 담배도 그 저 이 봉초.

= 담배 심었었구나. 나는 몰랐어.

― 어 담배 할아버지들 다 심었었지. 저 담 의지에 해서 여기도 바람세니까.

예.

― 뭐 이 고추같이 담 의지에다 이제 거 씨 어떻게 씨로 심었는지 어떻게 심었는지 하여튼 씨로 심었을 테지. 그 해서 담배 해서 하면 이파리가 넓고.

= 예. 상추 모양으로 생긴 것.

― 크지. 그러면 그거 말렸다가 새끼 꼬아 가지고 그 새끼에다 하나씩 하나씩 해 가지고 이렇게 쭉 하게 해서 그늘에서 말려서 그거 해서 칼로 일일이 썰어서 담배 그 봉초 만든 것을 보았었습니다.

그러면 그 봉초는 봉초는 어떤 식으로 만든 것이 봉춥니까?

― 그 담배 잎을 말려 가지고 칼로 썬 것이 그것이 봉토.

궐련. 궐련.

그러면 그것은 어떤 식으로 해서 피우나요?

― 그 여기 저 학생들 그 공책 쓰다 남은 것이나 썼던 것이나.

신문지.

― 그런 것으로 해 가지고. 예. 그때는 뭐 신문지도 없었고 하니까 그 주로 공책. 책 같은 거 이제.

지나가버린 것?

― 예. 지나간 책들 이제 버린 것. 아이들 쓰다가 버린 것들. 그런 것 해

당으네[282] 짤라 가지고 담베 끼리만큼[283] 헤 가지고 뭐 기리도 뭐 하니 업써찌 뭐. 큰 거 자근 거 뭐. 자기 피울 만씩 재어 가지고 거 내중에는 치므로 불랑[284] 피곡[285]. 저 하라버지덜 피우는 걸 봗찌.

저도 드런는데 요 ㅂㅂ는 디를 이러케 잘 눌러야 뒈예. 경 아녀민 담뱃ㄲ르가 썬 채 기냥 드러간다고 하더라고. 영 눌렁.

ㅡ 건 내중에는 그 담베 ㅁ는 기계 나와 가지고. 나무로 이러케 저 이 첵바침만큼 거보단[286] 약깐 조글[287] 꺼라. 그거 헤 가지고 담베입[288] 나 짤랑 아주 잘게 짤랑으네 거 저 심문지[289] 딱 노콕 헤영으네[290] 거기다 영영 낳 ㅁ랑[291] 담베 멘드는 걸 어릴 때 봗씀니다.

그리고 여기 지실도 낳섣찌예?

ㅡ 지슬[292]도 여기 역씨 걷또 지슬도 마찬가지.

으 골겡이농사?

ㅡ 예. 지슬 우리도 쪼꼼 가라난ㅆ다마는 쩌 서쪽 바떼 거 받또 소. 우린 소 기르니까. 소로 강으네 자 장기[293]로 허영 가라가지고 잘허믄 서너 고지[294]. 한 이심 메타 쯤 뒈는 고지 한 서너 고지 이러케 헤 가지고 임시 그자[295] 멍는 쩡도.

그 다으메 가파도에는 촘뢰를 참 하영 가랃짜나예? 옌날부터 유명하자나예?

ㅡ 예. 촘뭬[296].

예. 그 촘메 농사허는 거를 한번 ㄱ라줘 봅써?

ㅡ 촘뭬도 어 보리 재배 끈나며는 시머 가지고 어 그걷또 이 바테 그게 받 타나면 한 댄[297] 말지기[298] 서너 말지기 그런 정도로 이제 가는데.

= 촘메[299] 저너브로 헫쭈게. 저너브로.

ㅡ 안 가는 사름덜토 이섣ㅆ다[300]. 게난 베도[301] 얻꼬[302] 나믜 베에 부터 가지고 ㅍ라야 얼마 뒈지[303] 안코 허니까 그 임시 머글 쩡도 허는 사름도 읻꼬. 그거.

다가 잘라 가지고 담배 길이만큼 해가지고 뭐 길이도 뭐 한이 없었지 뭐. 큰 거 작은 거 뭐. 자기 피울 만큼씩 재어 가지고 거 나중에는 침으로 발라서 피우고. 저 할아버지들 피우는 것을 봤지.

저도 들었는데 요 빠는 데를 이렇게 잘 눌러야 돼요. 그렇지 않으면 담뱃가루가 썬 채 그냥 들어간다고 하더라고. 이렇게 눌러서.

─ 그것은 나중에는 그 담배 마는 기계 나와 가지고. 나무로 이렇게 저이 책받침만큼 것보다는 약간 작을 거야. 그거 해 가지고 담뱃잎 나 잘라서 아주 잘게 잘라서 거 저 신문지 딱 넣고 해서 거기다 이렇게 이렇게 넣어서 말아서 담배 만드는 것을 어릴 때 봤습니다.

그리고 여기 감자도 넣었었지요?

─ 감자도 여기 역시 것도 감자도 마찬가지.

으 호미농사?

─ 예. 감자 우리도 조금 갈았었습니다만 저 서쪽 밭에 거 밭도 소. 우리는 소 길렀으니까. 소로 가서 자 쟁기로 해서 갈아 가지고 잘하면 서너 이랑. 한 이십 미터 쯤 되는 이랑 한 서너 이랑 이렇게 해가지고 임시 그저 먹는 정도.

그 다음에 가파도에는 참외를 참 많이 갈았었잖아요? 옛날부터 유명하잖아요?

─ 예. 참외.

예. 그 참외 농사하는 것을 한번 말씀해 보십시오?

─ 참외도 어 보리 재배 끝나면 심어 가지고 어 그것도 이 밭에 그게 밭 하나면 한 댓 마지기 서너 마지기 그런 정도로 이제 가는데.

= 참외 전업으로 했지. 전업으로.

─ 안 가는 사람들도 있었습니다. 그러니까 배도 없고 남의 배에 붙어 가지고 팔아야 얼마 되지 않고 하니까 그 임시 먹을 정도 하는 사람도 있고. 그거.

삼추는 츰메를 싱거봔마씨?

- 예. 싱건304) 저 나 풍선305). 연나렌 풍선도 가지고 일썬쑤다게306). 게나네307).

- 풍서네 허며는 열 까마니308) 미만바께 몯 씰러마씨309). 게며는310) 혼 사라메 혼두 가마니 한 가마니썩 커영311) 모슬포312) 강 팔면 한 가마니에 이시 붼도 그땐 도느로 시비 붼도 받꼭 삼시 붼도 받꼬 허여그네313) 뭐 고기도 사당314) 먹꼭.

그때라며는 이시 붼 혼 가마니에 이십 붼 헐 쩡도라면 면 년도 정도우꽈? 그게.

- 그때는 처뉜 짜리열떤가. 처 뉜짜리열쓸 꺼야. 어 육씸년대.

= 우리가 폴레315) 다녀시난316).

- 육씸년대 초니까 아 처 뉜 짜릴 꺼야. 그때 삼처 뉜 이처 뉜. 한 가마니.

= 찍317) 가메318)에.

으.

- 찍 까마니319)로 헤가지고.

= 아이고 풍선. 아이고 더러와320).

게믄예. 그 차메 농사를 씨를 시므면 또 옴겨 시뭐야 뒈는 거우꽈? 아니면 그냥 험니까?

- 아 그대로.

= 그냥.

예. 그냥하고. 그 참뭬 농사하면 그 다음 미테도 보리낭도 꺼라줘야지예? 그런 건 아녈쑤가?

- 그런 거 아녀고 이 저.

여기는 그냥 씨만 싱겅 내불며는.

- 씨만 싱그곡321) 검질만322) 메영 내불며는323).

삼촌은 참외를 심어봤습니까?

- 예. 심어서 저 나 풍선. 옛날에는 풍선도 가지고 있었습니다. 그러니까.

- 풍선에 하면 열 가마니 미만밖에 못 싣습니다. 그러면 한 사람에 한두 가마니 한 가마니씩 해서 모슬포 가서 팔면 한 가마니에 이십 원도 그때 돈으로 십 원도 받고 삼십 원도 받고 하고서는 뭐 고기도 사다 먹고.

그때라면 이십 원 한 가마니에 이십 원 할 정도라면 몇 년도 정돕니까? 그것이.

- 그때는 천 원짜리였던가. 천 원짜리였을 거야. 아 아 육십년대.

= 우리가 팔러 다녔으니까.

- 육십년대 초니까 아 천 원짜릴 거야. 그때 삼천 원 이천 원. 한 가마니.

= 짚 가마에.

으.

- 짚 가마니로 해가지고.

= 아이고 풍선. 아이고 더러워.

그러면요. 그 참외 농사를 씨를 심으면 또 옮겨 심어야 되는 겁니까? 아니면 그냥 합니까?

- 아 그대로.

= 그냥.

예. 그냥하고. 그 참외 농사하면 그 다음 밑에도 보릿대도 깔아줘야지요? 그런 것은 안 했습니까?

- 그런 것 아니하고 이 저.

여기는 그냥 씨만 심어서 내버리면.

- 씨만 심고 김만 매서 내버리면.

= 메영 파종허면 그걸 영 더러 케영324).

− 거* 일이 개워리면 다 저 끈나는 거니까.

= 췌고 만쎠325).

그 다음 우에 이러케 꺼꺼서 우 막꺼나 이러진 안 헤마씨?

= 무사326)?

− 아 저 순도 순도 꺼거낟쑤다게327). 길게 뻐더 가며는 순 짤라주며는.

= 맨날 강.

그 순 짤르는 거는 어느 정도를 짤라마씨? 시기를.

− 시.

아까 매날 강으네.

− 거 수시로.

예.

− 길게 뻐더 가며는 이러케 보면서 짤라주고.

그 순 짤른 걸 여기선 뭐렌 ㄱ라마씨?

− 그냥 순. 순 꺼껀. 순 꺼끄레328) 간다.

아 우 막따 이런 말 안 허고예? 순 꺼그레 가는 거. 그 순 꺼끄는 이유는 뭐우꽈?

− 그거 순.

= 열매 잘 키우레329).

− 에 열매가 열리며는 그 수니 길게 나가면 양부니 그쪼그로만 가니까에 참메330) 쪼그로 알멩이 쪼그로 이제 양부니 마니331) 가라고 수늘 짤라주는 걸로 알고 읻꼬.

겅 헹 하면 여기에 그 가파도에서 싱걷떤 춤메가 무슨 품종인 거는 아라지 쿠과? 어떤 품종이렌 허거나 뭐.

− 개구리춤메332) 읻썯꼬 금마까333) 읻썯꼬 뭐 여러 가지 읻썬는데.

개구리춤메는 어떤 거마씨?

= 매서 파종하면 그것을 이렇게 더러 캐서.

─ 거* 일이 개월이면 다 저 끝나는 것이니까.

= 최고 맛있어.

그 다음 위에 이렇게 꺾어서 위 막거나 이러지는 안 하나요?

= 왜?

─ 아 저 순도 순도 꺾었었습니다. 길게 뻗어 가면 순 잘라주면.

= 만날 가서.

그 순 자르는 것은 어느 정도를 잘라요? 시기를.

─ 시.

아까 매날 가서.

─ 거 수시로.

예.

─ 길게 뻗어 가면 이렇게 보면서 잘라주고.

그 순 자른 것을 여기서는 무엇이라고 말하나요?

─ 그냥 순. 순 꺾어서. 순 꺾으러 간다.

아 위 막다 이런 말 안 하고요? 순 꺾으러 가는 거. 그 순 꺾는 이유는 뭡니까?

─ 그거 순.

= 열매 잘 키우려고.

─ 아 열매가 열리면 그 순이 길게 나가면 양분이 그쪽으로만 가니까에 참외 쪽으로 알맹이 쪽으로 이제 양분이 많이 가라고 순을 잘라 주는 것으로 알고 있고.

그렇게 해서 하면 여기에 그 가파도에서 심었던 참외가 무슨 품종인 것은 알겠습니까? 어떤 품종이라고 하거나 뭐.

─ 개구리참외 있었고 노랑참외 있었고 뭐 여러 가지 있었는데.

개구리참외는 어떤 겁니까?

- 그 개구리 무늬 모양으로 이러케 줄마다 파란 거시 이러케 열 지영334).
예.

- 아 이 거이 수박.

= 이만큼씩.

커예?

- 수박 무니335) 거이336) 비슫턴 건디 그거 그걸 개구리참메. 그거 정
말 맏딛썬는데 요즘 저 개구리참메 저 육찌서 나는 거 이러케 사단337) 머
거 뽈찌마는 가파도서 날 때 그런 맏보단338) 아녀339). 여긴 그때는 그
뭄340) 끄라서 그 농살 지얻끼 때무네 상당히 토지가 비옥헤. ** 음식 마
시 조알써.

땅이 거니까?

- 보 에 보리바블 혜도 보리밥또 찰지고341) 마싣써342).

그러면 아까 금마께는 어떤 거우꽈?

- 금마께는 노란 거. 노란 건데 건 얼마 크지도 아느면서도343) 정말
마싣써. 거 금마까.

금마까?

- 예. 건 나머진 또 무슨 무슨 웨344) 무슨 웨 뭐 읻낀 인는데.

= 다 이저부런.

- 이름 저.

이저불고예?

그러며는 그 춤메를 다른 데는 우리가 이제 과일처럼만 먹짜나예? 여기는
아무래도 산지니까 그 춤메 가져 갇꼬 다른 음식또 헤 머걷쑤과? 춤메로.

- 춤메345)로 뭐?

뭐 지 다마 먹꺼나 이런 거.

- 저 이 지346) 담는 거슨 브르미347) 부렁으네348) 이제 막뿔349). 완전
니 저 이 브르미 쎄게 부러도.

- 그 개구리 무늬 모양으로 이렇게 줄마다 파란 것이 이렇게 열 지어서. 예.

- 아 이 거의 수박.

= 이만큼씩.

커요?

- 수박 무늬 거의 비슷한 것인데 그거 그것을 개구리참외. 그거 정말 맛있었는데 요즘 저 개구리참외 저 육지서 나오는 거 이렇게 사다가 먹어 봤지만 가파도서 나올 때 그런 맛보다는 못해. 여기는 그때는 그 모자반 깔아서 그 농사를 지었기 때문에 상당히 토지가 비옥했어. ** 음식 맛이 좋았어.

땅이 거니까?

- 보 에 보리밥을 해도 보리밥도 차지고 맛있어.

그러면 아까 노랑참외는 어떤 겁니까?

- 노랑참외는 노란 거. 노란 것인데 그것은 얼마 크지도 않으면서도 정말 맛있어. 거 노랑참외.

노랑참외.

- 예. 그것은 나머지는 또 무슨 외 무슨 외 뭐 있긴 있는데.

= 다 잊어버렸어.

- 이름 저.

잊어버리고요?

그러면 그 참외를 다른 데는 우리가 이제 과일처럼만 먹잖아요? 여기는 아무래도 산지니까 그 참외 가져 가지고 다른 음식도 해 먹었습니까? 참외로.

- 참외로 뭐?

뭐 장아찌 담가 먹거나 이런 거.

- 저 이 장아찌 담그는 것은 바람이 불어서 이제 막벌. 완전히 저 이 바람이 세게 불어도.

= 팔지 몬털 정도 뒈야.

− 얼마큼 주리[350] 지나며는 주리 노라케 변헤 가지고.

유으렁.

− 말물[351] 아 내중 말물이라 헤 가지고 그 내중에는 그거 다 처리허는 데 아주 크지 몬턴 존존헌[352] 걷떨 그런 걷덜 헤다가 에 소그메 저렁[353] 지[354] 다망 먹끼도 헬쑤다.

으음. 그 지 이르믄 뭐렌 ᄀ라마씨?

= 웨지[355]

− 웨지.

웨지. 게니까 참뭬렌 안 헹 여기는 웨 가란뗀 헬쑤과? 혹씨.

− 웨[356].

웨 논 거라예?

= 촘메[357].

촘메. 웨. 그 다으멘예 이 가파도에 왜냐 하면 아까 검질들도 하영 메지 아녇쑤과? 게난 가파도에 나는 풀 일름들 혹씨 아라지는 대로 ᄒ끔 ᄀ라 줘 봅써?

− 주로 받띠[358] 나는 거는 보리완띠[359] 나는 거는 대오리[360].

= 절롼지[361].

− 절롼지.

= 쒜비늠[362].

− 쒜비늠. 에 또.

복쿨.

− 복클[363].

= 복쿠른 콩완띠[364].

− 게메게[365]. 하여튼 나는 풀들. 받띠 나는 풀 이르믈 다 ᄀ르렌[366] 허는 거니까.

= 팔지 못할 정도 되어야.

− 얼만큼 줄기가 지나면 줄기가 노랗게 변해 가지고.

이울어서.

− 막물 아 나중 막물이라 해가지고 그 나중에는 그거 다 처리하는데 아주 크지 못한 자잘한 것들 그런 것들 해다가 에 소금에 절여서 장아찌 담가서 먹기도 했습니다.

으음. 그 장아찌 이름은 무엇이라고 말합니까?

= 오이장아찌.

− 오이장아찌.

오이장아찌. 그러니까 참외라고 안 해서 여기는 외 같았다고 했습니까? 혹시.

− 외.

외 놓은 거지요?

= 참외.

참외. 외. 그 다음에는요 이 가파도에 왜냐 하면 아까 김들도 많이 매지 않았습니까? 그러니까 가파도에 나는 풀 이름들 혹시 알아지는 대로 조금 말씀 해 줘보십시오?

− 주로 밭에 나는 것은 보리밭에 나는 것은 귀리.

= 바랭이.

− 바랭이.

= 쇠비름.

− 쇠비름. 아 또.

깨풀.

− 깨풀.

= 깨풀은 콩밭에.

− 그러게. 하여튼 나는 풀들. 밭에 나는 풀 이름을 다 말하라고 하는 것이니까.

쉐터럭.

＝ 저 쉐비눔367).

－ 게메게 쉐비누믄 아까 헫꼬.

＝ 춤비눔368).

－ 춤비눔도 읻써. 춤비눔.

콩밭띠 나는 거는 뭐 읻쑤과?

＝ 콩밭띤369).

－ 복쿨허고.

＝ 대강 복쿨 남니다게.

복풀.

＝ 절롸니허고 복쿨. 여르메.

－ 절롼지.

으음.

＝ 이제는 야글 주는 따무네 안 나.

그 다으메는 그 막 엉겅퀴 달믄 건데 그런 검질도 이서예?

＝ 건 쉐절롼지370). 엉키는 거 쉐절롼지.

－ 절롸니371). 절롸니.

절롸니는 절롸니라도.

＝ 쉐절롼지.

쉐절롼지렌 헴쑤다.

＝ 쉐절롼지. 아이고 질겨.

그 다으메 그 저기 검질도 꼳 피는 검질들도 이실 꺼 아니라마씨?

－ 아 쉐비름 가튼 거.

예.

＝ 꼬슨372) 쉐비눔베끼 안 피어.

쉐비눔벧끼 안 피어. 에에.

김의털.

= 저 쇠비름.

- 그러게 쇠비름은 아까 했고.

= 참비름.

- 참비름도 있어. 참비름.

콩밭에 나는 것은 뭐 있습니까?

= 콩밭에는.

- 깨풀하고.

= 대강 깨풀 납니다.

깨풀.

= 바랭이하고 깨풀. 여름에.

- 바랭이.

으음.

= 이제는 약을 주는 때문에 안 나.

그 다음에는 그 막 엉겅퀴 닮은 것인데 그런 김도 있지요?

= 그것은 민바랭이. 엉키는 거 민바랭이.

- 바랭이. 바랭이.

바랭이는 바랭이어도.

= 민바랭이.

쒜절완지라고 하고 있습니다.

= 민바랭이. 아이고 질겨.

그 다음에 그 저기 김도 꽃 피는 김들도 있을 것 아닌가요?

- 아 쇠비름 같은 거.

예.

= 꽃은 쇠비름밖에 안 피어.

쇠비름밖에 안 피어. 에에.

그 그러면 밧떼 나는 거 아니라도 이런 질레 가파도에 나는 풀 일름들 아라
지는 거 ᄀ라줘 봅써?

= 거 요디 난 건 수리대373). 요디 요디 여기 막 크는 거.

− 어 그거 수리대.

= 그 이제 그 약초엔 헌 건 무슨걷싼디사374).

− 수리대. 쑥. 뭐 별로 잉모초 가튼 거. 또 베체기375).

예.

= 인각체도 잘 나. 밧띠. 인각체 인각체.

− 인각체도 나고. 선인장.

으음. 인각체는 어떤 거우꽈?

= 영 낭으네 이디 이파리 영 달령 인각체. 저디 우영376)에도 이신
디377).

아 여기 우영에 이서마씨? 어 인각체. 요버네 삼춘 그 뭐 모메 조텐 허멍
트더와난 거?

= 비단풀.

− 비단풀.

예.

− 예. 그걷또 마니378) 나고.

= 하고초. 하고초.

비다푸리 아 그때 하고초예?

− 예. 비단풀도 마니 나고.

또 셍각나는 거.

− 주로 두두게379) 나는 건 이 새380).

예.

− 새가 그건 질기고 약또 안 타고. 거 밧뚜두게는381) 그거 새가 마니
나지. 쑥. 쑥커고 뭐 그냥 바테 나는 건 그 정도.

그 그러면 밭에 나는 거 아니어도 이런 길에 가파도에 나는 풀 이름들 알아지는 것 말씀해 줘보십시오?

= 거 요기 난 것은 구릿대. 요기 요기 여기 막 크는 거.

- 어 그것 구릿대.

= 그 이제 그 약초라고 하는 것은 무엇인지야.

- 구릿대. 쑥. 뭐 별로 익모초 같은 거. 또 질경이.

예.

= 인각채도 잘 나. 밭에. 인각채. 인각채.

- 인각채도 나고 선인장.

으음. 인각채는 어떤 겁니까?

= 이렇게 나서 여기 이파리 이렇게 달려서 인각채. 저기 터앝에도 있는데.

아 여기 터앝에 있어요? 어 인각채. 요번에 삼촌 그 뭐 몸에 좋다고 하면서 뜯어왔던 거?

= 비단풀.

- 비단풀.

예.

- 예. 그것도 많이 나고.

= 하고초. 하고초.

비단풀이 아 그때 하고초요?

- 예. 비단풀도 많이 나고.

또 생각나는 거.

- 주로 두둑에 나는 것은 이 띠.

예.

- 띠가 그것은 질기고 약도 안 타고. 거 밭두둑에는 그거 띠가 많이 나지. 쑥. 쑥하고 뭐 그냥 밭에 나는 것은 그 정도.

수리대 하고.

- 수리대 가뜬 거는 이 해변까로.

예.

- 해변까로 나고.

그 헤변까로 헤갇꼬 방풍 가뜬 걷또.

- 방풍382). 해변까로는 방풍 가뜬 걷또 마니 나고.

음. 그걷또 이 동네 싸름들 머거신가마씨?

= 먹낀 험니다마는.

- 먹끼도 험니다마는.

= 육찌 싸름덜 왕383) 다 케.

- 웨지 싸름더리 왕 마니 케어 가지마씨384).

가파돋 아니고예. 여기까지 헤서 쉬겓씀니다.

구릿대 하고.

- 구릿대 같은 것은 이 해변가로.

예.

- 해변가로 나고.

그 해변가로 해가지고 갯기름나물 같은 것도.

- 갯기름나물. 해변가로는 갯기름나물 같은 것도 많이 나고.

음. 그것도 이 동네 사람들 먹었을까요?

= 먹기는 합니다만.

- 먹기도 합니다만.

= 육지 사람들 와서 다 캐.

- 외지 사람들이 와서 많이 캐 가지요.

가파도는 아니고요. 여기까지 해서 쉬겠습니다.

1) '그저'의 뜻이다.
2) '왜'의 뜻이다.
3) '고구마'를 말한다. '고구마'의 방언형은 '감저, 감제, 감ᄌ' 등으로 나타난다.
4) '감자'를 말한다. '감자'의 방언형은 '지슬, 지실' 등으로 나타난다.
5) '그러니까'의 뜻이다.
6) '많이'의 뜻이다. '많이'의 방언형은 '만이, 만히, 하영, 해' 등으로 나타난다.
7) '고구마'를 말한다.
8) '유월절'은 '소서(小暑)에서 입추(立秋)까지의 절기'를 말한다.
9) '고비에'의 뜻이다. '고비(긴요한 시기나 막다른 절정)'의 방언형은 '고비, ᄀ리' 등으로 나타난다.
10) '모자반'을 말한다. '모자반'의 방언형은 '몸, ᄆ망, 몰망' 등으로 나타난다.
11) '오른'의 뜻으로, '올르[登]-+-ㄴ' 구성이다. '오르다[登]'의 방언형은 '오르다, 올르다' 등으로 나타난다.
12) '가리[積]'를 말한다.
13) '가리었다가'의 뜻으로, '눌[積]-+-엇다가' 구성이다. '가리다[積]'의 방언형은 '눌다'로 나타난다.
14) '밭을'의 뜻이다. '밭[田]'의 방언형은 '밧'으로 나타난다.
15) '이랑'을 말한다. '이랑'의 방언형은 '고지, 밧고지, 밧파니, 파니' 등으로 나타난다.
16) '고랑'을 말한다. '고랑'의 방언형은 '고랑, 고랑' 등으로 나타난다.
17) '밭두둑에는'의 뜻이다. '밭두둑'의 방언형은 '밧두둑, 밧두득' 등으로 나타난다.
18) '호미로'이 뜻이다. '호미[鋤]'의 방언형은 '곱은쉐, 굴각지, 굴강쉐, 굴개, 굴겡이, 호멩이' 등으로 나타난다.
19) '귀리'를 말한다. '귀리[燕麥]'의 방언형은 '대오리, 대우리' 등으로 나타난다.
20) '포기'를 말한다. '포기'의 방언형은 '퍼기, 펄기, 페기, 포기, 푸기, 풀기' 등으로 나타난다.
21) '매어야 해요'의 뜻이다.
22) '가리틀을'의 뜻이다. '가리틀'은 '가리를 만들 공간' 또는 '가리의 밑바닥'을 뜻하는 어휘다.
23) '보리를 눌 눌어'는 '보릿가리를 가리어' 하는 뜻이다.
24) '보리 훑는 기계'를 '보리클'이라 한다. '보리클'은 살 모양이 둥글고 비교적 살 사이가 성긴 편이다.
25) '보릿짚은'의 뜻이다. '보릿짚'의 방언형은 '보릿쩍, 보릿쩝, 보릿낭, 보릿칩' 등으로 나타난다.

26) '보릿짚 쌓은 가리'를 '보릿낭눌, 보릿찍눌, 보릿찝눌'이라 한다.

27) '이삭'을 말한다.

28) '탈곡기'를 말한다. '탈곡기'의 방언형은 '메탁기, 멕타기' 등으로 나타난다.

29) '분리한'의 뜻이다.

30) '벗겨야 할'의 뜻이다.

31) '아닙니까'의 뜻이다.

32) '방아확에다'의 뜻이다. '방아확'의 방언형은 '방엣톡, 방엣혹, 바잇혹, 뱅잇혹' 등으로 나타난다.

33) '방앗공이로'의 뜻이다. '방앗공이'의 방언형은 '방앗귀, 방엣귀, 방잇귀, 뱅잇귀' 등으로 나타난다.

34) '연자방아'의 방언형은 '돌ㄱ레, 물ㄱ레, 물방에, 물방이' 등으로 나타난다.

35) '방아'를 말한다. '방아'의 방언형은 '방에, 방이, 뱅이' 등으로 나타난다.

36) '연자방아'를 말한다.

37) '벌(일을 세는 단위)'을 말한다.

38) '막벌까지'의 뜻이다. '막벌'의 방언형은 '막불'로 나타난다.

39) '하려고'의 뜻이다.

40) '보릿겨는'의 뜻으로, '누까'는 일본어 'ぬか'이다.

41) '아니'의 뜻이다.

42) '이삭'을 말한다.

43) '탈곡기'를 말한다.

44) '보릿짚'을 말한다. '보릿짚'의 방언형은 '보릿찍, 보릿찝, 보릿낭, 보릿칩' 등으로 나타난다.

45) '섞어서'의 뜻으로, '서끄[混]-+-엉' 구성이다. '섞대[混]'의 방언형은 '서끄다, 서트다' 등으로 나타난다.

46) '뿌리지'의 뜻이다. '뿌리다[撒]'의 방언형은 '뿌리다, 삐다' 등으로 나타난다.

47) '않아'의 뜻이다.

48) '모자반 거름'을 말한다.

49) '돼지우리'를 말한다. '돼지우리'의 방언형은 '돗통, 돗통시, 뒈야지통, 통시, 통제, 통지' 등으로 나타난다.

50) '거름'을 말한다. '거름'의 방언형은 '거름, 걸름' 등으로 나타난다.

51) '보릿짚'을 말한다.

52) '닭의어리, 어리'를 말한다. 여기서는 '닭의어리'를 마치 '발채'처럼 이용했다는 말이다.

53) '져서[負]'의 뜻이다.

54) '손수레'를 말한다.

55) '골고루'의 뜻이다. '골고루'의 방언형은 '골로로, 골호로' 등으로 나타난다.

56) '뿌려'의 뜻이다.

57) '해다가'의 뜻이다.
58) '괭생이모자반'을 말한다. '괭생이모자반'의 방언형은 '노랑몸, 노랑젱이, 느렝이' 등
으로 나타난다.
59) '모자반'을 말한다. '모자반'의 방언형은 '몸, ᄆᆞ망, ᄆᆞᆯ망' 등으로 나타난다.
60) '세고'의 뜻이다. '세다[强]'의 방언형은 '쎄다, 씨다' 등으로 나타난다.
61) '통'은 바닷가에 웅덩이 지는 곳을 말한다. 바람에 따라 해초나 바닷고기가 몰려들
기도 한다.
62) '이기덕통'은 바닷가 이름이다.
63) '두껫머리'는 바닷가 이름이다.
64) '정도'의 뜻이다.
65) '해서'의 뜻이다.
66) '그러니까'의 뜻이다.
67) '많이'의 뜻이다. '많이'의 방언형은 '만이, 만히, 하영, 해' 등으로 나타난다.
68) '돼지우리'를 말한다. '돼지우리'의 방언형은 '돗통, 돗통시, 뒈야지통, 통시, 통제,
통지' 등으로 나타난다.
69) '물왓통'은 가파도 해안가 이름이다. 이 이하 '장택코, 이개덕, 가마귀돌앞, ᄆᆞ시리,
뒤켓머리, 사개, 게염주리, 큰옹짓물, 작은옹짓물, 말잡은못, 한개창' 등도 다 같다.
70) '쌀보리'를 말한다. '쌀보리'의 방언형은 '술보리, 술오리, 술우리' 등으로 나타난다.
71) '겉보리'를 말한다. '겉보리'의 방언형은 '걸보리, 살챗보리' 등으로 나타난다.
72) '쌀보리'를 말한다.
73) '바람'을 뜻한다. '바람[風]'의 방언형은 'ᄇᆞ름, ᄇᆞ롬' 등으로 나타난다.
74) '바른[正]'의 뜻이다.
75) '있습니다'의 뜻이다. '있다[有]'의 방언형은 '시다, 싯다, 이시다, 잇다' 등으로 나타
난다.
76) '있는데'의 뜻으로, '싯[有]-+-는디' 구성이다.
77) '적어요[少]'의 뜻이다.
78) '그저'의 뜻이다.
79) '초벌'의 뜻이다.
80) '막벌'의 뜻이다.
81) '고구마'를 말한다.
82) '고랑'을 말한다.
83) '놓으면'의 뜻이다.
84) '깊이'의 뜻이다.
85) '볏밥'을 말한다. '볏밥'의 방언형은 '밧벙뎅이, 밧방에, 벙에' 등으로 나타난다.
86) '막불'을 말한다.
87) '애벌갈이한'의 뜻이다. '애벌갈이하다'의 방언형은 '거시리다, 번ᄒᆞ다' 등으로 나타
난다.

88) '고구마'를 말한다.

89) '뿌리고'의 뜻이다. '뿌리다[撒]'의 방언형은 '뿌리다, 삐다' 등으로 나타난다.

90) '김은'의 뜻이다. '김[雜草]'의 방언형은 '검질, 지슴, 지심' 등으로 나타난다.

91) '보릿대'를 말한다.

92) '귀리'를 말한다. '귀리[燕麥]'의 방언형은 '대오리, 대우리' 등으로 나타난다.

93) '품앗이하다'의 방언형은 '수눌다'로 나타나는데, '수 안 누렷다'는 표현으로 보면 '수눌다'는 '수눌다'로 형태 분석이 가능함을 알 수 있다. 곧 '쉬[手, 數]-눌다[積]' 가 된다.

94) '빌려'의 뜻이다.

95) '보리밟기'를 말한다.

96) '그런데'의 뜻이다.

97) '밭마다'의 뜻이다.

98) '포기'를 말한다. '포기'의 방언형은 '퍼기, 펄기, 페기, 포기, 푸기, 풀기' 등으로 나 타난다.

99) '유월절'은 '소서(小暑)에서 입추(立秋)까지의 절기'를 말한다.

100) '안에'의 뜻이다.

101) '원래'를 말한다.

102) '모자반'을 말한다.

103) '매어버리면'의 뜻이다.

104) '김[雜草]이라고'의 뜻이다.

105) '없었습니다'의 뜻이다.

106) '준자리'는 콩 종류의 이름이다.

107) '콩알'의 뜻이다. '콩알'의 방언형은 '콩방올, 콩방울' 등으로 나타난다.

108) '콩나물콩'으로, '콩나물의 재료가 되는 콩'을 말한다. '콩나물'의 방언형은 '콩ᄂ 물, 콩ᄂ몰' 등으로 나타난다.

109) '꺾는다고'의 뜻이다.

110) '베기도'의 뜻이다.

111) '베는'의 뜻이다. '베다[刈]'의 방언형은 '버이다, 베다, 비다' 등으로 나타난다.

112) '벤다고'의 뜻으로, '비[刈]-+-엄쪤' 구성이다. '-엄쪤'는 '-고 있다고, -ㄴ다고'의 의 미로 쓰이는 어미이다.

113) '가리 터'를 말한다.

114) '가려[積]'의 뜻이다. '가리다[積]'의 방언형은 '눌다'로 나타난다.

115) '도리깻열'을 말하나 여기서는 '도리깨'의 의미로 쓰였다. '도리깨'의 방언형은 '도 께', '도리깻장부'는 '도께어시', '도리깻열'은 '도께아덜, 도께아돌', '도리깨꼭지'는 '도께톨레' 등으로 나타난다.

116) '알'은 '콩알'을 뜻한다.

117) '대얼멩이'는 '대로 만든 어레미'를 말한다.

118) '키[箕]'를 말한다.
119) '까부러'의 뜻이다. '까부르다'의 방언형은 '눙그리다, 푸끄다, 푸다' 등으로 나타난다.
120) '불려서, 드려서'의 뜻이다.
121) '손박으로'의 뜻이다. '손박'은 '나무를 납죽하게 파서 만든 바가지 비슷한 그릇'을 말하는데, 달리 '솔박, 속박, 좀팍, 좀팍세기' 등으로도 나타난다.
122) '해서'의 뜻이다.
123) '줍는'의 뜻이다. '줍대[拾]'의 방언형은 '줏다'로 나타난다.
124) '고구마'를 말한다. '고구마'의 방언형은 '감저, 감제, 감즈' 등으로 나타난다.
125) '고구마 씨'를 말한다.
126) '구덩이'를 말한다. '구덩이'의 방언형은 '구덩이, 구뎅이' 등으로 나타난다.
127) '터앝'을 말한다. '터앝'의 방언형은 '우연, 우영, 우영팟, 위연' 등으로 나타난다.
128) '보릿짚을'의 뜻이다. '보릿짚'의 방언형은 '보릿찍, 보릿찝, 보릿낭, 보릿칩' 등으로 나타난다.
129) '위에다가'의 뜻이다. '위[上]'의 방언형은 '우, 우이, 우희' 등으로 나타난다.
130) '주저리'를 말한다. '주저리'의 방언형은 '주젱이, 주지' 등으로 나타난다.
131) '이엉'을 말한다. '이엉'의 방언형은 '느라미, 느람지, 느래미, 눌래' 등으로 나타난다.
132) '덮어'의 뜻이다. '덮대[蓋]'의 방언형은 '더끄다, 더프다' 등으로 나타난다.
133) '터앝'을 말한다.
134) '자라요'의 뜻이다.
135) '모'를 말한다. '모'의 방언형은 '메, 묘' 등으로 나타난다.
136) '고구마 모'를 말한다.
137) 이 '줄'은 '고구마의 기는줄기'를 말한다.
138) '베어다가'의 뜻이다. '베대[刈]'의 방언형은 '버이다, 베다, 비다' 등으로 나타난다.
139) '유월절'은 '소서(小暑)부터 입추(立秋)까지의 절기'를 말한다.
140) '고랑'을 말한다.
141) '늿벳데기'는 '쟁기로 네 번을 왔다 갔다 해서 하나의 이랑을 만드는 밭갈이 법'을 말한다.
142) '세벳데기'는 '쟁기로 세 번을 왔다 갔다 해서 하나의 이랑을 만드는 밭갈이 법'을 말한다.
143) '이랑'을 말한다.
144) '갈라서[分]'의 뜻이다.
145) '애벌갈이할'의 뜻이다. '애벌갈이하다'의 방언형은 '거시리다, 번호다' 등으로 나타난다.
146) '가서'의 뜻으로, '가[去]-+-앙' 구성이다.
147) '나지요'의 뜻으로, '내[出]-+-ㅂ주+게' 구성이다. '-ㅂ주'는 '-ㅂ지요'의 의미로 쓰이는 어미이고, '게'는 종결보조사이다.
148) '그러면'의 뜻이다.

149) '고랑'을 말한다.

150) '위에'의 뜻이다.

151) '기는줄기가'의 뜻이다.

152) '어우러져'의 뜻이다.

153) '가면서'의 뜻으로, '가[去]-+-멍' 구성이다. '-멍'은 '-면서'의 의미로 쓰이는 어미이다.

154) '고랑'의 뜻이다.

155) '매려고'의 뜻으로, '메-+-젠' 구성이다. '-젠'은 '-려고'의 의미로 쓰이는 어미이다.

156) '감젓줄'은 '고구마의 기는줄기'를 말한다.

157) '절간고구마'를 말한다. '절간고구마'의 방언형은 '감저뻿데기, 절간감저, 뻿데기' 등으로 나타난다.

158) '씻은'의 뜻이다. '씻대[洗]'의 방언형은 '시지다, 시치다, 싯다' 등으로 나타난다.

159) '방아확에'의 뜻이다.

160) '빻아'의 뜻이다.

161) '수제비'를 말한다. '수제비'의 방언형은 '저베기, 즈바기, 즈베기' 등으로 나타난다.

162) '해서'의 뜻이다.

163) '도래떡'을 말한다.

164) '고구마'를 말한다.

165) 여기서는 '고구마를 써는 기계의 아가리'를 말한다.

166) '위에'의 뜻이다. '위[上]'의 방언형은 '우, 우이, 우희' 등으로 나타난다.

167) '슬레이트(slate)'를 말한다.

168) '가득'의 뜻으로, 일본어 'いっぱい'이다.

169) '밭에도'의 뜻이다.

170) '그물[網]'을 말한다.

171) '오르면'의 뜻이다. '오르다'의 방언형은 '오르다, 올르다' 등으로 나타난다.

172) '주워다'의 뜻으로, '줏[拾]-+-어다' 구성이다. '줍대[拾]'의 방언형은 '줏다'로 나타나는데, 활용할 때 어간 말음 'ㅅ'을 유지하는 데 특징이 있다.

173) '해서'의 뜻이다.

174) '통개'는 '아주 큰 항아리'의 뜻을 지닌 어휘다.

175) '구감'은 '씨앗으로 사용한 땅속에서 해묵은 고구마'를 뜻하는 어휘다.

176) '나서'의 뜻으로, '내[生]-+-앙은에' 구성이다. '-앙은에'는 '-아서'의 의미로 쓰이는 어미이다.

177) '구감제'는 '구감'과 같은 뜻을 지닌 어휘로, '씨앗으로 사용한 땅속에 해묵은 고구마'를 말한다.

178) '새감제'는 '새 고구마'의 뜻으로, '땅에 묻은 씨고구마에서 새로이 생기는, 크기가 작은 고구마'를 뜻하는 어휘로, 달리 '새감'이라 한다. '새감'은 '구감' 또는 '구감제'에 대가 된다.

179) '새감'은 '새 고구마'의 뜻을 지닌 어휘다. 달리 '새감제'라 한다.

180) '밭'을 말한다. '밭[田]'의 방언형은 '밧'으로 나타난다.

181) '조컴질'은 '조밭에 난 김[雜草]'을 뜻하는 어휘다.

182) '매어봤습니다'의 뜻이다.

183) '그런데'의 뜻이다.

184) '베어'의 뜻이다.

185) '이삭'을 말한다.

186) '낫[鎌]'을 말한다.

187) '덩드렁마께'는 '짚 따위를 덩드렁 위에 올려놓고 두들기는 방망이'를 말한다.

188) '와서'의 뜻으로, '오[來]-+-앙은에' 구성이다. '-앙은에'는 '-아서'의 의미로 쓰이는 어미이다.

189) '쓸어버리면'의 뜻이다.

190) '굽자리'은 '어떤 물건이 있었던 본래의 자리'를 말한다.

191) '닭'을 말한다.

192) '가서'의 뜻이다.

193) '그저'을 말한다.

194) '삶아'의 뜻이다.

195) '따뜻하게'의 뜻이다.

196) '지른다[鳴]'의 뜻이다.

197) '산담'은 '무덤 주위를 에워 두른 담'을 뜻하는 어휘다.

198) '도둑놈'을 말한다.

199) '그래'의 뜻이다.

200) '해서'의 뜻이다.

201) '삶아서'의 뜻이다.

202) '밝아서'의 뜻이다.

203) '보니까'의 뜻이다.

204) '살'은 '닭살'을 말한다.

205) '말해버렸어'의 뜻이다.

206) '잃어버린'의 뜻이다. '잃어버리다'의 방언형은 '여불다, 일러먹다, 일러불다, 잃어먹다, 잃어불다' 등으로 나타난다.

207) '보릿대'를 말한다.

208) '땔감'을 말한다. '땔감'의 방언형은 '땔ㄱ음, 짚을것' 등으로 나타난다.

209) '밀짚모자'를 말한다.

210) '맺었습니다'의 뜻이다.

211) '보릿대'를 말한다.

212) '사다가'의 뜻으로, '새[買]-+-당' 구성이다. '-당'은 '-다가'의 의미로 쓰이는 어미이다.

213) '헐렁해져'의 뜻이다. '헐렁하다'의 방언형은 '헐렁ᄒ다, 흘락ᄒ다, 흘탁ᄒ다' 등으로 나타난다.

214) '색(色)이'의 뜻이다.

215) '거름'을 말한다. '거름'의 방언형은 '거름, 걸름' 등으로 나타난다.

216) '돼지우리'를 말한다. '돼지우리'의 방언형은 '돗통, 돗통시, 뒈야지통, 통시, 통제, 통지' 등으로 나타난다.

217) '보릿짚'을 말한다. '보릿짚'의 방언형은 '보릿찍, 보릿찝, 보릿낭, 보릿침' 등으로 나타난다.

218) '돼지'를 말한다.

219) '고이면'의 뜻이다. '고이다[滯]'의 방언형은 '쿨르다, 굷다, 곱다' 등으로 나타난다.

220) '덤벙덤벙해'의 뜻이다.

221) '그리로, 그리'의 뜻이다.

222) '가장자리로'의 뜻이다. '가장자리'의 방언형은 '가셍이, 깍, 바우, 바위' 등으로 나타난다.

223) '디딤돌'을 말한다. '디딤돌'의 방언형은 '여윗돌, 이잇돌, 이힛돌, 잇돌' 등으로 나타난다.

224) '놓아서'의 뜻이다.

225) '들어갔었고'의 뜻이다.

226) '보릿짚'을 말한다.

227) '만들어서'의 뜻이다. '만들다'의 방언형은 '만들다, 멘글다, 멘들다, 멩글다, 뫙글다' 등으로 나타난다.

228) '부엌'을 말한다. '부엌'의 방언형은 '부억, 정제, 정지' 등으로 나타난다.

229) '보릿짚'을 말한다. '보릿짚'의 방언형은 '보릿찍, 보릿찝, 보릿낭, 보릿침' 등으로 나타난다.

230) '펴서'의 뜻으로, '펩[伸]-+-앙' 구성이다. '펴다[伸]'의 방언형은 '페우다, 펩다' 등으로 나타난다.

231) '힘들기'의 뜻이다. '힘들다'의 방언형은 '심들다, 힘들다' 등으로 나타난다.

232) '덧문'을 말한다. '덧문'의 방언형은 '것문, 덧문, 상에문' 등으로 나타난다.

233) '없고'의 뜻으로, '엇[無]-+-고' 구성이다. '없다[無]'의 방언형은 '없다, 엇다, 읎다, 웃다' 등으로 나타난다.

234) '비막이(비가 올 때 빗물에 젖지 않도록 막는 일. 또는 그런 물건)'를 말한다.

235) '깔아서'의 뜻이다. '깔다'의 방언형은 '꼴다'로 나타난다.

236) '앉아서'의 뜻으로, '앚[坐]-+-앙' 구성이다. '앉다[坐]'의 방언형은 '아지다, 안즈다, 안지다, 앉다, 앚다' 등으로 나타난다.

237) '거기에'의 뜻이다.

238) '있어'의 뜻이다. '있다[有]'의 방언형은 '시다, 싯다, 이시다, 잇다' 등으로 나타난다.

239) '고추'를 말한다.

240) '호미[鋤]'를 말한다. '호미[鋤]'의 방언형은 '곱은쉐, 굴각지, 굴강쉐, 굴개, 굴겡이, 호멩이' 등으로 나타난다.
241) '터앝'을 말한다. '터앝'의 방언형은 '우연, 우영, 우영팟, 위연' 등으로 나타난다.
242) '바람의지에다가'의 뜻이다. '바람의지'란 '바람을 맞받지 아니하여 바람이나 눈비 따위를 피할 수 있는 곳'을 말한다.
243) '그저'를 말한다.
244) '이랑'을 말한다.
245) '파서'의 뜻으로, '파-+-앙은에' 구성이다. '-앙은에'는 '-아서'의 의미로 쓰이는 어미이다.
246) '나물에'의 뜻이다. '나물'의 방언형은 'ᄂᆞ물, ᄂᆞ몰' 등으로 나타난다.
247) '빨았지'의 뜻이다. '빨다'의 방언형은 'ᄲᆞᆺ다'로 나타난다.
248) '방아확에'의 뜻이다. '방아확'의 방언형은 '방엣톡, 방엣혹, 방잇혹, 뱅잇혹' 등으로 나타난다.
249) '놓아서'의 뜻이다.
250) '절였다가'의 뜻이다.
251) '넓죽넓죽하지'의 뜻이다.
252) '맛있습니다'의 뜻이다.
253) '옥수수'를 말한다.
254) '해서'의 뜻이다.
255) '옮겨'의 뜻이다.
256) '심어서'의 뜻으로, '싱그[植]-+-엉' 구성이다. '심다[植]'의 방언형은 '심다, 싱그다' 등으로 나타난다.
257) '호미[鋤]'를 말한다.
258) '파서'의 뜻이다.
259) '놓아서'의 뜻이다.
260) '늦게'의 뜻이다.
261) '부니까'의 뜻이다.
262) '그래도'의 뜻이다.
263) '맛봤지'의 뜻이다.
264) '미리'의 뜻이다. '미리'의 방언형은 '미릇, 미리' 등으로 나타난다.
265) '생깁니다'의 뜻이다.
266) '아니해, 않아'의 뜻이다.
267) '이랑'을 말한다.
268) '사탕수수'를 말한다. '사탕수수'의 방언형은 '사강대죽, 사당대죽, 사당대축, 새당대죽' 등으로 나타난다.
269) '터앝에'의 뜻이다. '터앝'의 방언형은 '우연, 우영, 우영팟, 위연' 등으로 나타난다.
270) '들어가서'의 뜻이다.

271) ‘갯가’를 말한다. ‘갯가’의 방언형은 ‘갯ᄀᆞᆺ’으로 나타난다.
272) ‘봉초(封草)’를 말한다.
273) ‘심었었구나’의 뜻이다.
274) ‘몰랐어’의 뜻이다.
275) ‘의지에’의 뜻이다. 여기서 ‘의지’는 ‘비바람 따위를 피할 수 있는 곳’을 의미한다.
276) ‘해서’의 뜻이다.
277) ‘모양으로’의 뜻이다. ‘모양’의 방언형은 ‘모냥, 모양, 뽄’ 등으로 나타난다.
278) ‘새끼[索]’를 말한다.
279) ‘해’의 뜻이다.
280) ‘썰어서’의 뜻이다.
281) ‘보았었습니다’의 뜻이다.
282) ‘해다가’의 뜻이다.
283) ‘길이만큼’의 뜻이다.
284) ‘발라서’의 뜻이다. ‘바르다[膠]’의 방언형은 ‘대기다, ᄇᆞ르다, ᄇᆞᆯ르다’ 등으로 나타난다.
285) ‘피우고’의 뜻이다.
286) ‘것보다는’의 뜻이다.
287) ‘작을’의 뜻이다.
288) ‘담뱃잎’을 말한다.
289) ‘신문지’를 말한다.
290) ‘해서’의 뜻이다.
291) ‘말아서’의 뜻으로, ‘ᄆᆞᆯ[捲]-+-앙’ 구성이다. ‘말다[捲]’의 방언형은 ‘ᄆᆞᆯ다’로 나타난다.
292) ‘감자’를 말한다. ‘감자’의 방언형은 ‘지슬, 지실’ 등으로 나타난다.
293) ‘쟁기’를 말한다. ‘쟁기’의 방언형은 ‘잠데, 장기, 쟁기’ 등으로 나타난다.
294) ‘이랑’을 말한다.
295) ‘그저’를 말한다.
296) ‘참외’를 말한다. ‘참외’의 방언형은 ‘춤메, 춤웨’ 등으로 나타난다.
297) ‘댓[五]’를 말한다.
298) ‘마지기’를 말한다.
299) ‘참외’를 말한다.
300) ‘있었습니다’의 뜻으로, ‘잇[有]-+-엇수다’ 구성이다. ‘-엇수다’는 ‘-었습니다’의 의미로 쓰이는 어미이다. ‘있다[有]’의 방언형은 ‘시다, 싯다, 이시다, 잇다’ 등으로 나타난다.
301) ‘배[舟]도’의 뜻이다.
302) ‘없고’의 뜻으로, ‘엇[無]-+-고’ 구성이다. ‘없다[無]’의 방언형은 ‘없다, 엇다, ᅌᅳᆲ다, 읏다’ 등으로 나타난다.
303) ‘되지’의 뜻이다.

304) '심어서'의 뜻으로, '싱그[植]-+-언' 구성이다. '심다[植]'는 '심다, 싱그다' 등으로 나타난다.
305) '풍선(風船)'을 말한다.
306) '있었습니다'의 뜻이다.
307) '그러니까'의 뜻이다.
308) '가마니'를 말한다. '가마니'의 방언형은 '가멩이'로 나타난다.
309) '싣습니다'의 뜻이다. '싣다[載]'의 방언형은 '시끄다, 시르다, 실르다' 등으로 나타난다.
310) '그러면'의 뜻이다.
311) '해서'의 뜻이다.
312) '모슬포(摹瑟浦)'는 서귀포시 대정읍 상·하모리(上·下摹里)를 통틀어 이르는 말이다. 여기서는 하모리(下摹里)의 뜻이다.
313) '하고서는'의 뜻으로, '허[爲]-+-여근에' 구성이다. '-여근에'는 '-고서는'의 의미로 쓰이는 어미이다.
314) '사다가'의 뜻으로, '사[買]-+-당' 구성이다. '-당'은 '-다가'의 의미로 쓰이는 어미이다.
315) '팔러'의 뜻으로, '폴[賣]-+-레' 구성이다. '-레'는 '-러'의 의미로 쓰이는 어미이다.
316) '다녔으니까'의 뜻이다.
317) '짚'을 말한다. '짚'의 방언형은 '찍, 찝' 등으로 나타난다.
318) '가마[叭]'의 뜻이다. '가마[叭]'의 방언형은 '가마, 가메' 등으로 나타난다.
319) '가마니'를 말한다. '가마니'의 방언형은 '가멩이'로 나타난다.
320) '더러워'의 뜻이다.
321) '심고'의 뜻으로, '싱그[植]-+-곡' 구성이다. '심다[植]'의 방언형은 '심다, 싱그다' 등으로 나타난다.
322) '김[雜草]만'의 뜻이다.
323) '내버리면'의 뜻이다. '내버리다'의 방언형은 '내불다, 내비다' 등으로 나타난다.
324) '캐서'의 뜻이다.
325) '맛있어'의 뜻이다. '맛있다'의 방언형은 '맛싯다, 맛잇다' 등으로 나타난다.
326) '왜'의 뜻이다.
327) '꺾었었습니다'의 뜻이다.
328) '꺾으러'의 뜻이다.
329) '키우려고'의 뜻이다.
330) '참외'를 말한다. '참외'의 방언형은 '춤메, 춤웨' 등으로 나타난다.
331) '많이'를 말한다. '많이'의 방언형은 '만이, 만히, 하영, 해' 등으로 나타난다.
332) '개구리참외'를 말한다. '개구리참외'의 방언형은 '가개비춤웨'로 나타난다.
333) 노랑 색깔의 한 참외 품종이다.
334) '지어서'의 뜻이다.

335) '무늬'를 말한다.

336) '거의'의 뜻이다.

337) '사다가'의 뜻으로, '새[買]-+-단' 구성이다. '-단'은 '-다가'의 의미로 쓰이는 어미이다.

338) '맛보다는'의 뜻이다.

339) '아니야'의 뜻이지만 여기서는 '못해'의 의미로 쓰였다.

340) '모자반'을 말한다. '모자반'의 방언형은 '몸, 무망, 몰망' 등으로 나타난다.

341) '차지고'의 뜻이다. '차지다'의 방언형은 '차지다, 츠지다, 출지다, 흐리다, 회리다' 등으로 나타난다.

342) '맛있어'의 뜻이다.

343) '않으면서도'의 뜻이다.

344) '외[瓜]'를 말한다.

345) '참외'를 말한다.

346) '장아찌'를 말한다. '장아찌'의 방언형은 '지, 지시, 지이, 지히' 등으로 나타난다.

347) '바람이'의 뜻이다. '바람[風]'의 방언형은 'ᄇ름, ᄇ룸' 등으로 나타난다.

348) '불어서'의 뜻이다.

349) '막벌'을 말한다.

350) '줄기가'의 뜻이다.

351) '막물'을 말한다.

352) '자잘한'의 뜻이다. '자잘하다'의 방언형은 '잰잰ᄒ다, 존존ᄒ다, 줄줄ᄒ다' 등으로 나타난다.

353) '절여서'의 뜻이다.

354) '장아찌'를 말한다.

355) '오이장아찌'를 말한다. '오이장아찌'의 방언형은 '웨지, 웨지시, 웨지의, 웨지히' 등으로 나타난다.

356) '외[瓜]'를 말한다.

357) '참외'를 말한다. '참외'의 방언형은 '춤메, 춤웨' 등으로 나타난다.

358) '밭에'의 뜻으로, '밧[田]+-듸' 구성이다. '-듸'는 '-에'의 의미로 쓰이는 조사이다.

359) '보리밭에'의 뜻이다. '보리밭'의 방언형은 '보리왓, 보리밧' 등으로 나타난다.

360) '귀리'를 말한다. '귀리[燕麥]'의 방언형은 '대오리, 대우리' 등으로 나타난다.

361) '바랭이'를 말한다. '바랭이'의 방언형은 '절완이, 절완지, 제완이, 제완지, 제환지' 등으로 나타난다.

362) '쇠비름'을 말한다. '쇠비름'의 방언형은 '쉐비눔, 쉐비늠, 쉐비놈' 등으로 나타난다.

363) '깨풀'을 말한다. '깨풀'의 방언형은 '복쿨, 복풀' 등으로 나타난다.

364) '콩밭에'의 뜻으로, '콩밧+-듸' 구성이다. '콩밭'의 방언형은 '콩밧'으로 나타난다.

365) '그러게'의 뜻이다.

366) '말하라고'의 뜻으로, '골[曰]-+-으렌' 구성이다.' -으렌'은 '-으라고'의 의미로 쓰이

는 어미이다. '말하다[曰]'의 방언형은 '걷다, 굴다, 말걷다, 말굴다, 말ᄒ다' 등으로 나타난다.

367) '쇠비름'을 말한다.

368) '참비름'을 말한다.

369) '콩밭에는'의 뜻이다.

370) '민바랭이'가 아닌가 한다. '민바랭이'의 방언형은 '밋붉은절완이, 밋붉은절완지, 밋붉은제완이, 밋붉은제완지, 밋붉은제환지' 등으로 나타난다.

371) '바랭이'를 말한다.

372) '꽃은'의 뜻이다.

373) '구릿대'를 말한다. '구릿대'의 방언형은 '구렁대, 구리대, 수리대' 등으로 나타난다.

374) '무엇인지야'의 뜻이다. '무엇'의 방언형은 '무스거, 무스것, 무슨것, 무시거, 무신거, 무엇, 믜시거, 믜신거, 믜신것' 등으로 나타난다.

375) '질경이'를 말한다. '질경이'의 방언형은 '베차기, 베체기' 등으로 나타난다.

376) '터알'을 말한다. '터알'의 방언형은 '우연, 우영, 우영팟, 위연' 등으로 나타난다.

377) '있는데'의 뜻이다. '있다[有]'의 방언형은 '시다, 싯다, 이시다, 잇다' 등으로 나타난다.

378) '많이'의 뜻이다. '많이'의 방언형은 '만이, 만히, 하영, 해' 등으로 나타난다.

379) '두둑에'의 뜻이다.

380) '띠[茅]'를 말한다.

381) '밭두둑에는'의 뜻이다. '밭두둑'의 방언형은 '밧두둑, 밧두득' 등으로 나타난다.

382) '갯기름나물'을 말한다.

383) '와서'의 뜻이다.

384) '가지요'의 뜻이다.

03 특수 지역 생활

고기잡이 204

3.1 고기잡이

예. 오느른 그 고기와 괄련뒌 얘기들을 쫌 물러보쿠다. 게서 고기 종뉴가 어떤 거시 인는지 어떠케 잡는지. 그 다음 배의 종뉴. 또 그물로 자브며는 구무레 종뉴예. 그런 걷뜰.

또 마지마그로 그 방향에 따라서 바라메 이름도 쫌 달를 꺼라예? 그걸 조사를 하고 십쑤다.

이 가파도에서예 잡피는 걷뜬 나는 걷뜬예. 여기에서 볼 쑤 인는 궤기 일름드른 어떤 거 이신고예? 궤기 종뉴들 쭉 フ라줘 봅써?

― 자리[1].

― 멜치. 멜[2].

예.

― 또 우럭.

― 구룬찌[3].

― 돔.

예.

― 갈치.

― 이 가에로는 저 이 어렝이[4].

으.

― 고멩이[5].

― 또 갈치 フ뜬 걷또 마니 나고. 주로 그런 거.

이땅이라도 궤기 종뉴 셍각나면 그 어떤 거 이신지 フ라줘예?

그러면 아까는 이제 궤기 종뉴 쭉 フ랃짜나예. 그러면 계절별로 계절 이뤌부떠 시비월까지 헤서 바당에 뭐 그물로 잡꺼나 나끄거나 베로 강 헹 오거나 허는예 궤기 종뉴를 다시 한번 튼내 봅써? 이뤌부떠 시작켕으네.

예. 오늘은 그 고기와 관련된 얘기들을 좀 물어보겠습니다. 그래서 고기 종류가 어떤 것이 있는지 어떻게 잡는지. 그 다음 배의 종류. 또 그물로 잡으면 구물의 종류요. 그런 것들.

또 마지막으로 그 방향에 따라서 바람의 이름도 좀 다를 거지요? 그것을 조사를 하고 싶습니다.

이 가파도에서요 잡히는 것이든 나는 것이든요. 여기에서 볼 수 있는 고기 이름들은 어떤 거 있을까요? 고기 종류들 쭉 말씀해 줘보십시오?

－ 자리돔.

－ 멸치. 멸치.

예.

－ 또 우럭.

－ 뱅에돔.

－ 돔.

예.

－ 갈치.

－ 이 가로는 저 이 어렝놀래기.

으.

－ 고생놀래기.

－ 또 갈치 같은 것도 많이 나고. 주로 그런 거.

이따가라도 고기 종류 생각나면 그 어떤 거 있는지 말씀해주십시오?

그러면 아까는 이제 고기 종류 쭉 말씀했잖아요. 그러면 계절별로 계절 일 월부터 십이월까지 해서 바다에 뭐 그물로 잡거나 낚거나 배로 가서 해 오거나 하는요 고기 종류를 다시 한번 생각해 보십시오? 일월부터 시작해서.

- 월별로?

예.

- 에 지금 이제는 저 이 정월.

아니면 계절로 헤도 조쑤다. 봄 녀름 가을 겨울로.

- 대개 보메는 이 저인망으로.

예.

- 저 이 구루찌6).

- 돔.

- 에 우럭.

- 논젱이7).

- 또 엔나렌 북빠리8)가 마니 낟썬는데 북빠리 씨가 이제 거이 전멸돼다시피 헤 간꼬 잘 안 잡피고9).

- 능성어. 그거 능성어가 이.

다금바리우꽈? 그게.

- 구문젱이10).

아 구문젱이.

- 구문젱이 또 다금바리11). 에 그런 걸떨 이제 주로 잡꼬.

- 여르메는 멜12).

예.

- 멜. 베 이제 불켜 가지고 불쌍으네13) 혼 이벡 촉짜리 쌍으네14) 훤허게 허며는 메리 막 우의로15) 올라와마씨16).

- 게며는 아 그거 헤서 베 만선헐 때는 밤새도록 그러케 헤 가지고 이제 자반썬꼬.

- 또 자리돔도 역씨 발똥써느로17) 헤여 가지고 허영으네18) 저 마라도19).

예.

- 또 가을 뒈어20) 가며는 가파도 부그네서 이제 바당 스시21)에서 자방 무테

- 월별로.

예.

- 아 지금 이제는 저 이 정월.

아니면 계절로 해도 좋습니다. 봄 여름 가을 겨울로.

- 대개 봄에는 이 저인망으로.

예.

- 벵에돔.

- 돔.

- 아 우럭.

- 아홉동가리.

- 또 옛날에는 붉바리가 많이 났었는데 붉바리 씨가 이제 거의 전멸되다시피 해 가지고 잘 안 잡히고.

- 능성어. 그거 능성어가 이.

다금바립니까? 그것이.

- 능성어.

아 능성어.

- 능성어 또 다금바리. 아 그런 것들 이제 주로 잡고.

- 여름에는 멸치.

예.

- 멸치. 배 이제 불켜 가지고 불켜서 한 이백 촉짜리 켜서 훤하게 하면 멸치가 막 위로 올라와요.

- 그러면 아 그거 해서 배 만선할 때는 밤새도록 그렇게 해가지고 이제 잡았었고.

- 또 자리돔도 역시 발동선으로 해가지고 해서 저 마라도.

예.

- 또 가을 되어 가면 가파도 부근에서 이제 바다 근처에서 잡아서 뭍

나강[22] 프라십쭈[23].

예. 그 다으메 가으레는마씨?

– 가으레는 여름 가으레는 멜[24].

예.

– 불쌍[25] 멜 자반꼬.

– 갈치.

예.

– 풍서느로[26] 헤 가지고 옌날 풍서느로 헐 때가 갈치는 잘 무럳쑤다게[27].

으음.

– 그때는 뭐 가며는 이벵 머리[28] 삼벵 머리썩또 나깐는데 요즈메는 그걷또 이젠 불켜 가지고 이제 바메 먼바다에[29] 가 드러오는 거 자바버리니까 안네서는[30] 잘 안 무러마씨.

으음. 여기 방어 ㄱ튼 걷또 하영 나지 아녀마씨?

– 방어는 겨우레. 겨우레는 방어 마라도 부ㄱ네 강[31] 나ㄲ곡. 여기서도 발뚱선 탕[32] 강으네[33] 저 이 호로[34]로. 호로 미끼로 허영으네[35] 나ㄲ기도 허고.

호로는 뭐우꽈?

– 호로. 고기 나ㄲ는 미끼마씨[36]. 거 인조.

아아.

– 거 인조.

아 인조 미끼.

– 인조 미끼.

으 그러면 아까 ㄱ라준 거는 요즘 허는 거자나예. 예저네 삼춘네 아버지가 고기자비를 할 때.

– 그때.

그때는 어떤 방시그로 고기자비드를 헤신고마씨?

나가서 팔았습지요.

예. 그 다음에 가을에는요?

- 가을에는 여름 가을에는 멸치.

예.

- 불켜서 멸치 잡았고.

- 갈치.

예.

- 풍선으로 해가지고 옛날 풍선으로 할 때가 갈치는 잘 물었습니다.

으음.

- 그때는 뭐 가면 이백 마리 삼백 마리씩도 낚았는데 요즘에는 그것도 이제는 불 켜가지고 이제 밤에 먼바다에 가 들어오는 거 잡아버리니까 갓바당에서는 잘 안 물어요.

으음. 여기 방어 같은 것도 하영 나지 않습니까?

- 방어는 겨울에. 겨울에는 방어 마라도 부근에 가서 낚고. 여기서도 발동선 타서 가서 저 이 속임낚시로. 속임낚시 미끼로 해서 낚기도 하고.

호로는 뭡니까?

- 호로. 고기 낚는 미끼요. 거 인조.

아아.

- 거 인조.

아 인조 미끼.

- 인조 미끼.

으 그러면 아까 말해준 거는 요즘 하는 거잖아요. 예전에 삼촌네 아버지가 고기잡이를 할 때.

- 그때.

그때는 어떤 방식으로 고기잡이를 했을까요?

- 그 요수바리37) 헤 가지고 자리도믈 자반꼬.

- 또 요수바리엔38) 헌 사름 수바리엔39) 헌 사라미 이 자리40) 어망 전부다 아 출려41) 가지고 그때부터 이제 자리를 뗌마42) 두 척 헤 가지고 잡끼 시작켄찌.

- 그때는 가며는 자리 한 말 두 마리 아니라 서므로 혼 섬 두 섬 이러케 헤서 그러케 마니 낟써.

으음.

- 마니 낳으네43) 정말 젤또44) 담꼬 여기는 옌나레는 팔로가 업쓰니까 저 무테 강으네45) 좁쌀도 바꾸곡 쑬도 바꾸곡 저녁 때 뒈도록 어둡또록 푸라 가지고 여기 오며는 어두왕46) 좀 얼마 자지도 몬터곡 또 뒫날 한 서너 시 뒈며는 또 나가야 뒈고. 경 허연47) 자리48)를 자반꼬.

- 여르메는 그 멜49). 그 발쩐길 둘렁으네50) 한 이벡 촉짜리 전기따마51) 헤 가지고 불로 이제 멜 유인헤영으네 자바십쭈52).

건 베로마씨?

- 예. 베로.

게난 여기는 해수욕짱이 얻짜나. 모살 업쓰니까 멜 후리거나 이러진 안 헤마씨?

- 여기는 그 모슬포 우리 살 쩌게는 그 원땀53) 안네 드러오며는 메를54) 자받썬는데 여기 가파도는 그런 게 업써.

아아.

- 쪼그만헌 통 안네 어쩌다가 멜 드러왕55) 허게 뒈며는 그거 자바당으네 여러시 그자56) 국 끄려57) 머글 쩡도.

게믄 여기서는 멜 거리젠 허면 멜 뜨젠 허며는 베로 헤 갇꼬 나강으네 허는 거구나예? 옌날부터예.

- 예 예. 옌날부터 멜 베58)로 나강59) 자바.

예에. 그러면예 베를 탕 궤기자비 갈 때 기구는 어떵 거 어떵 거 출려신고

- 그 사각 그물 해 가지고 자리돔을 잡았고.

- 또 '요수바리'라고 한 사람 '수바리'라고 한 사람이 이 자리돔 어망 전부다 아 차려 가지고 그때부터 이제 자리돔을 거루 두 척 해 가지고 잡기 시작했지.

- 그때는 가면 자리돔 한 말 두 말이 아니라 섬으로 한 섬 두 섬 이렇게 해서 그렇게 많이 났어.

으음.

- 많이 나서 정말 젓도 담그고 여기는 옛날에는 판로가 없으니까 저 뭍에 가서 좁쌀도 바꾸고 쌀도 바꾸고 저녁 때 되도록 어둡도록 팔아 가지고 여기 오면 어두워서 잠 얼마 자지도 못하고 또 뒷날 한 서너 시 되면 또 나가야 되고. 그렇게 해서 자리돔을 잡았고.

- 여름에는 그 멸치. 그 발전기 돌려서 한 이백 촉짜리 전구 해 가지고 불로 이제 멸치를 유인해서 잡았습지요.

그것은 배로요?

- 예. 배로.

그러니까 여기는 해수욕장이 없잖아. 모래 없으니까 멸치 후리거나 이러지는 안 하나요?

- 여기는 그 모슬포 우리 살 적에는 그 원담 안에 들어오면 멸치를 잡았었는데 여기 가파도는 그런 것이 없어.

아아.

- 조그마한 통 안에 어쩌다가 멸치 들어와서 하게 되면 그거 잡아다가 여럿이 그저 국 끓여 먹을 정도.

그러면 여기서는 멸치 뜨려고 하면 멸치 뜨려고 하면 배로 해 가지고 나가서 하는 거군요? 옛날부터요.

- 예 예. 옛날부터 멸치 배로 나가서 잡아.

예에. 그러면요 배를 타서 고기잡이 갈 때 기구는 어떤 것 어떤 것 차렸는예? 그거는 옌날 풍선 탕 나갈 때 하고 지금 두 개 비교헹으네 잠깐 ¿라줍써?

- 옌날 풍선60) 때는 이 어망. 구물61)로, 구물로 헤서 고기 자받꼬. 겨우레는 방어. 저 이 방어 소느로 이제 기계로가 아니고 소느로만 뗑겨62) 가지고 방어 나깐쑤다63).

으음.

게난 예를 들면 그거 어르신께서 으음 고기 자브레 바당에 갈 때에 이 지비서 뭐뭐 들렁 갑니깡? 그걸 ¿라주시면 뒐 꺼우다.

- 방어 나끌 땐 대구수64), 뽕똘65), 낙씨66) 뽕또레 이제 메영으네 에 대구수줄 그건만 가정67) 가며는 방어 나까시난68).

갈치 나끌 때.

- 갈치는? 어 갈치는 부껑도69) 나끄고 건 부껑 나끄는 거는 갈치섬비70).

- 이러케 뽕똘 큰 거에다가 활때71) 이러케 헤 가지고 양끋떼 이제 대구수 한 발 정도 헤 가지고 낙씨 메어 가지고 에 갈칠 단줲72) 풍선 단줘 그네 에 부껑. 한 삼사심 메다 이런 수심 든 디 강으네73) 부껑 나까십주74). 부껑 나끄곡.

- 그냥 바람 조을 때는 에 돋딴베에다가 이제 돌림술75), 달림술 뽕똘 여러 개 막 달린 거 달림술 헤 가지고 갈치 나끄고76).

그러면예. 아까 대구수는 뭐우꽈?

- 대구순 낚신쭐77).

낙씯쭈를 대구수렌 헤마씨?

- 거 일본 마린지78).

그 다으메 갈치섬비는 뭐우꽈?

- 갈치섬비는 그 갈치 나끄는79) 도구.

예. 낙씨의 일종인가마씨?

- 낙씨 하여튼 낙씨 전체 드러가는 거. 저 뽕똘80) 한 한 삼 키로 이키로

가요? 그것은 옛날 풍선 타서 나갈 때 하고 지금 두 개 비교해서 잠깐 말씀해 주십시오?

－ 옛날 풍선 때는 이 어망. 그물로, 그물로 해서 고기 잡았고. 겨울에는 방어. 저 이 방어 손으로 이제 기계로가 아니고 손으로만 당겨 가지고 방어 낚았습니다.

으음.

그러니까 예를 들면 그거 어르신께서 으음 고기 잡으러 바다에 갈 때에 이 집에서 뭐뭐 들어서 갑니까? 그걸 말씀해 주시면 될 겁니다.

－ 방어 낚을 때는 목줄, 봉돌, 낚시 봉돌에 이제 매서 아 목줄 그것만 가져서 가면 방어 낚았으니까.

갈치 낚을 때.

－ 갈치는? 어 갈치는 푸꺼서 낚고 것은 푸꺼서 낚는 거는 갈치섬비.

－ 이렇게 봉돌 큰 거에다가 활대 이렇게 해 가지고 양끝에 이제 목줄 한 발 정도 해 가지고 낚시 매어 가지고 에 갈치를 닻줘서 풍선 닻줘서에 푸꺼서. 한 삼사십 미터 이런 수심 든 데 가서 푸꺼서 낚았습지요. 푸꺼서 낚고.

－ 그냥 바람 좋을 때는 에 돛단배에다가 이제 달림술, 달림술 봉돌 여러 개 막 달린 거 달림술 해 가지고 갈치 낚고.

그러면요 아까 대구수는 뭡니까?

－ 대구수는 목줄.

목줄을 "대구수"라고 합니까?

－ 거 일본 말이지.

그 다음에 갈치섬비는 무엇입니까?

＝ 갈치섬비는 그 갈치 낚는 도구.

예. 낚시의 일종인가요?

－ 낚시 하여튼 낚시 전체 들어가는 거. 저 봉돌 한 한 삼 킬로 이 킬로

짜리에다가 이 키로꺼지 안 갈 껀가? 한 일 키론 나갈 꺼라. 뽕똘 일 키로 쯤 뒈는 거에다가 섬비[81] 활때.

　－ 활때 이런 시그로.

　－ 에 큰 섬비 이제 가운데 뽕똘 헤 가지고 양끝떼다 이제 낙씰쭐[82] 훈 발 한 일 메다 정도 헤 가지고 거기 낙씨[83]를 메여 가지고 끝떼레[84] 낙씨 메여 가지고 이제 달쭤 가지고 한 심 메다 이심 메다 바다 쏘그로 너엉으네[85] 이러케 부끄며는 갈치가 무러십쭈[86].

그럼 낙씨쭐를 이러케 ᄌᆞ바 뎅견따 허는 거를 부끈덴 ᄀᆞ라마씨?

　－ 예예. 낙씨 끝뗑이에[87] 미끼는 저 이 갈치 꼴렝이[88] 이제 가시 업씨 이러케 술로만[89] 따가지고 거기다 이제 멜치ᄀᆞ치 이러케 헤서 낙씰때에[90] ᄃᆞ라메엉으네[91] 부꺼 가며는 갈치가 왕[92] 무러마씨.

이 우에는 이건 뭐우꽈?

　－ 이거는 줄 그냥.

게민 이거를 자방으네 부끄는 거우꽈?

　－ 예예. 여기 뽕또레다가 줄 저 이제 바다 쏘그로 너을 주를 허며는 엔나레는 주리 업쓰니까 멘세줄[93]. 멘셀쭐 노꼬시엔[94] 허엉으네[95] 두꺼운 거에 허엉으네 피 메경[96].

예. 피.

　－ 피 메경. 거 밥솓띠[97] 낭 치며는[98] 이 침통[99]에 낭[100] 치며는 그 피가 시까망허고 뻐뻗터엉[101] 저 아 소네 부드럽* 걸 잘 미끄러지지 아녕[102] 잘 뎅겨십쭈게[103].

　－ 그 갈치 거 부끔[104] 연장.

이르믈. 게믄.

　－ 이 이거시 다 갈치 부끔 연장이엔[105].

부끔 연장예.

　－ 부끈다 헤서.

짜리에다가 이 킬로까지 안 갈 것인가? 한 일 킬로는 나갈 거야. 봉돌 일 킬로쯤 되는 거에다가 끙게 활대.

- 활대 이런 식으로.

- 에 큰 갈치섬비 이제 가운데 봉돌 해 가지고 양끝에다 이제 목줄 한 발 한 일 미터 정도 해 가지고 거기 낚시를 매 가지고 끝으로 낚시 매어 가지고 이제 닻주어 가지고 한 십 미터 이십 미터 바다 속으로 넣어서 이렇게 부끄면 갈치가 물었습지요.

그럼 낚싯줄을 이렇게 잡아 다녔다 하는 것을 부끈다고 말합니까?

- 예예. 낚시 끄트머리에 미끼는 저 이 갈치 꼬랑이 이제 가시 없이 이렇게 살로만 따가지고 거기다 이제 멸치처럼 이렇게 해서 낚싯대에 달아매서 부꺼 가면 갈치가 와서 물어요.

이 위에는 이것은 뭡니까?

- 이거는 줄 그냥.

그러면 이것을 잡아서 부끄는 겁니까?

- 예예. 여기 봉돌에다가 줄 저 이제 바다 속으로 넣을 줄을 하면 옛날에는 줄이 없으니까 면사. 면사 노끈이라고 해서 두꺼운 것에 해서 피 먹여서.

예. 피.

- 피 먹여서. 거 밥솥에 넣어서 찌면 이 찜통에 넣어서 찌면 그 피가 시커멓고 뻣뻣해서 저 아 손에 부드럽* 그것을 잘 미끄러지지 않아서 잘 당겼습지요.

- 그 갈치 거 부끔 연장.

이름을. 그러면.

- 이 이것이 다 갈치 부끔 연장이라고.

부끔 연장요.

- 부끈다 해서.

아아. 갈치 부끔 연장. 게믄 삼춘 다시 한번 여쭤 보커라예. 이 주른 무신 주렌 헤마씨? 이 뽕또레 메여진 수른.

　— 그냥 갈치술[106].

갈치술예?

　— 예. 갈치술.

갈치술. 이 뽕또른 아까 그냥 뽕똘?

　— 예. 뽕똘[107].

여기가 아까 메 키로엔 헬쑤과? 가운데 인는 뽕또리.

　— 하이고 일 키로 가까이 뎄 거우다.

그 다으메 이.

　— 활때[108]는.

활때는?

　— 갈치섬비엔[109] 허영으네[110] 저 이 대나무 이러케 까까 가지고 활땔 멘드랑.

게난 그 활때를 멘든 거를.

　— 활때.

갈치섬비?

　— 활때 예.

　— 활때 가운데다가 이제 뽕똘 드라메영[111] 부껑으네[112] 에 양끋때 대구수쭐[113]로 헤 가지고 이제 낙씨[114] 메여 가지고.

그럼 이게 대구수쭈리우꽈?

　— 예. 대구수쭐. 대구순쭐과 낙씨. 낙씨 쪼게는 한 뺌 정도 이제 철사로 이러케 갈치가 이빠리 워낙 느스라[115] 노니까 줄 잘 끄너[116] 가마씸[117].

아아.

　— 게니까 요 낙씨[118] 끋때는[119] 낙씨는 철싸쭐[120]로 헤 가지고 한 뺌 쩡도 이제 철사로 무꺼 가지고.

아아. 갈치 부끔 연장. 그러면 삼촌 다시 한번 여쭤 보겠습니다. 이 줄은 무슨 줄이라고 합니까? 이 봉돌에 매진 줄은.

- 그냥 갈치 낚싯줄.

갈치 낚싯줄요?

- 예. 갈치 낚싯줄.

갈치낚싯줄. 이 봉돌은 아까 그냥 봉돌?

- 예. 봉돌.

여기가 아까 몇 킬로라고 했습니까? 가운데 있는 봉돌이.

- 하이고 일 킬로 가까이 될 겁니다.

그 다음에 이.

- 활대는.

활대는?

- 갈치섬비라고 해서 저 이 대나무 이렇게 깎아 가지고 활대를 만들어서.

그러니까 그 활대를 만든 것을.

- 활대.

갈치섬비?

- 활대. 예.

- 활대 가운데다가 이제 봉돌 달아매서 부꺼서 에 양끝에 목줄로 해 가지고 이제 낚시 매어 가지고.

그럼 이것이 목줄입니까?

- 예. 목줄. 목줄과 낚시. 낚시 쪽에는 한 뼘 정도 이제 철사로 이렇게 갈치가 이빨이 워낙 날카로워 놓으니까 줄 잘 끊어 가요.

아아.

- 그러니까 요 낚시 끝에는 낚시는 철사로 해 가지고 한 뼘 정도 이제 철사로 묶어 가지고.

예.

 ─ 그러케 케서121) 이 전체를 갈치섬비라고 험니다게.

 ─ 갈치섬비122).

아 저.

전체를예. 그 갈치 부끔 연장이엔도 허고.

 ─ 게메. 요 요쪽 부그늘 섬비123).

아아.

 ─ 갈치섬비엔 허곡.

예.

 ─ 이 주른 말고 이젠 그대로 부끔수리엔124) 허곡.

음 부끔술. 갈치수리 부끔술.

 ─ 부끔 연장이엔 허미는125) 다 통헙쭈게.

예.

 ─ 갈치 부끔 연장.

그러면 이 부부는 뭐 다는 건 어서마씨? 갈치섬비 끝테 다는.

 ─ 그 도르렌디 건 저 이 도레기엔126) 험니다127). 여기.

도레기예.

 ─ 도레기.

도레기.

 ─ 예. 도레기.

게고 삼춘. 대구수쭈른 무슨 줄로 멛쑤과?

 ─ 대구수는128) 그 요즘 저 낙씨 프는 건디.

예.

 ─ 건 한 이십 포129). 호수가 한 이십 포 뒈는 건디.

으음. 이걸 멘셀쭈를 쓰는 거 아니예?

 ─ 멘셀쭈리130) 아니고 대구수쭐.

예.

－ 그렇게 해서 이 전체를 갈치섬비라고 합니다.

－ 갈치섬비.

아 저.

전체를요. 그 갈치 부끔 연장이라고도 하고.

－ 그러게. 요 요쪽 부근을 갈치섬비.

아아.

－ 갈치섬비라고 하고.

예.

－ 이 줄은 말고 이젠 그대로 부끔 낚싯줄이라고 하고.

음 부끔 낚싯줄. 갈치 낚싯줄이 부끔 낚싯줄.

－ 부끔 연장이라고 하면 다 통합지요.

예.

－ 갈치 부끔 연장.

그러면 이 부분은 뭐 다는 것은 없어요? 갈치섬비 끝에 다는.

－ 그 도르래인데 건 저 이 도르래라고 합니다. 여기.

도르래요?

＝ 도르래.

도르래.

－ 예. 도르래.

그러고 삼촌. 목줄은 무슨 줄로 맸습니까?

－ 목줄은 그 요즘 저 낚시 파는 것인데.

예.

－ 건 한 이십 호. 호수가 한 이십 호 되는 것인데.

으음. 이것을 면사를 쓰는 거 아니죠?

＝ 면사가 아니고 목줄.

도레기를 두 개 허고.

게난 대구수쭈른 요샌말로 하면 정수리겐따예?

— 예.

여기는 정수리엔 허는 마른 잘 안 쓰는 모양이구나.

— 예. 그냥.

대구수쭐.

— 아 아리엔도[131] 허곡 대구수.

아리. 예예예예. 이 달린 게 아린쭈리니까.

이거는 이제 부껑으네 갈치 부껑으네 헐 때고 아까 둘림쑤렌 헌 건 뭐우꽈?

— 둘림쑤른[132] 그 이건또 역씨 멘세[133] 노끄세[134].

예. 멘세 노끈 테 가지고.

— 멘으로[135] 저 노끈 꼬은[136] 걸 피 메겨[137] 가지고 어 뽕또를 일쩡한 간겨그로 헤 가지고 한 열뚜 발 쩡도 뽕또를 멥니다.

그러면 쭉 케영 이 사이에 뽕또를 이러케 메는 거라마씨?

— 예. 뽕또를 이제 째 가지고 여기다 노끄네다가 이평[138]. 이평으네 열뚜 발 정도 입피며는 무거움니다[139]. 게며는 그 미테는 에 철싸쭐[140]로.

예.

— 낙씨[141] 메여 가지고 이 줄 끋떼다 이제 철싸 허고 낙씨. 여기도 역씨 갈치 꼬리 저 이.

갈치 술 헹으네.

— 설천[142].

얘.

— 거ᄀᆞ라[143] 설천. 갈치 끋따리[144] 이제 짤라 가지고 설천 만드러 가지고 끼엉[145].

— 처으멘 이 설처니 업쓰면 힌 헝거비라도[146] 힌 비니루[147] 가뜬 거 헤 가지고 허며는 하나 두 개 이제 나끄게[148] 뒈며는 그때부떤 갈치 꼴랑

도르래를 두 개.

그러니까 목줄은 요샛말로 하면 낚싯줄이겠네요?

― 예.

여기는 정술이라고 하는 말은 잘 안 쓰는 모양이구나.

― 예. 그냥.

목줄.

― 아 아리이라고도 하고 목줄.

목줄. 예예예예. 이 달린 것이 목줄이니까.

이것은 이제 부꺼서 갈치 부꺼서 할 때고 아까 달림줄이라고 한 것은 무엇입니까?

― 달림줄은 그 이것도 역시 면사 노끈에.

예. 면사 노끈 해 가지고.

― 면으로 저 노끈 꼰 것을 피 먹여 가지고 어 봉돌을 일정한 간격으로 해 가지고 한 열두 발 정도 봉돌을 맵니다.

그러면 쭉 해서 이 사이에 봉돌을 이렇게 매는 거지요?

― 예. 봉돌을 이제 째 가지고 여기에다 노끈에다가 입혀서. 입혀서 열 두 발 정도 입히면 무겁습니다. 그러면 그 밑에는 에 철사로.

예.

― 낚시 매어 가지고 이 줄 끝에다 이제 철사 하고 낚시. 여기도 역시 갈치 꼬리 저 이.

갈치 살 해서.

― 설천.

예.

― 그것보고 설천. 갈치 끄트머리 이제 잘라 가지고 설천 만들어 가지고 끼어서.

― 처음에는 이 설천이 없으면 흰 헝겊이라도 흰 비닐 같은 거 해 가지고 하면 하나 두 개 이제 낚게 되면 그때부터는 갈치 꼬랑

지149)로 이제 짤랑150).

예.

― 에 그거 이러케 벋껴그네151) 그거 끼엉으네152) 갈치 나깐는데153) 이거시 부끔쑬154).

이거는 부끔.

― 달림쑬155). 둘림.

둘림쑬.

― 예. 둘림쑤른 이 옌나렌 풍서네는156) 저 이 돋157) 뜨라158) 가지고 이제 나가면서 허는 거고 부끔수른 닫췰159) 나끄는160) 거고161).

으으음.

― 예. 이거는 베 탕 다니면서 나끄는 거고.

아 둘림쑤른예?

게난 베가 달린다는 얘기.

예.

― 게난162) 둘림쑬.

둘림쑬. 경 헹으네 허게 뒈면 낙씨도 이 꼬테도 이름도 트나지예? 이 낙씨는 무신 낙씨렌 험니까?

― 그냥 갈치낙씨엔163) 험니다게.

갈치낙씨예? 아아. 여기 고기 거러지는 부부는?

― 거기 비늘164).

비늘예?

― 비늘.

아아. 이걷또 갈치낙씨 헤 갇꼬 **.

예. 그리고 아까 이제 갈치를 자바서예? 갈치도 종뉴 그 크기에 따랑도 불르는 이름드리 트나지예?

― 여기는 그냥 그냥 갈치 큰 갈치 조근 갈치 하지 뭐. 별또로 부르는

지로 이제 잘라서.

예.

― 에 그거 이렇게 벗겨서 그거 끼어서 갈치 낚았는데 이것이 부끔술.

이것은 부끔.

― 달림술. 달림.

달림술.

― 예. 달림술은 이 옛날에는 풍선에는 저 이 돛 달아 가지고 이제 나가면서 하는 것이고 부끔술은 닻줘서 낚는 것이고.

으으음.

― 예. 이것은 배 타고 다니면서 낚는 것이고.

아 달림술은요?

그러니까 배가 달린다는 얘기.

예.

― 그러니까 달림술.

달림술. 그렇게 해서 하게 되면 낚시도 이 끝에도 이름도 다르지요? 이 낚시는 무슨 낚시라고 합니까?

― 그냥 갈치낚시라고 합니다.

갈치낚시요? 아아. 여기 고기 걸어지는 부분은?

― 거기 미늘.

미늘요?

― 미늘.

아아. 이것도 갈치낚시 해 가지고 **.

예. 그리고 아까 이제 갈치를 잡았지요? 갈치도 종류 그 크기에 따라서도 부르는 이름들이 다른지요?

― 여기는 그냥 그냥 갈치 큰 갈치 작은 갈치 하지 뭐. 별도로 부르는

이르믄 업꼬.

게믄 우럭 쫑뉴는 어떵 험니까?

— 우러근 보통 나끄기도 허지마는.

예.

— 연나레는 그 뗌마[165] 탕[166] 요 아페 나가며는 우럭 뽕또레다가 낙씨 메여 가지고 이런 드리우민 설천[167] 걷또 여기 갈치 나끄드시[168] 그디 저 아무 고기라도 이제 써렁으네[169] 이러케 길쭉커게 써렁 낙씨에 메영으네 바닫 쏘게 드리치민[170] 우럭 북빠리[171] 그런 게 마니[172] 무러십쭈[173]. 옌나레는.

그.

— 요즘도 우럭 가튼 거는 가믄 잘 무러마씨[174].

예. 게난 우럭 종뉴. 이 바당에 나는 종뉴가 이실 꺼 아니예? 우럭 한 종뉴가 아닐 꺼니까. (웃음)

— 우러근 거이 다 우러그로 통허고.

게믄 볼라근? 아 볼락또 안 나온 거 담따. 셍각케 보난.

— 게메[175] 이 볼락. 볼락또 여르메 보메. 보메는 뗌마 탕 여기 나가며는 벵 머리[176] 이벵 머리 막 나깐쑤다게[177]. 건 거는 아리[178] 저 아주 얄븐 거.

으음.

— 하 이호 일호 그런 거 써 가지고.

— 볼락또 산탱이볼락[179].

산탱이볼락.

— 거문볼락.

예. (기침)

— 또 아주 저근[180] 거는 쉬볼락[181].

쉬볼락예?

— 예.

예.

이름은 없고.

그러면 우럭 종류는 어떻게 합니까?

- 우럭은 보통 낚기도 하지만.

예.

- 옛날에는 그 거루 타서 요 앞에 나가면 우럭 봉돌에다가 낚시 매어 가지고 이런 드리우면 설천 그것도 여기 갈치 낚듯이 거기 저 아무 고기 라도 이제 썰어서 이렇게 길쭉하게 썰어서 낚시에 매서 바다 속에 들이뜨 리면 우럭 붉바리 그런 것이 많이 물었습지요. 옛날에는.

그.

- 요즘도 우럭 같은 것은 가면 잘 물어요.

예. 그러니까 우럭 종류. 이 바다에 나는 종류가 있을 것 아닙니까? 우럭 한 종류가 아닐 것이니까. (웃음)

- 우럭은 거의 다 우럭으로 통하고.

그러면 볼락은? 아 볼락도 안 나온 거 같다. 생각해 보니까.

- 글쎄. 이 볼락. 볼락도 여름에 봄에. 봄에는 거루 타서 여기 나가면 백 마리 이백 마리 막 낚았습니다. 건 거는 굵기 저 아주 얇은 거.

으음.

- 아 이호 일호 그런 거 써 가지고.

- 볼락도 새끼 볼락.

새끼 볼락.

- 검은볼락.

예. (기침)

- 또 아주 작은 것은 새끼 볼락.

쉬볼락요?

- 예.

예.

- 쉬볼락. 볼라기야 볼락.

으음. 게믄 산탱이볼라근 어떤 거우꽈?

- 산탱이 빨간 거. 뻘근182) 거. 빨간 거.

빨간 거?

- 뻘근 거 이서183). 산탱이볼락.

거믄볼라근?

- 큰 거. 그거는 주로 그런 건 마니 나까마씸.

예. 이거는 크기가 커예?

- 예.

쉬볼라근 새까른?

- 쉬볼락 막 어린 볼라글 쉬볼락이라고 하지.

아아. 게믄 아까 자리도 하영 거런는데 자리도 불르는 이르미 특납띠다. 다른 동네는.

- 에 자리184)도 쉬자리185) 허고 자근 거는 쉬자리 허곡. 그자186) 요즘 저 훼 먹쪽 푸는 거는 그냥 자리엔187). 자리.

그 자리. 그냥 자리도 잍찌만 쉬 싸 분 자리를 또 부르는 이름도 잍찌 아녀우꽈?

알 까분 거?

- 알 싸분188) 자리?

예.

- 거 벨또로 그런 건 얻꼬.

비양도 가난 거적짜리 이런 말 곧떤데.

- 하 우린.

그건 어서예?

- 여기서는 그런 거 안 허고.

아아. 그 다음 아까 그 고멩이는 어떤 궤기우꽈?

— 새끼 볼락. 볼락이야 볼락.

으음. 그러면 산탱이볼락은 어떤 겁니까?

— 산탱이 빨간 거. 빨간 거. 빨간 거.

빨간 거?

— 빨간 것 있어. 산탱이볼락.

검은볼락은?

— 큰 거. 그것은 주로 그런 것은 많이 낚습니다.

예. 이것은 크기가 커요?

— 예.

새끼 볼락은 색깔은?

— 새끼 볼락 막 어린 볼락을 쉬볼락이라고 하지.

아아. 그러면 아까 자리돔도 많이 떴는데 자리돔도 부르는 이름이 다릅디다. 다른 동네는.

— 에 자리돔도 새끼 자리돔 하고 작은 것은 새끼 자리돔 하고. 그저 요즘 저 회 먹고 파는 것은 그냥 자리돔이라고. 자리돔.

그 자리돔. 그냥 자리돔도 있지만 알 까 버린 자리돔을 또 부르는 이름도 있지 않습니까?

알 까버린 거?

— 알 까버린 자리돔?

예.

— 거 별도로 그런 것은 없고.

비양도 가니까 거적자리돔 이런 말 말하던데.

— 하 우리는.

그건 없어요?

— 여기서는 그런 거 안 하고.

아아. 그 다음 아까 그 용치놀래기는 어떤 고깁니까?

- 꼬멩이189)는 저 표준말로 놀래민데.

예.

- 그 그 종뉴도 여러 가지야. 놀래미도 고멩이190) 일꼬 어렝이191) 일꼬 술멩이192) 일꼬.

예.

- 멕쒸193) 일꼬.

예.

- 어 그 정도.

게믄 고멩이가 그 우리 코셍이허고 ᄀ튼 거우꽈?

- 아 고셍이 에 고셍이. 무티서는 고셍이엥 허는데 이디는 고멩이라고.

아 코셍이가 고멩이라예. 그러면 고멩이허고 어렝이 허고 ᄒ꼼 비슫턴데 틀린 건 어떤 게 틀려마씨?

- 고멩이는 어 쏠랑허게194) 조끔 저 가늘고 길고.

예.

- 어렝이는 쫌 몸피가 일꼬 크고.

예.

가운데 뭐 줄 가튼 걷뜰도 읻찌 아녀우꽈?

- 줄도 세까리195) 고멩이는 연헌 세기고196) 어렝이는 쫌 찐헌197) 세기고 술멩이는마씨?

- 술멩이198)는 아주 저 고와마씨. 얼룩얼룩컨게 줄도 일꼬.

그 놈도 머거마씨?

- 예.

아 아까 멕쒸는?

- 멕쒸199) 멕쒸는 넙쭉커고200) 걷또 놀레미 종뉸데 거 멕쒸는 또 어떵201) 설명헐 쑤가 업쭈마는 약깐.

- 고생놀래기는 저 표준말로 노래미인데.

예.

- 그 그 종류도 여러 가지야. 노래미도 고생놀래기 있고 어렝놀래기 있고 실놀래기 있고.

예.

- 놀래기 있고.

예.

- 어 그 정도.

그러면 고멩이가가 그 우리 코셍이하고 같은 겁니까?

- 아 고생놀래기 에 고생놀래기. 뭍에서는 고셍이라고 하는데 여기는 고멩이라고.

아 고생놀래기가 고멩이요. 그러면 고생놀래기하고 어렝놀래기하고 조금 비슷한데 다른 것은 어떤 게 달라요?

- 고생놀래기는 어 갸름하게 조금 저 가늘고 길고.

예.

- 어렝놀래기는 좀 몸피가 있고 크고.

예.

가운데 뭐 줄 같은 것들도 있지 않습니까?

- 줄도 색깔이 고생놀래기는 연한 색이고 어렝놀래기는 좀 진한 색이고

용치놀래기는요?

- 용치놀래기는 아주 저 고와요. 얼룩얼룩한 게 줄도 있고.

그 놈도 먹어요?

- 예.

아 아까 맥쉬는?

- 맥쉬 맥쉬는 넓죽하고 그것도 놀래미 종류인데 거 맥쉬는 또 어떻게 설명할 수가 없지만 약간.

널버예.

— 예. 넙쭉커게 셍기곡202) 이빨도 강허고.

어렝이도 종뉴 또 따로 부르는 거 읻찌 아녀우꽈? 뭐 씰어렝이도 다른 디 가난 굴안게마는?

— 여기는 그런 거 그런 거 아니우다203). 그냥 어렝이믄 어렝이.

예에. 여기는 술멩이 이러케 나눠 버린 모양이다예?

— 어렝이 술멩이 멕쒸. 멕쒸도 이 가에서 나는 거는 노랑헌 데 저 가메기멕쒸204)라고 헤 가지고 거문 건 조끔 기피 나가며는 그런 거. 주로 저 이 뗌마205) 탕206) 나강으네207) 허게 뒈며는208) 한 이심 메다 정도 그런 데서 좀 큰 걷떨 마니209) 뭄니다게210).

어 게난 가장자리 거 쯤 노라코 기픈 디 껀 거머코.

게영으네 가메기멕쒸.

— 어 가메기멕쒸211).

으음. 그 다음 삼춘 여기 방어 하영 잡피지 아녀우꽈? 모슬포 허민 방어 하영 잡피덴 헤신디. 방어 종뉴도 트나마씨? 이르미.

— 예. 저 방어허고 히라스212)허고 또 자근 거는 일 키로 미만짜리드른 히라스 새끼더른 야드라고 허고.

예.

— 방어새끼더른 고졸멩이라고 허고.

아아. 고졸멩이허고 방어하고 ᄀ튼 종내기우꽈? 게문.

— 예. 고졸멩이허고 방어허고 ᄀ튼 종눈데 어린 건 고졸멩이고. 큰 거는 방어고. 또 히라스 여기 요즈믄 부시리엔 허는데 그 히라스는 일 키로 그런 걷뜨른 야드라 허고 큰 거는 히라스213).

히라스 부시리.

— 예. 히라스.

이 동네 삼치 ᄀ튼 건 안 나마씨?

넓어요?

  — 예. 넓죽하게 생기고 이빨도 강하고.

어렝놀래기도 종류 또 따로 부르는 거 있지 않습니까? 뭐 실놀래기도 다른
데 가니까 말하더니만?

  — 여기는 그런 거 그런 거 아닙니다. 그냥 어렝놀래기면 어렝놀래기.

예에. 여기는 용치놀래기 이렇게 나눠 버린 모양이네요?

  — 어렝놀래기 용치놀래기 맥쉬. 맥쉬도 이 가에서 나는 것은 노란 데
저 가마귀맥쉬라고 해 가지고 검은 것은 조금 깊이 나가면 그런 거. 주로
이 거루 타서 나가서 하게 되면 한 이십 미터 정도 그런 데서 좀 큰 것들
많이 뭅니다.

아 그러니까 가장자리에 것은 좀 노랗고 깊은 데 것은 거멓고.

그렇게 해서 가마귀맥쉬.

  — 어 가마귀맥쉬.)

으음. 그 다음 삼촌 여기 방어 많이 잡히지 않습니까? 모슬포 하면 방어 많
이 잡힌다고 했는데. 방어 종류도 다른가요?

  — 예. 저 방어하고 부시리하고 또 작은 거는 일 킬로 미만짜리들은 부
시리 새끼들은 야드라고 하고.

예.

  — 방어 새끼들은 고졸멩이라고 하고.

아아. 고졸멩이하고 방어하고 같은 종내기입니까? 그러면.

  — 예. 고졸멩이하고 방어하고 같은 종류인데 어린 것은 고졸멩이고.
큰 것은 방어고. 또 히라스 여기 요즘은 부시리라고 하는데 그 부시리는
일 킬로 그런 것들은 야드라 하고 큰 것은 부시리.

히라스 부시리.

  — 예. 부시리.

이 동네 삼치 같은 안 나나요?

- 삼치는 여기 가파도서는 안 나는디 이 부근 바다에서는 마니[214] 남니다게.

아아. 가파도에서는 안 나고.

- 여기는 그 나끄는[215] 주로 어망허는 따무네 그거 나끄레 다니지 아녀마씨[216]. 요 모슬포에서는 삼치 마니 나끔니다.

아 걷또 바로 여핀 데도 틀려예?

- (기침)

삼춘 아까 자리헐 때 요수바리라는 마를 헤서예? 그 요수바리에 데헹으네 설명을.

- 그 요수바리[217]가 어 김묘생이라는 부니 요 가파도에서 저 이 처으멘 발똥선 헤 가지고 어 자기 창아느로 자기 셍각때로 이제 어망을 마드러서[218] 이제 뗌마[219] 두 척카고[220].

- 그 저네는 풍서느로[221] 마루바리[222]라고 헤 가지고 이러케 뚱그렁헌[223] 대를 이러케 연결헤 가지고 뚱그러케 마드러 가지고 걷또 풍서니니까 얼마 크지도 아는[224] 그 어망으로 헤 가지고 자릴[225] 자반는데.

- 이제 발똥선 이제 하면서 그 김묘생이라는 부니 이 요수바리 어망 사각켱으로 헤 가지고 에 베에서는 도르레 양쪼그로 헤 가지고 끄는 베[226] 드는 베[227] 이러케 두 가지로 헤 가지고 가튼 모서리도 귀야지[228]에라도 거기다가 콛또를[229] 다라메고[230] 거기다 주를 두 개나 무꺼마씨[231].

- 그 하나는 올리는 배[232] 끄는 배 이러케 헤 가지고 베 양쪼게다가 끄는[233] 배 드는[234] 배 헤서 구무를[235] 끌 때는 끄는 배를 뗑기고[236] 거 도르레 메[237] 가지고. 그걷또 기계로 헤 가지고 로라[238]로 헹으네[239] 끌며는 쌍[240] 내려가고. 뗌마[241] 양쪼게 코 메 가지고 그디도[242] 돌 드라메[243] 가지고 여기 베에 놀[244] 때는 가치[245] 이러케 노코.

- 이러케 헨 거슬 이 사르미[246] 처음 시작커니까 에 그때부떤 이 가파도 자리[247]. 지금도 이 모슬포 나가서 자리 뜨는 사람드리 전부다 가파

- 삼치는 여기 가파도에서는 안 나는데 이 부근 바다에서는 많이 납니다.

아 가파도에서는 안 나고.

- 여기는 그 낚는 주로 어망하는 때문에 그거 낚으러 다니지 않습니다. 요 모슬포에서는 삼치 많이 낚습니다.

아 그것도 바로 옆인데도 다르네요?

- (기침)

삼촌 아까 자리돔할 때 사각 그물이라는 말을 했어요? 그 사각 그물에 대해서 설명을 조금 설명을.

- 그 사각 그물이 어 김묘생이라는 분이 요 가파도에서 저 이 처음에는 발동기선 해 가지고 어 자기 창안으로 자기 생각대로 이제 어망을 만들어서 이제 거루 두 척하고.

- 그 전에는 풍선으로 사둘이라고 해 가지고 이렇게 둥그런 대를 이렇게 연결해 가지고 둥그렇게 만들어 가지고 것도 풍선이니까 얼마 크지도 않은 그 어망으로 해 가지고 자리돔을 잡았는데.

- 이제 발동선 이제 하면서 그 김묘생이라는 분이 이 '요수바리' 어망 사각형으로 해 가지고 에 배서는 도르래 양쪽으로 해 가지고 까는 바 다는 바 이렇게 두 가지로 해 가지고 같은 모서리도 귀퉁이에라도 거기다가 콧돌을 달아매고 거기다 줄을 두 개나 묶어요.

- 그 하나는 올리는 바 까는 바 이렇게 해 가지고 배 양쪽에다가 까는 바 다는 바 해서 그물을 깔 때는 까는 바를 당기고 거 도르래 매어 가지고. 그것도 기계로 해 가지고 롤러로 해서 깔면 싹 내려가고. 거루 양쪽에 코 매어 가지고 거기도 돌 달아매 가지고 여기 배에 놓을 때는 같이 이렇게 놓고.

- 이렇게 한 것을 이 사람이 처음 시작하니까 에 그때부터는 이 가파도 자리돔. 지금도 이 모슬포 나가서 자리돔 뜨는 사람들이 전부다 가파

도 뿐드리우다게248).

으음.

　— 가파도 싸람드린데 그 부모드리 아 부친드리 허던249) 걸 이어바다 가지고 지금도 그 다 그 묘생이 아덜250) 그런 분들도 전부다 저 이 여기 가파도서 요수바리 허던 그 사람드리 모슬포 나강251) 지금도 자거블 하고 일써마씸252).

　게니까 그 김묘생이렌 헌 어르니 만든 구물 이르미 요수바리라는 거라예?

　— 그 부니 에 김묘생이지마는 그냥 수바리엔도253) 부름니다게.

　예. 아아.

　— 그러니까 요수바리. "요 수바리 보라254)" 허는 시그로 얘기헌 거시 요수바리가 뒈부런255).

　음. 사람 이르믈 땅으네 이제 뒌 거라예?

　— 예.

　게문 요수바리 만드는 재료는 뭐라나서마씨?

　— 재료는 나이롱 쭐256) 두꺼운 거.

　예.

　— 아 그런 거 헤여257) 가지고 어 이제 사각켱으로.

　예.

　— 네 귀야지258)에 코 멘들고.

　예 이런 데.

　— 예. 이제 에 노끄느로 무꺼259) 가지고.

　여기는 노끄슬 무꺼?

　— 아니 아니. 어 무끄는디 사각켱 에 주레다가.

　예.

　— 이거 나이롱 노프260).

　예.

도 분들입니다.

으음.

− 가파도 사람들인데 그 부모들이 아 부친들이 하던 것을 이어받아 가지고 지금도 그 다 그 묘생이 아들 그런 분들도 전부다 저 이 여기 가파도서 사각 그물 하던 그 사람들이 모슬포 나가서 지금도 작업을 하고 있어요.

그러니까 그 김묘생이라고 한 어른이 만든 그물 이름이 '요수바리'라는 거지요?

− 그 분이 에 김묘생이지만 그냥 '수바리'라고도 부릅니다.

예. 아아.

− 그러니까 '요수바리'. "요 수바리 봐라" 하는 식으로 얘기한 것이 '요수바리'가 되어버렸어.

음. 사람 이름을 따서 이제 된 거네요?

− 예.

그러면 사각 그물 만드는 재료는 뭐였나요?

− 재료는 나일론 줄 두꺼운 거.

예.

− 아 그런 거 해 가지고 어 이제 사각형으로.

예.

− 네 귀퉁이에 코 만들고.

예. 이런 데.

− 예. 이제 에 노끈으로 묶어 가지고.

여기는 노끈을 묶어?

− 아니 아니. 어 묶는데 사각형 에 줄에다가.

예.

− 이거 나일론 로프

예.

－ 나이롱 노끄스로261) 에 이제 사각컹으로 헤 가지고 이제 코를 이러
케 네 귀야지262)에 멘들고.

예.

  － 에. 요 구무른 이런 필꾸무린데263) 필로 나옵니다. 이 어망.

아 예예예예.

  － 필로 나오는데 거 한 다선 필 이러케 헤 가지고 허며는 김니다264).

예.

  － 거 짤라 가면서 이러케 이걸 다 연결헤여마씨265).

예.

  － 코. 구물코266) 짜드시 이러케 짜 가지고 연결헤 가지고 포글 멘드는
데 에 똑267) 이 노프268) 널미만269) 허게 뒈며는 푸미 업쓰니까 이거 이
드러가는 피렌 푸믈 마니270) 줘마씸271). 여기에다가 주르믈 줘 가지고 이
러케 이러케 통이 셍기게끔.

으음.

미테 쫌.

  － 예. 어망.

푸믈 쫌 마니 줘예?

  － 어망을 그러케 헤서 멘든 거시 에 요수바리 구물272).

게믄 이러케 필로 연결헤서 만든 구무리렌 헹으네 필꾸물 허는 거우꽈?

  － 예. 필꾸물273).

멘 필 정도.

  － 이 필꾸물 사당으네274) 에 이 자린꾸무른275) 멘드는데 혼 다선 필.

다선 필. 아아.

  － 다선 필 쩡도 드러가겐찌.

게믄 이제 뗌마 아까 저.

  － 그러니까 이 에 베에서는 큰 베에서는 이러케 대를 이 이러케 메여

- 나일론 노끈으로 에 이제 사각형으로 해 가지고 이제 코를 이렇게 네 귀퉁이에 만들고.

예.

- 에. 요 그물은 이런 필그물인데 필로 나옵니다. 이 어망.

아 예예예예.

- 필로 나오는데 거 한 다섯 필 이렇게 해 가지고 하면 깁니다.

예.

- 거 잘라 가면서 이렇게 이것을 다 연결합니다.

예.

- 코. 그물코 짜듯이 이렇게 짜 가지고 연결해 가지고 폭을 만드는데 에 꼭 이 로프 넓이만 하게 되면 품이 없으니까 이거 이 들어가는 필에는 품을 많이 주어요. 여기에다가 주름을 줘 가지고 이렇게 이렇게 통이 생기게끔.

으음.

밑에 좀.

- 예. 어망.

품을 좀 많이 주어요?

- 어망을 그렇게 해서 만든 것이 에 사각형 그물.

그러면 이렇게 필로 연결해서 만든 그물이라고 해서 필그물 하는 겁니까?

- 예. 필그물.

몇 필 정도.

- 이 필그물 사다가 에 이 자리돔그물은 만드는 데 한 다섯 필.

다섯 필. 아아.

- 다섯 필 정도 들어가겠지.

그러면 이제 거루 아까 저.

- 그러니까 이 에 배에서는 큰 배에서는 이렇게 대를 이 이렇게 매어

가지고 여기다 도르레를 둘고276).

예.

- 이 어망 끝떼다가277) 이제 돌멩이를 달고.

예에.

- 여기 뗌마278) 쪼게도 돌멩이 달고. 여기도 돌멩이 달고 헤 가지고 주를 이제 두 주리나 이러케 두 줄씩 케279) 카지고280) 한 주른 끈는 배281) 이건 드는 배282) 이러케 헤 가지고.

- 자리가283) 그 저네는 탐지기 업쓸 때는.

예.

- 그냥 십 뿐 뭐 빠를 때는 오 분도 허지마는 십 뿐 시보 분 이러케 구무를284) 바닫쏘게285) 너얻따가286) 끄는 배287)로 껄고.

예.

- 여기 뗌마에서는 또 줄 콛똘쭈리라고288) 헤 가지고 그 줄 까랑으네289) 헤영으네290) 바다에 까랃따가 한 시보문 심 뿐 시보믄 이러케 읻따가 뗑기자 헤 가지고 뗑기며는 이제 드는291) 배를 돌게 뒈며는 요거 끄는 배는 느꿔292) 주고 에 드는 베로 이제 돌게 뒈며는 구무리.

들러지는 거예?

- 우에293) 우에 올라오는 거. 그게 올라오게 뒈며는 이제 소느로덜294) 이러케 어망 풍295) 인는 걸 전부 다 뗑경296) 한가운데로 모라.

예.

- 그래 가지고 자리297) 이제 베에다 올려노코 헨는데.

게믄 삼춘예 뗌마 다는 쪼근 어디우꽈? 뗌마 위치는. 베가.

- 뗌마298). 이거 큰 베고 이거 뗌마는 이 쪼게 두 개.

이게 아니고 여기에. 여기 이게 뗌마라예? 뗌마 두 개예. 게고 아까 여기 돌 다란짜누꽈?

- 예.

가지고 여기에다 도르래를 달고.

예.

– 이 어망 끝에다가 이제 돌멩이를 달고.

예에.

– 여기 거루 쪽에도 돌멩이 달고. 여기도 돌멩이 달고 해 가지고 줄을 이제 두 줄이나 이렇게 두 줄씩 해 가지고 한 줄은 까는 바 이건 다는 바 이렇게 해 가지고.

= 자리돔이 그 전에는 탐지기 없을 때는.

예.

– 그냥 십 분 뭐 빠를 때는 오 분도 하지만 십 분 십오 분 이렇게 그물을 바닷속에 넣었다가 까는 바로 깔고.

예.

– 여기 거루에서는 또 줄 콧돌줄이라고 해 가지고 그 줄 깔아서 해서 바다에 깔았다가 한 십오분 십분 십오분 이렇게 있다가 당기자 해 가지고 당기면 이제 다는 바를 달게 되면 요거 까는 바는 늦춰 주고 에 다는 바로 이제 달게 되면 그물이.

들어지는 거지요?

– 위에 위에 올라오는 거. 그것이 올라오게 되면 이제 손으로들 이렇게 어망 품 있는 것을 전부다 당겨서 한가운데로 몰아.

예.

– 그래 가지고 자리돔 이제 배에다 올려놓고 했는데.

그러면 삼춘 거룻배 다는 쪽은 어딥니까? 거룻배 위치는. 배가.

– 거루. 이거 큰 배고 이거 거루는 이 쪽에 두 개.

이게 아니고 여기에. 여기 이게 거루라고요? 거루 두 개죠. 그러고 아까 아겨 돌 달았잖습니까?

– 예.

- 그걸 무슨 돌 헙니까?

- 콘똘299).

이게 콘또리라예. 콘또른 멘 깨우꽈?

- 콘똘 전부 다 혜영300) 네 개.

네 개예. 코마다 콘또를 ᄃ라예?

- 예.

콘똘 ᄃ는데 아까 이디 콘똘 ᄃ는 이러케 고리를 멘든덴 허지 아녇쑤과? 그 고리는 뭐렌 헙니까?

- 아.

이거랑 연결하는. 이 ᄭ는 배허고 연결하는 거.

아 구물코. 구물 거 뭐라고 허나?

이 ᄃ는 배 ᄭ는 배 허는.

- 베리코301). 베리코.

베리코예?

- 예. 이런 주를 베리엔302) 헙니다게. 베리.

아 베리. 예. 마쑤다.

- 베리. 베리에다가 베리코를 만드러 가지고 거기다 이제 콘똘도 다라 메고303) ᄭ는 배 ᄃ는 배 이 ᄭ뜨머리를 무꺼마씨304).

삼춘 이 베리도 지금 여 베리가 이러케 네 군데를 베리를 다 ᄃ라마씨? 베리 어디가 우에우꽈?

- 베리코 허며는 이러케.

어.

- 베리코는 베 양쪼게 잍꼬 뗌마 두 처기니까 혼 척씩 잍꼬.

예. 베릳쭈른. 이 베리는 어디 어디 이신 거?

- 베리 이 구물 만들 때 이제.

다시 이러케.

- 그것을 무슨 돌 합니까?

- 콧돌.

이게 고리 돌이지요. 고리 돌은 몇 갭니까?

- 콧돌 전부 다 해서 네 개.

네 개요? 코마다 콧돌을 달지요?

- 예.

콧돌 다는데 아까 여기 고리 돌 다는 이렇게 고리를 만든다고 하지 않았습니까? 그 고리는 뭐라고 합니까?

- 아.

이것이랑 연결하는. 이 까는 바하고 연결하는 것.

아 그물 고리. 그물 거 뭐라고 하나?

이 다는 바 까는 바 하는.

- 벼리코. 벼리코.

벼리코요?

- 예. 이런 줄을 벼리라고 합니다. 벼리.

아 벼리. 예. 맞습니다.

- 아 벼리. 벼리에다가 벼리코를 만들어 가지고 거기에다 이제 콧돌을 달아매고 까는 바 다는 바 이 끄트머리를 묶어요.

삼촌 이 벼리도 지금 여 벼리가 이렇게 네 군데를 벼리를 다 달아요? 벼리 어디가 윕니까?

- 벼리코 하면 이렇게.

어.

- 벼리코는 배 양쪽에 있고 거루 두 척이니까 한 척씩 있고.

예. 벼리는. 이 벼리는 어디 어디 있는 거?

- 벼리 이 그물 만들 때 이제.

다시 이렇게.

- 규격 이제 얼만큼 크게 멘드느냐에 뜨랑으네[305] 이제 베리. 베리가
이제 멘 빨씩[306] 이제 케[307] 가지고 멘든. 어망이 구무리 뒈는[308] 거.

　예예예. 게민 이제 사가그로 전부 베리는 다 인는 거구나예? 그러면 이 베
는 무슨 베 험니까?

　- 요수바릳빼[309].

　이게 요수바릳빼예?

　- 예.

　요수바릳빼는 무슨 베로 헌 거마씨?

　- 발똥선.

　이건 이때 발똥선 나온 때구나예? 게문 요수바리 구물 만든 거는 언제 쩍부
터 헫쑤과? 이 가파도에서.

　- 그러니까 것이 혼. 해방 저네부떠 헫쓸 껀데[310]. 해방 저네부떠.

　게믄 꿸장히 빨리 헌 거다예?

　- 우리 절믈 때도 요수바리 다녇쓰니까.

　으음.

　- 하여튼 우리 학꾜 뎅길 때도 자리[311] 저 이 삼춘 저 자근아버지 셀
따버지가[312] 이제 요수바릿베 허며는 학교 뎅길 때도 이 저 왕으네[313] 비
러당[314] 자리 좀 줍써[315] 헤영으네[316] 혼 뒌빽[317] 비러당 먹꼭또[318] 헤
낟쓰니까[319]. 걷또 혼 사심년대.

　이거 해방 전부떠 이러케 예.

　- 예. 해방 전부터.

　헹 거라. 발똥선 나온 거 보니까예.

　- 예.

　그러며는녜 이 자리를 뜨젠 허면 사라믄 면 명이 피료헤마씨? 이거 꿸장히
마니 피료헐 꺼 가태예. 뗌마까지 하면?

　- 뗌마에[320] 둘씩 커며는 사 명.

- 규격 이제 얼만큼 크게 만드느냐에 따라서 이제 벼리. 벼리가 이제 몇 발씩 이제 해 가지고 만든. 어망이 그물이 되는 거.

예예예. 그러면 이제 사각으로 전부 벼리는 다 있는 거군요? 그러면 이 배는 무슨 배 합니까?

= 요수바릿배.

이것이 요수바릿배지요?

- 예.

요수바릿배는 무슨 배로 한 겁니까?

- 발동선.

이것은 이때 발동기선 나온 때군요. 그러면 사각 그물 만든 것은 언제 적부터 했습니까? 이 가파도에서.

- 그러니까 그것이 한 해방 전에부터 했을 것인데. 해방 전에부터.

그러면 굉장히 빨리 한 거네요?

- 우리 젊을 때도 사각 그물 다녔으니까.

으음.

- 하여튼 우리 학교 다닐 때도 자리돔 저 이 삼촌 저 작은아버지 둘째 아버지 이제 요수바릿배 하면 학교 다닐 때도 이 저 와서 빌려다가 자리돔 좀 주십시오 해서 한 됫박 빌려다가 먹고도 했었으니까. 그것도 한 사십년대.

이거 해방 전부터 이렇게 예.

- 예. 해방 전부터.

한 거야. 발동선 나온 것 보니까요.

- 예.

그러면 이 자리돔을 뜨려고 하면 사람은 몇 명이 필요합니까? 이거 굉장히 많이 필요할 것 같지요. 거루까지 하면?

- 거룻배에 둘씩 하면 사 명.

예.

― 요즈믄 전부 다 기계화뒈니까 뗌마에도 한 사람씩벤끼 안 올라마씸.

예예.

― 또 사람도 마니 피료얻꼬. 기계로 허니까. 그 저네는 순 사름 소느로만 뗑기니까³²¹⁾ 둘씩 올랃꼬.

예에.

― 베에도 한 대여섣 한 심 명 정도는 다녇쑤다게³²²⁾.

심 명 정도예?

― 게 요즈믄 한 융 명이민 뒈어마씨³²³⁾. 기계화뒈니까 전부 다 롤라³²⁴⁾로 이제 감꼬 허니까.

이거는 요수바릿뻬 한 거고. 이런 거라낟뗀 헌 거 아니예?

― 옌나레 요수바리 생기기 저넨 마루바리³²⁵⁾.

마루바리.

이거시.

― 마루³²⁶⁾. 옌날 이 이 일본마린데.

둥그러타.

― 마루바리라 헤 가지고.

이거시 사둘 꾸물.

― 예. 풍서네.

예.

― 에 또 사 사둘 꾸물로 헤 가지고.

풍선 허는 건 사둘로 헌 거 아니라예?

― 예. 대 어으믈³²⁷⁾ 어으믈 대나무 아 두 겹 세 겹 이러케 쩨어 가지고 두 겹 세 겹 철싸로 이제 꼬와³²⁸⁾.

예에.

― 이러케 헤 가지고 거 한 네 쪽. 네 쪽 다섣 쪽 이러케 아 기리 헌

예.

– 요즘은 전부 다 기계화되니까 거룻배에도 한 사람씩밖에 안 올라요.

예예.

– 또 사람도 많이 필요없고. 기계로 하니까. 그 전에는 순 사람 손으로만 당기니까 둘씩 올랐고.

예에.

– 배에도 한 대여섯 한 십 명 정도는 다녔습니다.

십 명 정도요?

– 게 요즘은 한 육 명이면 됩니다. 기계화되니까 전부 다 롤러로 이제 감고 하니까.

이거는 요수발잇배 한 거고. 이런 거였다고 한 거 아닌가요?

– 옛날에 사각 그물 생기기 전에는 사둘.

사둘.

이것이.

– '마루.' 옛날 이 이 일본말인데.

둥그렇다.

– 사둘이라 해 가지고.

이것이 사둘 그물.

– 예. 풍선에.

예.

– 에 또 사 사둘 그물로 해 가지고.

풍선 하는 것은 사둘로 한 거 아니지요?

– 예. 대 테두리를 테두리를 대나무 아 두 겹 세 겹 이렇게 째 가지고 두 겹 세 겹 철사로 이제 꼬아.

예에.

– 이렇게 해 가지고 거 한 네 쪽. 네 쪽 다섯 쪽 이렇게 아 길이 한

거를 한 서 발쯤 뒈는 대나무 이제 쪼글 이제 여러 겹 한 두 겹 세 겨브
로 철싸로 꼬아 가지고 어으믈 만드러마씨.

예.

- 그걸 다 연결허게 뒈며는 크게 뚱그렁허게 마루가329) 뒈는데 그거
연결혜 가지고 이제 구물코에다가 이제 주를 이러케 이제 구물 통에다가
이제 이러케 주를.

예.

- 에 이러케 에 이러케 이러케 이렇게 코를 만드러 가지고 이제 이 어
움 때330) 연결헐 쩌게 하나씩 이 코에다 끼면서331) 이제 연결허고.

- 아페 풍선332) 베 아페는 찰때 혜 가지고 이만큼헌 쉐333).

예.

- 철. 철로 만든 파이쁘334). 파이쁘로 헤 가지고 에 이쪼그로 대 어으
를 이제 딱 무끄게335) 뒈며는 어망이 이젠 딱 다라지게336) 뒈지.

예에.

- 그거 풍서는 여기다가 이제 양쪼게다 콛똘337). 이걷또 역씨 콛똘 드
라메영으네338) 이제 물 쏘게 줄 메영으네339) 드라메며는 풍서는 기계 업
씨 소느로만 허는 거니까.

예.

- 그거는 기픈 바다에 요수바리는 기피 수심 몯 뽀는 데서 가서도 허
지마는 마루바리340)는 전부 다 이제 여. 꼭 열341) 차자서 허여야 둘레가
크지 안키 때무네 크지 아녀부나네342) 에 똑343) 여 차장으네344) 자리
가345) 또 꼭 여 꼭때기에서만 잘 모여마씨346).

예.

- 게며는347) 그 여 츳장으네348) 게난349) 그 풍선 선장이 아주 영니혜
야 뒙쭈마씨350).

예.

것을 한 서 발쯤 되는 대나무 이제 쪽을 이제 여러 겹 한 두 겹 세 겹으로 철사로 꼬아 가지고 테두리를 만들어요.

예.

- 그것을 다 연결하게 되면 크게 둥그렇게 원이 되는데 그거 연결해 가지고 이제 그물코에다가 이제 줄을 이렇게 이제 그물 통에다가 이제 이렇게 줄을.

예.

- 에 이렇게 에 이렇게 이렇게 이렇게 코를 만들어 가지고 이제 이 테두리 대 연결할 적에 하나씩 이 코에다 끼우면서 이제 연결하고.

- 앞에 풍선 배 앞에는 찻대 해 가지고 이만큼한 쇠.

예.

- 철. 철로 만든 파이프. 파이프로 해 가지고 에 이쪽으로 대 테두리를 이제 딱 묶게 되면 어망이 이제는 딱 달리게 되지.

예에.

- 그거 풍선은 여기다가 이제 양쪽에다 콧돌. 이것도 역시 콧돌 달아매서 이제 물 속에 줄 매서 달아매면 풍선은 기계 없이 손으로만 하는 것이니까.

예.

- 그것은 깊은 바다에 사각 그물은 깊이 수심 못 보는 데서 가서도 하지만 사둘은 전부 다 이제 여. 꼭 여를 찾아서 해야 둘레가 크지 않기 때문에 크지 않아버리니까 에 꼭 여 찾아서 자리돔이 또 꼭 여 꼭대기에만 잘 모여요.

예.

- 그러면 그 여 찾아서 그러니까 그 풍선 선장이 아주 영리해야 됩지요.

예.

- 무리 어떠케 갈 때는 이 여를 어떠케 바다 사야351) 뒈고 여가 가나므로352) 가파도 학꾜에다가 어느 왕도를353) 실리게 뒈며는 무슨 여다. 게며는 그걷또 잘 아라야 뒈마씀354).

- 그거 아랑 그 여에 차자강355) 들무레는356) 동쪼그로 이러케 무리 서쪼그로 안 가. 동쪼그로 허며는 그 여를 받앙 풍서니 서게 뒈면 거기다 구물을 안치는357) 거라마씨358).

- 경 허며는 자리359)가 쌍360) 모여지며는 뚱기라361) 헤 가지고 이젠 소느로 전부 다. 둘 씩 가운데 한 사람 다섣 한 대여섣씩 풍서느로 뎅겨362). 동서가.

음. 동서가?

예. 동서가.

- 자릳뻬363) 동서.

자릿뻬 동서예. 삼춘예 게문 이 마루바리 헐 때는 이 대는 어신 거구나예?

- 에 엄는364) 거.

엄는 거예?

- 예.

예. 사둘하고는 틀린 거.

- 이거 이거는 저 이.

게난 거릴 때 허는 거니까 허고.

- 아 이 멜365). 멜 뜰 때 허고.

예. 족빠지 담찌예?

- 통 아네 멜 뜰 때 허는 거고.

예.

- 이거는 어망에다가 이 어으메다가366) 이제 쉐 빠이쁘 이러케 헤 가지고 여기다 콛똘367) 드라메고368) 아.

게 여기 이러케 저 베에다가.

- 물이 어떻게 갈 때는 이 여를 어떻게 받아 서야 되고 여가 가늠으로 가파도 학교에다가 어느 거석을 실리게 되면 무슨 여다. 그러면 그것도 잘 알아야 되어요.

- 그거 알아서 그 여에 찾아가서 밀물에는 동쪽으로 이렇게 물이 서쪽으로 안 가. 동쪽으로 하면 그 여를 받아서 풍선이 서게 되면 거기에다 그물을 앉히는 거지요.

- 그렇게 하면 자리돔이 싹 모여지면 당기라 해 가지고 이제는 손으로 전부 다. 둘씩 가운데 한 사람 다섯 한 대여섯씩 풍선으로 다녀. 동서가.

음. 동서가?

예. 동서가.

= 자리돔 배 동서

자리돔 배 동서요. 삼촌요 그러면 이 사둘 할 때는 이 대는 없는 거군요?

- 아 없는 거.

없는 거요?

- 예.

예. 사둘하고는 다른 거.

- 이거 이것은 저 이.

그러니까 뜰 때 하는 것이니까 하고.

- 아 이 멸치. 멸치 뜰 때 하고.

예. 뜰채 닮지요?

- 통 안에 멸치 뜰 때 하는 것이고.

예.

- 이것은 어망에다가 이 테두리다가 이제 쇠 파이프 이렇게 해 가지고 여기다 콧돌 달아매고 아.

게 여기 이렇게 저 배에다가.

– 줄369) 줄 베에다가 이제 줄.

메영으네.

– 메영370).

게믄 이 마루바리 멜 때는 베 풍선 어느 부분하고 연결허는 거우꽈?

– 이거는 연결 안 됍니다.

연겨른 안 되고예. 연겨른 안 하고 이 줄로만 저기를 허는 거구나예?

– 예에.

아까 여기 콥뜰 그 찹때 든덴 허니까예. 찹때에 콥뜰 ᄃ랑으네 이거하고 ᄀ
치 허는 거 아니?

– 찹때. 찹때라는 건 저 이 요수바리371)에만 읻꼬 마루바리372)에는 업꼬
아니 아까 풍서네 찹때 헌덴.

– 찹때가 아니고.

여기 쒜 허영으네 여기 풍서네 영 ᄃ랑으네 이거랑 연결허는.

– 게메 요 어음373)허고.

예.

파이프.

– 파이프 요거.

예.

– 요거이 찹때라. 요거.

아 이게.

– 예. 쒜로 만든 거이.

예. 이게 찹때고. 어음에 게예. 게믄 이 구물 마루바리 허민 이거는 어음 아
니우꽈? 삼춘. 이러케 대나무로.

– 어음.

어음. 이 그 다으메 여기 이러헌 거 이런 건 뭐?

– 이건 구물코374).

－ 줄 줄 배에다가 이제 줄.

매서.

－ 매서.

그러면 이 사둘 멸치 때는 배 풍선 어느 부분하고 연결하는 겁니까?

－ 이것은 연결 안 됩니다.

연결은 안 되고요. 연결은 안 하고 이 줄로만 저기를 하는 거군요?

－ 예에.

아까 여기 콧돌 그 찻대 단다고 하니까요. 찻대에 콧돌 달아서 이거하고 같이 하는 거 아니?

－ 찻대. 찻대라는 것은 저 이 사각 그물에만 있고. 사둘에는 없고.

아니 아까 풍선에 찻대 한다고.

－ 찻대가 아니고.

여기 쇠 해서 여기 풍선에 이렇게 달아서 이것이랑 연결하는.

－ 그러게 요 테두리하고.

예.

파이프.

－ 파이프 요거.

예.

－ 요것이 찻대야. 요거.

아 이것이.

－ 예. 쇠로 만든 거요.

예. 이것이 찻대고. 테두리에 것이요. 그러면 이 그물 사둘 하면 이것은 에움 아닙니까? 삼촌. 이렇게 대나무로.

－ 테두리.

테두리. 이 그 다음에 여기 이러한 거 이런 것은 뭐?

－ 이건 그물코.

아 구물코.

— 베리코375). 구물 베리코.

구물 뻬리코.

— 예.

이거는 아까 찰때.

— 예. 구물 뻬리코를 이 구물 이제.

이거는 구물.

— 예에. 구물 헌 데다가 이제 다랑으네376).

예.

— 이제 두꺼운 줄로 이러케 메 가지고 요 요 코도 두꺼운 줄로 메여 가지고 이제.

이러케 뚱기면 이거 히미 읽게 허는 거구나. 게 이거는 이제 뚱기는 거는 이제 풍서네서 하는 거라예? 여기가 풍선예. 그러면 이 벧뚱서더른 마루바리헐 때 멘 명이 피료헤마씨?

— 대여선377) 명 들어얍쭈378).

대여선 명예?

— 예. 대여선 명.

으음.

— 게난 뭐 사름 업쓸 때는 한 사 명 정도 가주마는 소느로 뗑기는379) 거니까 고기가 도망 자리380) 빠져 나가지 모터게 빨리 뗑겨야 뒈는 따무네.

예.

— 아 사라미 베리381) 이 베리 뗑길 땐 둘씩 둘씩 케382) 가지고 가운데 상가짓베383) 여기 여기다가 줄 세 개를 가운데 저 이 선장이.

예.

— 가운데 딱 쌍으네384) 요거 세 줄. 버릳쭐385) 세 개 인는 에 삼 가지에 쭈를 그 베임제386)가 이제 가운데서 딱 혜서 물안경으로 저 바다 이

아 그물코.

― 벼리코. 그물 벼리코.

그물 벼리코.

― 예.

이것은 아까 찻대.

― 예. 그물 벼리코를 이 그물 이제.

이것은 그물.

― 예에. 그물 한 데다가 이제 달아서.

예.

― 이제 두꺼운 줄로 이렇게 매어 가지고 요 요 코도 두꺼운 줄로 매어 가지고 이제.

이렇게 당기면 이거 힘이 있게 하는 거구나. 그래 이것은 이제 당기는 것은 이제 풍선에서 하는 거지요? 여기가 풍선요. 그러면 이 뱃동서들은 사둘 할 때 몇 명이 필요한가요?

― 대여섯 명 들어얍지요.

대여섯 명요?

― 예. 대여섯 명.

으음.

― 그러니까 뭐 사람 없을 때는 한 사 명 정도 가지만 손으로 당기는 것이니까 고기가 도망 자리돔 빠져 나가지 못하게 빨리 당겨야 되는 때문에.

예.

― 아 사람이 벼리 이 벼리 당길 때는 둘씩 둘씩 해가지고 가운데 맨 위의 배 여기 여기다가 줄 세 개를 가운데 저 이 선장이.

예.

― 가운데 딱 서서 요거 세 줄. 벌이줄 세 개 있는 에 삼 가지에 줄을 그 배임자가 이제 가운데서 딱 해서 물안경으로 저 바다 이

선장이 바닫쪽 보면서 자리387) 모여지는 건또 보고. 모여지게 돼믄 뗑기라388) 허며는 이제 콜똘 자븐 사람더른 이제 자바 뗑겨그네389) 허게 돼며는 자리가 경 허영390) 떧쑤다.

　게믄 삼춘 여기 여기에서 이무른 어느 거고 고부른 어디우꽈?

　－ 베 베 아페를 저 이무리라 허고.

　예.

　－ 이거 나즐 이짠데 이 베에는 이물 고부리391) 인는데 고부리 항상 노프거든392).

　아아.

　－ 두에가393).

　두에가 노파예?

　－ 발똥. 베가 이제 뜨며는 이제 아피 이러케 노파 베지마는394) 월래 이거 가에 올리게 돼민 아피보단395) 두에가 노픔니다게.

　아아.

　－ 이러케.

　예에.

　－ 여기 까라안는396) 수시미 읻끼 때무네.

　예예예예.

　－ 여기 뭐 기계 フ뜬 거 메우게 돼면 허고. 풍서는 그 그런대로 이러케 약깐 고부리라도397) 약깐 노프지. 마니는 안 노파마씨.

　음. 발똥기보단예?

　－ 예.

　예. 그러케 해서 하고 벧똥서398). 동서.

　－ 예.

　자릳똥서?

　－ 예. 자릳똥서399).

선장이 바닷속 보면서 자리돔 모여지는 것도 보고. 모여지게 되면 당겨라 하면 이제 콧돌 잡은 사람들은 이제 잡아 당겨서 하게 되면 자리돔이 그렇게 해서 떴습니다.

그러면 삼촌 여기 여기에서 이물은 어느 것이고 고물은 어딥니까?

― 배 배 앞에를 저 이물이라고 하고.

예.

― 이거 낮을 이자인데 이 배에는 이물 고물이 있는데 고물이 항상 높거든.

아아.

― 뒤에가.

뒤에가 높아요?

― 발동. 배가 이제 뜨면 이제 앞이 이렇게 높아 보이지만 원래 이거 가에 올리게 되면 앞보다는 뒤가 높습니다.

아아.

― 이렇게.

예에.

― 여기 가라앉는 수심이 있기 때문에.

예예예예.

― 여기 뭐 기계 같은 거 메우게 되면 하고. 풍선은 그 그런대로 이렇게 약간 고물이어도 약간 높지. 많이는 안 높아요.

음. 발동기보다요?

― 예.

예. 그렇게 해서 하고 뱃동서. 동서.

― 예.

자리돔 동서?

― 예. 자리돔 동서.

게믄 여기는 동서렌 안 헤마씨? 요수바리헐 때.

― 아이. 만 만날 동서엔 험니다. 인부를.

인부. 아 인부드를 동서라고.

― 저 인부드를 동서라고 험니다게. 자릳빼 동서.

자릳빼 동서예? 예. 아라쑤다. 그러면 아까 이제 갈 때 기구는 이런 그물드른 이러케 가졍 갇짜나예? 궤기 자방 궤기 논는 거는 뭐에 놩 왇쑤과?

― 그 베 칸. 카니 인써 가지고.

예.

― 거기 저 물뽕400) 다 만드러 가지고 거기 무리 드러오게 뒈며는 거기다 자리가 산 채 드러오는 겁쭈401).

예예예. 아 게난 물뽕하고. 물뽕허기 저네 풍선 가뜬 경우는 무슨?

― 풍선. 풍서도 물뽕은 인쩌마는 풍서는 그대로 자방402) 그대로 강 그대로 프라마씨? 주근 채로.

주근 채로 그 무슨 구덕 달믄 거 이런 거는 어서나수꽈? 그 베에.

― 에 엔나레는 그런 거 뒈403)로.

뒈로.

― 예. 뒈로 허영 프랃쑤다404).

예에. 그러면 해안까에서예. 이제 우리 아까 구물 종뉴가 두 가지. 구물 종뉴 무슨 구물 무슨 구물 인쑤과? 해아네서. 여기에서 이제 구물로 궤기 자브면 어떤 구물 어떤 구무리 피료헤마씨?

― 그 자리405)허고 멜406) 말고.

예.

― 이 어망은 저 이 거 절407)로 감니다게. 에 구멍 크기가.

예.

― 어 스 절 자근 거는 오 절.

― 요즘 여기는 스 절 내지 스절 반. 구물코408) 쫌 큼니다게.

그러면 여기는 동서라고 안 하나요? 사각 그물할 때.

— 아니. 만 만날 동서라고 합니다. 인부를.

인부. 아 인부들을 동서라고.

— 저 인부들을 동서라고 합니다. 자리돔 배 동서.

자리돔배 동서요? 예. 알았습니다. 그러면 아까 이제 갈 때 기구는 이런 그물들은 이렇게 가져갔잖아요? 고기 잡아서 고기 넣는 것은 뭐에 넣어서 왔습니까?

— 그 배 칸. 칸이 있어 가지고.

예.

— 거기 저 어창 다 만들어 가지고 거기 물이 들어오게 되면 거기다 자리돔이 산 채 들어오는 거지요.

예예예. 아 그러니까 어창하고. 어창하기 전에 풍선 같은 경우는 무슨?

— 풍선. 풍선도 어창은 있지만 풍선은 그대로 잡아서 그대로 가서 그대로 팔아요. 죽은 채로.

죽은 채로 그 무슨 바구니 같은 거 이런 것은 없었었습니까? 그 배에.

— 아 옛날에는 그런 거 되로.

되로.

— 예. 되로 해서 팔았습니다.

예에. 그러면 해안가에서요. 이제 우리 아까 그물 종류가 두 가지. 그물 종류 무슨 그물 무슨 그물 있습니까? 해안에서. 여기에서 이제 그물로 고기 잡으면 어떤 그물 어떤 그물이 필요합니까?

— 그 자리돔하고 멸치 말고.

예.

— 이 어망은 저 이 거 절수로 갑니다. 아 구멍 크기가.

예.

— 아 사 절수 작은 것은 오 절수.

— 요즘 여기는 사 절수 내지 사 절 반. 그물코 조금 큽니다.

네에.

- 그런 걸로 구물 멘드랑. (기침) 어망뻬409)는 그 미테다 뽕똘. 어 또 이심 미리 정도 뒈는 그 뽕똘 그런 걸 여러 개 드랑410) 로프에다 나이롱 주레다가 그걸 드랑으네411) 구물 미테다가 연결헤영 멘든 거시 저 이 우에는 저 이 버국412).

버국예?

- 예. 버국덜. 이 존413) 버국 다 만드렁 파니까.

예예.

- 그거 저 주레다 메영으네414) 또 일쩡한 간격 뒹으네415) 무끄며는 구물이 뒈는데 그런 구물 이제 허게 뒈면 저녁 때 바다에 강416) 낭 강 이제 고기 좀 들어짐커다417) 허는 장소에 강으네418) 이제 노케 뒈며는 뒌날 아치미419) 강 거덩. 걷끼 뒈며는 고기 들미는420) 모슬포 나강421) 풀고.

그 그물로 헹으네 잠는 궤기는 어떤 궤기마씨?

- 구물로 잠는 거 구루찌422). 우럭 뭐 돔. 구문젱이423) 다금바리 북빠리424) 그런 거. 논젱이425)예. 그런 정도.

그러면 아까 구물 할 때 궤기 종뉴에 따라 절쑤가 다른덴 허자나예? 그 저 리라는 마리 무슨 마리우꽈?

- 구물코지. 구물코 기리. 널비.

예.

- 널비를 절로.

구물코 하나를 절로 표현하자나예? 그러면 아까 마나게 오 절이다 헬쓸 때는 오 절 하게 되면 얼만큼 일 쩨레 얼만큼 정도우꽈? 기리로 허며는.

- 글쎄. 지금 스 저리426) 한 구 미리 구심 미리. 구심 미리 뭐 벡꼬 미리 그런 거로 구물. 요즘 구물 만드는 건 한 벡오 미리.

- 저 이 볼락 ᄀ튼 거 잠는 거는 한 칠십오 미리 그런 거.

볼라근 자그니까 좀 더 작따예?

네에.

– 그런 것으로 그물 만들어서. (기침) 그물배는 그 밑에다 봉돌. 어 또 이십 밀리미터 정도 되는 그 봉돌 그런 것을 여러 개 달아서 로프에다 나일론 줄에다가 그걸 달아서 그물 밑에다가 연결해서 만든 것이 저 이 위에는 저 이 떼.

떼요?

– 예. 떼들. 이 잔 떼 다 만들어서 파니까.

예예.

– 그거 저 줄에다 매서 또 일정한 간격 둬서 묶으면 그물이 되는데 그런 그물 이제 하게 되면 저녁 때 바다에 가서 놔서 가서 이제 고기 좀 들 것 같다 하는 장소에 가서 이제 놓게 되면 뒷날 아침에 가서 걷어서. 걷게 되면 고기 들면 모슬포 나가서 팔고.

그 그물로 해서 잡는 고기는 어떤 고깁니까?

– 그물로 잡는 거 벵에돔. 우럭 뭐 돔. 능성어 다금바리 붉바리 그런 거. 아홉동가리요. 그런 정도.

그러면 아까 그물 할 때 고기 종류에 따라 절수가 다르다고 하잖아요? 그 절수이라는 말이 무슨 말입니까?

– 그물코지. 그물코 길이. 넓이.

예.

– 넓이를 절수로.

그물코 하나를 절수로 표현하잖아요? 그러면 아까 만약에 오 절수다 했을 때는 오 절수 하게 되면 얼만큼 일 절수에 얼만큼 정돕니까? 길이로 하면.

– 글쎄. 지금 사 절수가 한 구 밀리 구십 밀리. 구십 밀리 뭐 백오 밀리 그런 거로 그물. 요즘 그물 만드는 것은 한 백오 밀리.

– 저 이 볼락 같은 거 잡는 것은 한 칠십오 밀리 그런 거.

볼락은 작으니까 좀 더 작네요?

- 예.

게믄 그 칠심오 미리렌 허면 절쑤로 허게 뒈면?

- 칠시보 미리 쩡도 뒌 거시 한 오 절쯤.

오 절. 음. 칠 쎈치가 오 저리네예?

- 칠 쎈치 오미리 뒌 거시.

그게 오저리라고예. 그리고 여기에 그 원도 하낟쑤과?

- 원427) 워니 어선쑤다. 여기는 저 한개창428)에 저 멜통아니엔429) 헌 디 이제 포구가 뒈여십쭈마는 엔나레는 거기 물싸민430) 바당431) 나고 무리 쪼끔 고여 잇쓸 정도. 거 멜432) 거기 멜 잘 드러온다 헤서 멜통아니엔 헌디. 지그믄 다 저.

한개 허멍.

- 아 축깡433) 건설헤 부니까 그게 어서져마씨434).

아 우리 옌날 그 무미라든가 이런 퉤비할 때 통별로 뭔 한다고 해나지 아녀우꽈예?

- 예에.

그때 통이 뭐우꽈?

- 그때 통이 바로 이 이 구역.

예.

- 이 가파도 도라가멍435) 멩칭이 잇쑤다게.

예.

- 에 요 무시리436). 이개덕437). 에 조근통 큰통 평풍덕 저기 장택코어 조근나끈녀 큰아끈녀 물아피 인개 이러케 쭉 도라가면서 그 다 애기허카마씸?

예.

- 그걷또. 아 아까도 애끼헫찌마는 저 인개꾸석438) 에 저 두이로439) 도라가믄 뒤성440). 그 다음 한개창441). 한개창으로 저쪽커민 지딴알442)

– 예.

그러면 그 칠십오 밀리라고 하면 절수로 하게 되면?

– 칠십오 밀리 정도 된 것이 한 오 절수쯤.

오 절수. 음. 칠 센티미터가 오 절수네요?

– 칠 센티미터 오 밀리 된 것이.

그게 오 절수라고요. 그리고 여기에 그 원도 많았었습니까?

– 원 원이 없었습니다. 여기는 저 한개창에 저 멜통안이라고 한 데 이제 포구가 되었습지만 옛날에는 거기 물써면 바닥 나고 물이 조금 고여 있을 정도. 거 멸치 거기 멸치 잘 들어온다 해서 멜통안이라고 하는데. 지금은 다 저.

한개 하면서.

– 아 축항 건설해 버리니까 그게 없어졌어요.

아 우리 옛날 그 모자반이라든가 이런 퇴비할 때 통별로 뭐 한다고 했었지 않습니까?

– 예에.

그때 통이 뭡니까?

– 그때 통이 바로 이 이 구역.

예.

– 이 가파도 돌아가면서 명칭이 있습니다.

예.

– 에 요 모시리. 이개덕. 아 작은통 큰통 병풍덕 저기 장택코, 어 작은아끈여 큰아끈여 물앞이 인개 이렇게 쭉 돌아가면서 그 다 얘기할까요?

예.

그것도 아 아까도 얘기했지만 저 인개구석 에 저 뒤로 돌아가면 뒤성. 그 다음 한개창. 한개창으로 저쪽하면 지단알 거기 방아알 지단알. 에 말

그디 방에알 지딴알. 에 말자븐목. 두시여. 에 큰아끈 아니 큰옹진물 조근 옹진물. 또 껨지우리.

－ 또 사계깨443) 뒤깬머리 이러케 헤영 그 다 그 구영마다 그 맹칭이 이서444) 가지고.

－ 그 통마다 이제 잘 드는 통이 이제 ᄆ미445) 잘 올르는446) 통에다 저 이제 돈 얼마씩 내영으네447) 가이블 헤십쭈게448).

－ 한꺼버네 또 거 마니 드르가게 뒈며는 그 몸 그 거름헐 꺼니까 거 드탕449) 쌉끼도450) 허고 허며는 뭐허니까 한 거기서 한 오 명이민 오 명 드러가민 더 이상 몯 뜨러가민 다른 통에 드러가얍쭈마씨451).

으음.

－ 건또 선착쑤느로 헤 가지고 돈 얼마쯤. 게니까 돈 인는 사르믄 우선 강 가입퍼게 뒈며는 춤 그 통 안네 드렁으네452) 그 해초 ᄀᆞ뜬 거 헤영으 네453) 에 거 올렁으네454) 거름허고 헤십쭈.

게믄 그때 통하고 아까 멜통아네 통허고는 의미가 다른 거구나예?

－ 다른 겁쭈게455).

나는 그런데도 이제 통 이런 원담치록 이성으네 그런 이름.

－ 그런 건 아니고.

아니고예. 게믄 여기는 별또로 여긴 원담 싼 거는 엇어난마씨?

－ 예. 어서456).

가파도에서도 덤장험니까?

－ 가파돈 덤장 안 험니다.

아 덤장 안 헤예?

－ 바당457) 씨니까458) 어망이 전뎌459) 나질460) 아녀마씨461).

아아 그러면 삼춘 전공 이젠 낙씨. 그냥 옌날 춤때로 헤영으네 허는 그거는 어떤 시그로 저길 헬쑤과?

－ 옌날 여기는 춤때462)로는 가에로는 그자 어렝이463) ᄀᆞ튼 거 조럭464)

잡은목. 두시여. 에 큰아끈 아니 큰옹짓물 작은옹짓물. 또 겜지우리.

－ 또 사계개 뒤갯머리 이렇게 해서 그 다 그 구역마다 그 명칭이 있어 가지고.

－ 그 구역마다 이제 잘 드는 구역이 이제 모자반이 잘 오르는 구역에다 저 이제 돈 얼마씩 내어서 가입을 했습지요.

－ 한꺼번에 또 거 많이 들어가게 되면 그 모자반 그 거름할 것이니까 거 다투어서 싸우기도 하고 하면 뭐하니까 한 거기서 한 오 명이면 오 명 들어가면 더 이상 못 들어가면 다른 구역에 들어가얍지요.

으음.

－ 것도 선착순으로 해 가지고 돈 얼마쯤. 그러니까 돈 있는 사람은 우선 가서 가입하게 되면 참 그 통 안에 들어서 그 해초 같은 거 해서 에 거 올려서 거름하고 했습지요.

그러면 그때 구역하고 아까 멸치통안에 통하고는 의미가 다른 거군요?

－ 다른 거지요.

나는 그런데도 이제 구역 이런 원담처럼 있어서 그런 이름.

－ 그런 것은 아니고.

아니고요. 그러면 여기는 별도로 여기는 원담 쌓은 것은 없었습니까?

－ 예. 없어.

가파도에서도 덤장합니까?

－ 가파도는 덤장 않습니다.

아 덤장 안 해요?

－ 바다 세니까 어망이 견디어 내지를 않습니다.

아아 그러면 삼촌 전공 이제는 낚시. 그냥 옛날 낚싯대로 해서 하는 그것은 어떤 식으로 저기는 했습니까?

－ 옛날 여기는 낚싯대로는 가로는 그저 어렝놀래기 같은 거 노래미 같

ᄀ뜬 거 고멩이465) ᄀ뜬 거 나깎찌마는 여기는 보통 뗌마466) 탕467) 강으네468) 줄로 헤영 나끔니다게. 줄로.

예. 줄낙씨로.

- 줄낙씨469) 헤영 어렝이 그런 건또 나ᄁ곡470). 볼락 ᄀ뜬 건 저 첨때471) 헤 가지고 대나무 한 두 발쯤 뒌 거. 세 발. 한 발 두 발 한 세 발 뒐쓸 거라. 그런 거 헤여 가지고 에 멘셀쭐472) 가는 거에다가 피 메경473) 건또 쏠마474) 가지고 치며는475) 꺼멍케476) 뒈고 이제 뻗뻗터니까 그걸로 허영으네477) 볼락 가뜬 거는 그 주레다가 그냥 대구수478) 아리479).

예.

- 일쩜오 호나 이 호 그런 걸로 헤 가지고 인조 미끼. 낙씨에다가 이제 뿡똘480) 이퍼481) 가지고 거기다 가와482). 이피는 건뽀고 가와라고. 가와 이퍼 가지고 짝 뿌리게 뒈며는 멀리 안 뿌려도 그러케 고기가 볼라기 잘 무러시난483).

- 그 경 허고. 또 뗌마 탕 강 그 줄484)로 나끄는485) 거는 우럭. 북빠리486) 그런 거 나깎꼬.

삼춘 아까 조러기렌 헌 고기는 어떤 궤기마씨?

조럭.

- 조럳또 그 놀래미에487) 속커는 거?

아 아까 놀래미에 속커는 거?

- 거 하여튼 건 색까리 ᄒ꼼488) 거무스레허고 좀 길쭉커고 그 조러기489) 마시 이십쭈게490).

그 다으멘예. 우리 그 고기 잠는 베 종뉴 읻찌 아녀우꽈? 베. 베 종뉴 헤 갇꼬. 고기 잠는 베 이르믄 어떤 게 어떤 게 이서날쑤과? 옌나레 고기 자블 때 사용하는 베 이름? 아까 뗌마도 읻꼬.

- 뗌마491).

예.

은 거 고생놀래기 같은 거 낚았지만 여기는 보통 거루 타고 가서 줄로 해서 낚습니다. 줄로.

예. 외줄낚시로.

— 외줄낚시 해서 어렝놀래기 그런 것도 낚고. 볼락 같은 것은 저 낚싯대 해 가지고 대나무 한 두 발쯤 된 거. 세 발. 한 발 두 발 한 세 발 됐을 거야. 그런 거 해 가지고 에 면사 가는 거에다가 피 먹여서 것도 삶아 가지고 찌면 꺼멓게 되고 이제 뻣뻣하니까 그것으로 해서 볼락 같은 것은 그 줄에다 그냥 목줄 목줄.

예.

— 일점오 호나 이 호 그런 것으로 해 가지고 인조 미끼. 낚시에다가 이제 봉돌 입혀 가지고 거기에다 표면. 입히는 것보고 "가와"라고. 표면 입혀 가지고 짝 뿌리게 되면 멀리 안 뿌려도 그렇게 고기가 볼락이 잘 물었으니까.

— 그 그렇게 하고. 또 거루 타고 가서 그 외줄낚시로 낚는 것은 우럭. 붉바리 그런 거 낚았고.

삼촌 아까 노래미라고 한 고기는 어떤 고깁니까?

노래미.

— 노래미도 그 갓놀래기아과에 속하는 거.

아 아까 갓놀래기아과에 속하는 거?

— 거 하여튼 건 색깔이 조금 거무스레하고 좀 길쭉하고 그 노래미가 맛이 있습지요.

그 다음에는요. 우리 그 고기 잡는 배 종류 있지 않습니까? 배. 배 종류 해 가지고. 고기 잡는 배 이름은 어떤 게 어떤 게 있었습니까? 옛날에 고기 잡을 때 사용하는 배 이름? 아까 거루도 있고.

— 거루.

예.

− 요수바리뻬492).

예.

− 멜뻬493).

멜뻬.

− 거 다 자리494) 뜨는 베가 멜 헐 때 또 멜뻬도 뒈곡.

예예.

− 그런 거. 그 정도.

그 정도예? 그러면 이제 발똥 발똥기도 잇꼬.

− 발똥기495). 주로 발똥기로 멜치496)나 자리497) 자브니까. 그건 다 가
튼 의미이고.

그 다음 우리 지그믄 업찌만 풍선네? 풍서늘 한번.

풍서니 여기 그려도 뒈나?

그 돋딴베 부분 명칭드를 한번 ㄱ라줘 봅써?

− 예. 풍선?

예.

− 에.

그림 그려봅써?

− 요 아피를 이제 칼치엔498) 허고.

예.

− 요 풍선 요기 이러케 허며는 이런 시그로 뒘니다게.

예.

파락?

− 여기를 이러케 헤 가지고 갈치가 뽀족커게 나오곡. 이러케 헤서 이
러케 허며는 요거시 깝빵499).

깝빵예?

− 깝빵 헤 가지고 여기 문 드라500) 가지고 여기에 사람 드러강 잘 쑤

― 사각 그물배.

예.

― 멸치 배.

멸치 배.

― 거 다 자리돔 뜨는 배가 멸치 할 때 또 멸치 배도 되고.

예예.

― 그런 거. 그 정도.

그 정도요? 그러면 이제 발동 발동기선도 있고.

― 발동선. 주로 발동선으로 멸치나 자리돔 잡으니까. 그것 다 같은 의미이고.

그 다음 우리 지금은 없지만 풍선요? 풍선을 한번.

풍선이 여기 그려도 되나?

그 돛단배 부분 명칭들을 한번 말씀해 줘 보십시오?

― 예. 풍선?

예.

― 에.

그림 그려보십시오?

― 요 앞을 이제 칼치라고 하고.

예.

― 요 풍선 요기 이렇게 하면 이런 식으로 됩니다.

예.

파락?

― 여기를 이렇게 해 가지고 칼치가 뾰족하게 나오고. 이렇게 해서 이렇게 하면 요것이 갑방.

갑방요?

― 갑방 해 가지고 여기 문 달아 가지고 여기에 사람 들어가서 잘 수

읻께 멘들고.

　예. 갑빵.

　- 여기는 칸 칸 헤 가지고 카니 읻꼬. 가운디는 멍에. 양쪼그로 이러케 멍에가 뚜꺼운501) 나무로 이러케 허게 뒈면 나무가 이러케 멍에.

　예. 그 멍에는 무슨 멍에우꽈?

　- 멍에에다가 이게 여기 돈502). 도츨 달게끔 여기다 이 두꺼운 나무에다가 이러케 이 고정. 연결시키는 고정 트리 이서503) 가지고 여기다 노코 이제 노끈느로 이러케 무끄며는 벧때504)가 세와져.

　예. 벧때가 세와져?

　- (기침) 게면 이건 허릳때505).

　허릳때. 이게 허릳때?

　- 예.

　이 벧때가 허릳때? 예.

　- 벧때. 요 갑빵 아페도 이러케 방석 멘드러 가지고 구멍 뚤러 가지고 여기다 안치는 게 야릳때506).

　야온때?

　- 야온때. 야온때. 허릳때.

　예.

　- 여기 치통문507). 이러케 널 거 가지고 구멍 뚤러진508) 거시 치통문.

　치통문.

　- 여기다 헤 가지고 치509)를 달며는 이거시 치.

　예.

　- 여기다가 아 거보고 뭐라 하나? 치.

　- 치통문. 이 치통무니고.

　예. 치통무니고?

　- 이거는 치고.

있게 만들고.

예. 갑방.

- 여기는 칸 칸 해 가지고 칸이 있고. 가운데는 멍에. 양쪽으로 이렇게 멍에가 두꺼운 나무로 이렇게 하게 되면 나무가 이렇게 멍에.

예. 그 멍에는 무슨 멍엡니까?

- 멍에에다가 이게 여기 돛. 돛을 달게끔 여기에다 이 두꺼운 나무에다가 이렇게 이 고정. 연결시키는 고정 틀이 있어 가지고 여기에다 놓고 이제 노끈으로 이렇게 묶으면 돛대가 세워져.

예. 돛대가 세워져?

- (기침) 그러면 이것은 고물대.

고물대. 이것이 고물대?

- 예.

이 돛대가 고물대? 예.

- 돛대. 요 갑방 앞에도 이렇게 방석 만들어 가지고 구멍 뚫어 가지고 여기다 앉히는 게 이물대.

이물대?

- 이물대. 이물대. 고물대.

예.

- 여기 킷구멍. 이렇게 널 그것 가지고 구멍 뚫린 것이 킷구멍.

킷구멍.

- 여기다 해가지고 키를 달면 이것이 키.

예.

- 여기다가 아 그것보고 뭐라 하나? 키.

- 킷구멍. 이 킷구멍이고.

예. 킷구멍이고.

- 이것은 키고.

예. 치고.

— 이거 손자비를.

키손? 치손? 몽고지이?

— 에 이저 부런네.

네는 어디서?

— 치창낭510). 치창낭.

아 치창낭. 예에.

— 치창낭.

치창낭 예예.

— 하도 오래 노난511). 이거 치창낭.

예. 조쑤다.

— 요거 헤 가지고. 여기다 이제.

돋 뚤고.

— 초석512).

예. 초석.

— 초서게 허며는 이 대를 대나무513) 헤 가지고 이러케 허고 여기는 줄로 허고 여기도 대.

예.

— 여기도 뚜꺼운514) 대로 허고. 여긴 줄.

예.

— 이러케 헤서 요 주레다가 이러케 두꺼운 노끄느로 이러케.

대에다가 메영.

— 예. 이러케 허게 뒈면 요게 돋때515) 끼우는 데.

예.

— 또 여기에 도르레 돌고 여기도 도르레 헤 가지고 연결헤 가지고 에 여기서 줄516)로 헤 가지고.

예. 키고.

− 이거 손잡이를.

키손? 키손? 노손?

− 아 잊어 버렸네.

노는 어디서?

− 창나무. 창나무.

아 창나무. 예에.

− 창나무.

창나무 예예.

− 하도 오래 놓으니까. 이거 창나무.

예. 좋습니다.

− 요거 해 가지고 여기다 이제.

돛 달고.

− 돛.

예. 돛.

− 돛에 하면 이 대를 돛대 해 가지고 이렇게 하고 여기는 줄로 하고 여기도 돛대.

예.

− 여기도 두꺼운 대로 하고. 여기는 줄.

예.

− 이렇게 해서. 요 줄에다가 이렇게 두꺼운 노끈으로 이렇게.

돛대에다가 매서.

− 예. 이렇게 하게 되면 요것이 돛대 끼우는 데.

예.

− 또 여기에 도르래 달고 여기도 도르래 해 가지고 연결해 가지고 에 여기서 용총줄로 해 가지고.

뗑겨 가지고.

— 여기다 고정시켜. 여기 고정시키게 돼며는 또 돈517) 딸고518) 여기도 도르레 메어 가지고 여기다가.

뭐예 연겨리우꽈?

— 여기다가 저 이 에 종통519).

종통.

— 종통 만드러 가지고 여기다가 그 이제 바라미 쎄게 돼며는 뭐 허니까 줄로 이쪼게 고정시키고 이러케 헤 가지고.

두 군데로.

— 도르레로 이러케 허민 에 이걸로 뗑기게520) 돼며는 이거 또 뗑겨도지고 무끄게521) 뒈면 쑥522) 도라가며는 무끄게 뒈고.

게믄예 삼춘. 아까 이게 허린때 아니라예? 이게 뱉댄데 허린때. 허린때 여기 대나무를 뭐렌 험니까? 이러케 가로로 논 대나무.

초서게.

초서게. 허릿대 가운데 노는.

— 어.

이게 활때.

— 요디다 거는 거시 활때523)고.

예. 중가네. 활때고.

— 활때고 이.

전체저그로.

— 게난 이거 공부헹 놔둬야는데.

(웃음)

— 옌날 나도 직쩝 멘드라난느디524) 이 저.

게믄 이 여페 주른?

— 이거시 에.

당겨 가지고.

– 여기에다 고정시켜. 여기 고정시키게 되면 또 돛 달고 여기도 도르래 매 가지고 여기에다가.

뭐에 연결입니까?

– 여기에다가 저 이 에 노손.

노손.

– 노손 만들어 가지고 여기에다가 그 이제 바람이 세게 되면 뭐 하니까 줄로 이쪽에 고정시키고 이렇게 해 가지고.

두 군데로.

– 도르래로 이렇게 하면 에 이것으로 당기게 되면 이거 또 당겨도 지고 묶게 되면 쭉 돌아가면 묶게 되고.

그러면요 삼촌. 아까 이것이 고물대 아닌가요? 이것이 돛대인데 고물대. 고물대 여기 대나무를 뭐라고 합니까? 이렇게 가로로 놓은 대나무.

돛에.

돛에. 고물대 가운데 놓는.

– 어.

이게 활대.

– 요기다 거는 것이 활대고.

예. 중간에. 활대고.

– 활대고 이.

전체적으로.

– 그러니까 이거 공부해서 놔둬야 하는데.

(웃음)

– 옛날 나도 직접 만들었는데 이 저.

그러면 이 옆에 줄은?

– 이것이 에.

베릳쭐.

― 이거시 당때525)라고 헤실526) 거라. 당때.

여기 이게 당때예?

― 예 당때.

당때.

― 당때에 *** 브름 씰527) 때는 요거 혼 당528)을 무끕쭈게529). 요 간격 요거 쪼꼼씩 나오는 디 요거 이거 두 개를 이러케.

혼 당?

― 예. 무끄게530) 뒈며는 혼 당 무끄곡.

예.

― 바람 또 크게 씨게 뒈며는 요거꺼지 다 세 개 무끄면 석 당 무끄며는 요 두 당바께 안 남찌. 게믄 바름531) 쎄도 아 베가 저 너머지지 아녀니까. 다 뻳뻳커게 이러케 고정시켜주는 거라예? 그거를 당때 무끈덴 헤마씨?

― 예.

그러며는 이 허리초서게 당때는 다섣 깨가 뒈는 거우꽈? 여섣. 아 다섣 깨지.

― 네 개. 아 다 우아래꺼정532) 허며는 혼 여섣 깨.

여섣 깨고 이런 폭 대는 거슨 네 개?

― 네 개.

다섣 땅으로 뒈어 인는 거 아니?

― 포근 아 당때는 네 개 돌고533).

예. 당때는 네 개.

― 네 개 달고 으

우알론 뭐렌 헤?

― 머릳때534) 알때535)라고 헬쓸 꺼여.

아 머릳때 알때.

― 머릳때 알때.

벌이줄.

― 이것이 활대이라고 했을 거야. 활대.

여기 이것이 활대요?

― 예. 활대.

활대.

― 활대에 *** 바람 셀 때는 요거 한 활을 묶지요. 요 간격 요거 조금씩 나오는 데 요거 이거 두 개를 이렇게.

한 활?

― 예. 묶게 되면 한 활 묶고.

예.

― 바람 또 크게 세게 되면 요거까지 다 세 활 묶으면 세 활 묶으면 요 두 활밖에 안 남지. 그러면 바람 세도 아 배가 저 넘어지지 않으니까.

다 뻣뻣하게 이렇게 고정시켜 주는 거지요? 그것을 활대 묶는다고 하나요?

― 예.

그러면 이 고물돛에 활대은 다섯 개가 되는 겁니까? 여섯. 아 다섯 개지.

― 네 개. 아 다 위아래까지 하면 한 여섯 개.

여섯 개고 이런 폭 대는 것은 네 개?

― 네 개.

다섯 활로 되어 있는 거 아니?

― 폭은 아 활대은 네 개 달고.

예. 활대은 네 개.

― 네 개 달고 으

위아래로는 뭐라고 해요?

= 상활 하활이라고 했을 거야.

아 상활 하활.

― 상활 하활.

- 게믄 머릴때 알때.

게민 이 여페 주른 뭐우꽈? 돋쭈른 어디우꽈? 초석쭈른?

- 여기 돈 딸 때 올리는 거?

예. 그게 초석쭐?

- 어.

게믄 이 도르레는 뭐렌 ᄀ라?

- 으?

이거 올리 이러케 하면서 하는 도르레?

- 그냥 여기선 도레기536).

도레기?

- 도레기 메왕537).

도레기 메왕예. 게니까 이 초석쭐 올리고 내리고 허는 거를 도레기. 그 다음 종통하고 메는 데도 도레기 아까 헬뗀 헬짜나예. 이 도레긴 뭐우꽈? 종통에 메는 건?

- 걷또 도레기.

그냥 도레기. 여기도 도레기 두 개. 여긴 하나.

- 하나.

하나고 여기는 도래기 두 개예?

- 예.

예. 이러케 이제 하고. 그 다으메 아까 멍에 이러케 헨는데 가운데 멍에는 무슨 멍에 힘니까? 멍에 베에 멍에는 멛 깨 이쑤과?

- 한장538).

베 가운데를.

- 베 가운데 인는 장을 한장.

예.

- 한장에 저 멍에. 한장멍에엔539) 헙쭈.

- 그러면 상활 하활.

그러면 이 옆에 줄은 뭡니까? 용총줄은 어딥니까? 용총줄은?

- 여기 돛 달 때 올리는 거?

예. 그것이 용총줄?

- 어.

그러면 이 도르래는 뭐라고 말합니까?

- 으?

이거 올리 이렇게 하면서 하는 도르래?

- 그냥 여기서는 도르래.

도르래?

- 도르래 메워서.

도르래 메워서요. 그러니까 이 용총줄 올리고 내리고 하는 것을 도르래. 그 다음 노손하고 매는 데도 도르래 아까 했다고 했잖아요. 이 도르래는 뭡니까? 노손에 메는 것은?

- 그것도 도르래.

그냥 도르래. 여기도 도르래 두 개. 여기는 하나.

- 하나.

하나고 여기고 도르래 두 개요?

- 예.

예. 이렇게 이제 하고. 그 다음에 아까 멍에 이렇게 했는데 가운데 멍에는 무슨 멍에 합니까? 멍에 배에 멍에는 몇 개 있습니까?

- 한장.

배 가운데를.

- 배 가운데 있는 장을 한장.

예.

- 한장에 저 멍에. 한장멍에라고 하지요.

예. 한장멍에예? 예. 한장멍에. 그 다음 멍에가 이 멍에 말고도 으라 개 잇찌 아녀우꽈? 멍에가 멛 깨 이실 꺼우꽈?

— 멍에는 한장멍에 뿐.

고불멍에허고 이물멍에는?

— 고부레는540) 치통문541) 읻꼬.

예.

— 우에는542).

이물 이무레는?

— 이무레는.

아까 이물감빵 감빵 읻꼬.

— 감 감빵543) 읻꼬.

그 다으메 이 여페 베 여페는 뭐렌 헙니까?

— 에 노가이544).

노가이. 그게 파락?

— 아 파락545)또 노가이. 일본마릴찌 몰르주만. 우린 노가이라고.

파라기렌 말도 드럳찌예? 이거 노가이는 일본말 담쑤다.

— 에 **파라기엔 헙쭈546). 파락.

(웃음)

— 파락.

예. 파락.

— 파락 파락또 이러케 너브며는 이러케 멍에 바끄로 나온 데다가 이러케 두르게 뒈며는.

예.

— 이 정도 노피로 이러케 둘르게547) 뒈며믄 또 이러케 두러 버리며는 베허곡 간격 새548)에 이 저 바디를 저 이 바디를 부쩌 줘야 뒈는데 그거시 파락. 그거시 파라기고 이 으페 거는 그냥 노가이엔 허영.

예. 한장멍에요? 예. 한장멍에. 그 다음 멍에가 이 멍에 말고도 여러 개 있지 않습니까? 멍에가 몇 개 있을 겁니까?

‒ 멍에는 한장멍에 뿐.

고물멍에하고 이물멍에는?

＝ 고물에는 킷구멍 있고.

예.

‒ 위에는?

이물 이물에는?

‒ 이물에는.

아까 이물갑방 있고.

‒ 갑 갑방 있고.

그 다음에 이 옆에 배 옆에는 뭐라고 합니까?

‒ 에 파락.

노가이. 그것이 파락?

‒ 아 파락도 노가이. 일본말일지 모르지만. 우리는 노가이라고.

파락이라는 말도 들었지요? 이거 노가이는 일본말 같습니다.

‒ 에 **파락이라고 하지요. 파락.

(웃음)

‒ 파락.

예. 파락.

‒ 파락 파락도 이렇게 넓으면 이렇게 멍에 밖으로 나온 데다가 이렇게 두르게 되면.

예.

‒ 이 정도 높이로 이렇게 두르게 되면 또 이렇게 둘러 버리면 배하고 간격 사이에 이 저 바디를 저 이 바디를 붙여 줘야 되는데 그것이 파락. 그것이 파락이고 이 옆에 거는 그냥 노가이라고 해서.

예. 노가이.

으으으음.

그러면 이 여페 아까 저기 바디 부쳐주는 거 읻짜누꽈?

— 예. 파락549).

그 그거에는 뭐 놀 쑤도 인는 디 아니라예? 물건 가뜬 걷또예?

— 거 거는 여기 풍서는 노 저을 때에 여기 또.

노는 어디서 저서마씨?

— 요 치통문550) 요쪼게다가.

예.

— 저 이 거보고 뭐냐 저.

벤드레 몽고지?

거 쒜로 뒌 거예?

예. 거 우리 여기서는 네졷 터영으네.

아 네쫃. 예 네졷.

— 네졷551).

예.

— 네졷 터영으네 허게 뒈며는 허고 요 파라게에다가 요 멍에 한장멍에552) 또 으프로 나온 데다가 요 네졷 이거 헤여 가지고 네를 이쪼게도 읻꼬 이쪼게도 읻꼬 네 두 개에다가 아 큰 네 헤 가지고 싀 개.

세 개예?

— 예. 세 개 허영553) 노를 저얻꼬.

게문예. 삼춘. 이 네졷 이 이 고불예. 고불 쪼게서 전는 네는 무슨 네 험니까? 도문네?

— 아 도 춤. (웃음) 그거 더 잘 아람쑤다양. 도문네554) 맏쑤다555).

게 이쪼기니까.

— 이거 도문네하고 전네556).

예. 노가이.

으으으음.

그러면 이 옆에 아까 저기 바디 붙여주는 것 있지 않습니까?

- 예. 파락.

그 그것에는 뭐 놓을 수도 있는 데 아닌가요? 물건 같은 것도요?

- 거 거는 여기 풍선은 노 저을 때에 여기 또.

노는 어디에서 저어요?

- 요 킷구멍 요쪽에다가.

예.

- 저 이 거보고 뭐냐 저.

벤드레. 노손?

거 쇠로 된 거요?

예. 거 우리 여기서는 놋좆 해서.

아 놋좆. 예 놋좆.

- 놋좆.

예.

- 놋좆 해서 하게 되면 하고 요 파락에다가 요 멍에 한장멍에 또 옆으로 나온 데다가 요 놋좆 이거 해 가지고 노를 이쪽에도 있고 이쪽에도 있고 노 두 개에다가 아 큰 노 해 가지고 세 개.

세 개요?

- 예. 세 개 해서 노를 저었고.

그러면요 삼촌. 이 놋좆 이 이 고물요. 고물 쪽에서 젓는 노는 무슨 노 합니까? 도문네?

- 아 도 참. (웃음) 그거 더 자 알고 있네요. 도문노 맞습니다.

게 이쪽이니까.

- 이거 도문네하고 옆노.

게문 도문네하고 이 양쪼게는?

— 전네.

전네?

— 예.

젤꺼리엔 안 허고 여기는 전네.

—예. 전네.

그 그러면 도문네 전는 사르믄 누레겐 험니까?

— 도문넨 보통 선장이 잡쭈마씨557).

선장이 잡꼬. 이 엽 엽.

— 베임제558)가. 베임제가 잡꼬 이건 동서드리559) 잡꼬.

아 전네는 동서드리 잡꼬예? 게문 저거도 풍선 한번 나가젠 허면 세 명 이상은 타야겐따예? 베 하나예?

— 아 아니. 두 명만 타도 뒈긴 뒈.

아 두 명만 타도.

— 노는 ㅂ름 잘 때는 혼자만 저어도 뒈고560).

예.

— 또 전네561) 저을 싸름 허게 뒈믄 한 사름 더 잊쓰면 조코.

아아.

— 돈562)또 달 때는 선장이 잊꼬 이 돈 올려주는 사르미 셔야563) 뒈난564).

예.

— 하여튼 두 사름 이상은 셔야.

예. 게믄 돈 올려주는 사라믈 부르는 이르믄 어서마씨?

— 그건 얼꼬565).

그 다음 또 삼춘 아까 이거는 허리.

— 허릳때엔566) 허고.

허리초서기자나예?

그러면 도문네하고 이 양쪽에는?

- 옆노.

옆노?

- 예.

젯거리라고 안 하고 여기는 젓네.

- 예. 옆노.

그 그러면 도문네 젓는 사람은 누구라고 합니까?

- 도문네는 보통 선장이 잡지요.

선장이 잡고. 이 옆 옆.

- 배임자가. 배임자가 잡고 이것은 동서들이 잡고.

아 옆노는 동서들이 잡고요? 그러면 적어도 풍선 한번 나가려고 하면 세 명 이상은 타야겠네요? 배 하나요?

- 아 아니. 두 명만 타도 되기는 돼.

아 두 명만 타도.

- 노는 바람 잘 때는 혼자만 저어도 되고.

예.

- 또 옆노 저을 사람 하게 되면 한 사람 더 있으면 좋고.

아아.

- 돛도 달 때는 선장이 있고. 이 돛 올려주는 사람이 있어야 되니까.

예.

- 하여튼 두 사람 이상은 있어야.

예. 그러면 돛 올려주는 사람을 부르는 이름은 없나요?

- 그것은 없고.

그 다음 또 삼촌 아까 이것은 허리.

- 고물대라고 하고.

고물 돛이잖아요?

- 이건 허리567)고.

아까 여기는 몇 땅으로 뒈어 읻쑤과? 이쪼게 꺼는.

- 그거는.

자근 도슨?

- 그거슨 가운디는 이건 두 개.

아아.

- 이거는 바라미 쎄나 안 쎄나 이건 그대로.

항상 이러케 헹 놔뒁.

- 어 무끄지568) 아녕569). 그냥 돋 달기만 허믄 뒈어. 이런 시그로.

예.

- 도르레. 도레기.

도레기 두 개 하고. 으.(도르래 두 개 하고. 으.}

- 여기 도레기. 코거리570) 헤 가지고 고리에다 어느 정도 간격 이거는 누견따571) 뗑견따572) 허지마는 이거는 거이573) 고정.

예. 게믄 이 도르레 헤 갇꼬 메는 이 부분에. 여기는 이르미 뭐우꽈? 아페.

- 그냥 꼴리574). 골히엔575) 헤.

골리. 골리 이름 별로 어서마씨? 여기에 아까 그 이물감빵에 이러케 네모나게 뭐 만드랑으네.

- 방석. 방석.

방석. 무슨 방석?

- 야온때576) 빵서기엔577).

야온때 방썩예?

- 여기는 허릳빵석578).

아 여기 야.

- 어 허릳빵석 이제.

허릳빵석. 그 방석또 네모난 나무 이런 거세다가 이러케 사각컹으로.

- 이것은 고물 돛이고.

아까 여기는 몇 활로 되어 있습니까? 이쪽에 것은.

- 그것은.

작은 돛은?

- 그것은 가운데는 이것은 두 개.

아아.

- 이것은 바람이 세나 안 세나 이건 그대로.

항상 이렇게 해 놔둬서.

- 어 묶지 않아서. 그냥 돛 달기만 하면 되어. 이런 식으로.

예.

- 도르래. 도르래.

도레기 두 개 하고. 으.(도르래 두 개 하고. 으.

- 여기 도르래. 고리 해 가지고 고리에다 어느 정도 간격 이것은 늦췄다 당겼다 하지만 이것은 거의 고정.

예. 그러면 이 도르래 해 가지고 매는 이 부분요. 여기는 이름이 뭡니까? 앞에.

- 그냥 고리. 고리라고 해.

고리. 고리 이름 별로 없나요? 여기에 아까 그 이물갑방에 이렇게 네모나게 뭐 만들어서.

- 방석. 방석.

방석. 무슨 방석?

- 이물대 방석이라고.

이물대 방석이라고요?

- 여기는 고물대 방석.

아 여기 이.

- 어 고물대 방석 이제.

고물대 방석. 그 방석도 네모난 나무 이런 것에다가 이렇게 사각형으로.

예. 뚤랑.

　ㅡ 기피 팝쭈게579).

예.

　ㅡ 게며는 허릳때 대나무580) 이러케 허며는 허릳때 숙때나무581) 가뜬 거 이러케 허며는 이런 미테다 이러케 까까 가지고 여기에 맏께끔582).

끼우게예?

　ㅡ 딱 두이로583) 빼여 가지고 여기다 노코 요 멍에에다가 의지헤 가지고 이러케 노코.

예.

　ㅡ 두 두리나 세시서 이러케 이러케.

올령.

　ㅡ 소느로 올리게 아느로 드러가면서 올리게 돼며는 이제 세와지게584).

예.

　ㅡ 게민585) 저 여기 트리 읻써 가지고.

예.

　ㅡ 그 허리586) 어 멍에 뒤켜네587) 이러케 나무로 이러케 골히588) 멘드랑으네589) 거기에다 이제 노끄느로 헤영590) 우에591) 딱 무끄며는 아랟빵 서게592) 고정 돼고 우의593) 딱 무끄게594) 돼며는.

허리도시.

　ㅡ 움지기지 아녀595).

음 게면 허리도시. 허리돋때가 여기 딱 세워지는 거.

　ㅡ 예.

으음.

　ㅡ 게며는 또 이거시 총이엔596) 헌 게 읻쑤다.

예.

　ㅡ 요 이 대나무597) 세왕598) 내부는599) 게 아니고 요 총 끋뗑이에다가600) 에

예. 뚫어서.

- 깊이 파지요.

예.

- 그러면 고물대 돛대 이렇게 하면 고물대 삼나무 같은 거 이렇게 하면 이런 밑에다 이렇게 깎아 가지고 여기에 맞게끔.

끼우게요?

- 딱 뒤로 빼어 가지고 여기다 놓고 요 멍에에다가 의지해 가지고 이렇게 놓고.

예.

- 두 둘이나 셋이서 이렇게 이렇게.

올려서.

- 손으로 올리게 안으로 들어가면서 올리게 되면 이제 세워지게.

예.

- 그러면 저 여기 틀이 있어 가지고.

예.

- 그 고물 아 멍에 뒤편에 이렇게 나무로 이렇게 고리 만들어서 거기에다 이제 노끈으로 해서 위에 딱 묶으면 아래 방석에 고정 되고 위에 딱 묶게 되면.

고물 돛이.

- 움직이지 않아.

음 그러면 고물 돛이. 고물대가 여기 딱 세워지는 거.

- 예.

으음.

- 그러면 또 이것이 용두라고 한 게 있습니다.

예.

- 요 이 돛대 세워서 내버리는 게 아니고 요 용두 끄트머리에다가 에

버릳쭐601) 메여 가지고.

예.

─ 이 노가이602) 여페다 이러케 구멍을 뚤러603) 가지고 거기다 끼엉 이제 무껑604). 무끄게 뒈며는 양쪼그로 하나씩 두 줄.

버 버릳쭐.

─ 예. 버릳쭐605).

아 게믄 이 버릳쭐 무끄는 여기 노가이에 허는 그 부분도 이름 이시는가마씨? 골히 만드는데.

─ 건 어*.

건 업꼬.

게믄예. 네가 아까 세 군데서 저실 꺼 아니우꽈? 네 전는 거는 뭐렌 ᄀ라? 뭐 자방으네 네를 저심니까?

─ 그 네 우대606) 종통607) 자방608). 네 우대 저 네609) 알때610)허고 웃때허곡 연결허곡 여기 이제 손자비를 종통이엔.

아 네 손자비를 종통예?

─ 예. 여기.

예. 이제 여긴 여긴 뭐 네씹 멘드랑으네.

예. 맏쑤다.

─ 구멍 뚤라젼꼬611). 이 안네. 네 종통에다가 벤드레612).

예. 벤드렏쭐.

─ 에 벤드렏쭐 여기 이 안.

네 네조세다가.

─ 아니 안쪼게다가 이 멍에 안쪼게다가.

예.

─ 저 노끈 메여 가지고 이러케 둥그러케 양쪼그로 이러케 허고.

예.

벌이줄 매어 가지고.

　예.

　－ 이 노가이 옆에다 이렇게 구멍을 뚫어 가지고 거기다 끼어서 이제 묶어. 묶게 되면 양쪽으로 하나씩 두 줄.

버 벌이줄.

　－ 예. 벌이줄.

아 그러면 이 벌이줄 묶는 여기 노가이에 하는 그 부분도 이름 있는가요? 고리 만드는데.

　－ 그건은 없*.

그것은 없고.

그러면요. 노가 아까 세 군데서 저을 것 아닙니까? 노 젓는 것은 무엇이라고 말해요? 뭐 잡아서 노를 젓습니까?

　－ 그 노 상책 노손 잡아서. 노 상책 저 노 노깃하고 윗대하고 연결하고 여기 이제 손잡이를 노손이라고.

아 노 손잡이를 종통요?

　－ 예. 여기.

예. 이제 여기는 여기는 뭐 놋구멍 만들어서.

예. 맞습니다.

　－ 구멍 뚫어졌고. 이 안에. 노 노손에다가 벤드레.

예. 벤드레.

　－ 에 벤드렛줄 여기 이 안.

노 놋좆에다가.

　－ 아니 안쪽에다가 이 멍에 안쪽에다가.

예.

　－ 저 노끈 매 가지고 이렇게 둥그렇게 양쪽으로 이렇게 하고.

예.

― 허릴때613)에도 이러케 저 노끈 허게 뒈면 이 골히614)로 종통에 끼왕으네615) 네를 저는 거.

아 그러면 이거를 전부 벤드레렌 헤예?

― 그 벤드레.

줄. 줄로.

― 줄. 줄 가지고 벤드레.

게니까 이 벤드레 줄 쏘게 이제 종통을 끼왕 저기 전는 거 아니?

― 예.

예. 게믄 소느로 잠는 부부는 어디우꽈? 손 종통 잠는덴 허지 아녠? 아까.

― 종통616).

어 종통. 종통. 요 종통을 여기에 끼왕 허는 거?

― 벤드레617)에 끼왕618).

아 벤드레에 끼왕예. 그 다음 벤드레에 끼왕 하게 뒈면?

― 네 저을 때에 그거 끼우지 아느민619) 이 미테 물 걸리는 거시 납짝커기 때무네 뗑길620) 때 미트로 바다 쏘그로 드러가 부는621) 따무네 우에로622) 올라가 불거든623) 종통이. 그러니까 이 벤드레를 끼워주는 거.

예.

― 더 올라가지 몬터게624).

아아.

― 게며는 미트로 무를 자꾸 거려주니까625) 베가 아프로 나가게 뒈는 거지.

게믄 그 네가 물 쏘그로 드러가는 부부늘 네에 무슨 부분 함니까?

요거마씨. 요거.

― 네 우대626) 네.

네써븐 어디우꽈?

― 게 네 네써비627) 이 끝 뿌분을 네써비엔 허곡.

예. 이 우에 꺼는?

- 고물대에도 이렇게 저 노끈 하게 되면 이 고리로 노손에 끼워서 노를 젓는 거.

아 그러면 이것을 전부 벤드레라고 한다고요?

- 그 벤드레.

줄. 줄로.

- 줄. 줄 가지고 벤드레.

그러니까 이 벤드레 줄 속에 이제 노손을 끼워서 저기 젓는 거 아니?

- 예.

예. 그러면 손으로 잡는 부분은 어딥니까? 손 노손 잡는다고 하지 안했어요? 아까.

- 노손.

어 노손. 노손. 요 노손을 여기에 끼워서 하는 거?

- 벤드레에 끼워서.

아 벤드레에 끼워서요. 그 다음 벤드레에 끼워서 하게 되면?

- 노 저을 때에 그거 끼우지 않으면 이 밑에 물 걸리는 것이 납작하기 때문에 당길 때 밑으로 바다 속으로 들어가 버리는 때문에 위로 올라가 버리거든 노손이. 그러니까 이 벤드레를 끼워주는 거.

예.

- 더 올라가지 못하게.

아아.

- 그러면 밑으로 물을 자꾸 떠주니까 배가 앞으로 나가게 되는 것이지.

그러면 그 노가 물 속으로 들어가는 부분을 노에 무슨 부분 합니까?

요겁니다. 요거.

- 노 상책 노.

노잎은 어딥니까?

- 게 노 노잎이 이 끝 부분을 노잎이라고 하고.

예. 이 위에 것은?

- 이 우대.

우대.

- 우대허곡.

이건 아 알때꽝?

- 아 알때628). 알때 쪼게도 우에 저 납짝커게 만든 것이.

네썹.

- 네썹629).

게믄 네차근 어느 거우꽈?

- 네착630) 뭐 그런 거?

- 네손. 그거 그 마른 얻꼬.

- 종통허고 우대허고.

아아.

알때.

울때. 여기는 우대라고 얘기를 하는 거네예. 삼춘 이거는 하고 이 베에 또 긴 짱때 달믄 거 하나 읻찌 아녀우꽈? 베 왇따갇따 하는 거?

- 사울때631).

사울때는 어디에 놈니까?

- 사울때도 역씨 영 파라게632). (기침)

파라게 놔두는 거.

혹씨 요만쯔메 보면 영 뒌 거 노치 아녑니까?

뭐 거렁 사울때 영 걸령 노키도 하는.

- 아 이 저이 에.

이쪽 치통문 쪼게.

- 치통문633) 쪼게 거.

요런 낭까지 딱 ***.

와이. 무슨 가지*.

- 상책.

상책.

- 상책하고.

이것은 아 노깃입니까?

- 아 노깃. 노깃 쪽에도 위에 저 납작하게 만든 것이.

노잎.

- 노잎.

그러면 노착은 어느 겁니까?

- 노착 뭐 그런 거?

- 노손. 그거 그 말은 없고.

- 노손하고 상책하고.

아아.

노깃.

상책. 여기는 우대라고 얘기를 하는 거네요. 삼촌 이것은 하고 이 배에 또 긴 장대 같은 거 하나 있지 않습니까? 배 왔다 갔다 하는 거?

- 상앗대.

상앗대는 어디에 놓습니까?

- 상앗대도 역시 이렇게 파락에. (기침)

파락에 놓아두는 거.

혹시 요만쯤에 보면 이렇게 된 거 놓지 않습니까?

뭐 걸어서 상앗대 이렇게 걸어서 놓기도 하는.

- 아 이 저이 에.

이쪽 킷구멍 쪽에.

- 킷구멍 쪽에.

요런 나뭇가지 딱 ***.

와이. 무슨 가지*.

― 모르겐네.

그러케 허면 거기에 뭐 거러 노키. 허드레 헌 거 거러 노키도 하고 허는예?

― 그 이 허릴때도 이러케.

걸쳐 노코.

― 딱 케여그네 걸청634) 그 거보고.

― 셍가기 안 나네.

예. 조쑤다.

예에. 그 다으메 해안까에서 여기에서 잠는. 그때 조개도 잊낀 잊뗀 헤서 예? 여기 조개드른 어떤 종뉴 이서마씨?

― 조개는 "어금635)".

예. 어금. 그때 어금 얘기헫따. 어금.

― 어금. 그 다음 보말636).

예.

― 보말도 뎅겡이637) 잊꼬.

예.

― 아 먹뽀말638) 잊꼬.

수두리 잊꼬.

― 수두리639)도 잊꼬. 가메기보말640)도 잊꼬.

예.

― 쒜군벋641).

예. 쒜군벋.

― 군벋642). 쒜군벋. 베말643). 바르644).

예.

― 그 정도.

전보근?

― 저 전보근 가에서 안 나난645).

- 모르겠네.

그렇게 하면 거기에 뭐 걸어 놓기. 허드레 한 거 걸어 놓기도 하고 하는요?

- 그 고물대도 이렇게.

걸쳐서 놓고.

- 딱 해서 걸쳐서 그 거보고.

- 생각이 안 나네.

예. 좋습니다.

예에. 그 다음에 해안가에서 여기에서 잡는. 그때 조개도 있기는 있다고 했지요? 여기 조개들은 어떤 종류 있어요?

- 조개는 어금.

예. 어금. 그때 어금 얘기했다. 어금.

- 조개. 그 다음 고둥.

예.

- 고둥도 명주고둥 있고.

예.

- 아 밤고둥 있고.

두드럭고둥 있고.

- 두드럭고둥도 있고. 타래고둥도 있고.

예.

- 딱지조개.

예. 딱지조개.

- 군부. 딱지조개. 애기삿갓조개. 오분자기.

예.

- 그 정도.

전복은?

- 저 전복은 가에서 안 나니까.

이거는 가에서 안 나는 거고. 그 다으메 점복 종뉴는?

— (기침) 바다에는 또 소라

소라를 이 동네 말로?

— 구제기646).

예. 구제기.

— 구제기허고 점복647)커고.

예.

— 해삼648).

예.

— 해서멘 혜. 여기선 해섬649).

해섬.

— 주로 그 정도.

점복도 암놈 순놈 읻짜누꽈?

— 수퉁이650).

예.

— 마드리651).

세끼는?

— 점복 세낀 셍피652). 셍피.

예. 셍피.

— 셍피.

수퉁이는 뭐우꽈?

— 수 잘 나도 모르는데.

순놈이우꽈?

— 수퉁이. 수퉁이. 순놈 점복보고 수퉁이엔 허는 거 가튼데. 수퉁이.

예. 마드리는?

— 마드리.

이것은 가에서 안 나는 것이고. 그 다음에 전복 종류는?

- (기침) 바다에는 또 소라.

소라를 이 동네 말로?

- 소라.

예. 소라.

- 소라하고 전복하고.

예.

- 해삼.

예.

- 해삼이라고 해. 여기서는 해삼.

해삼.

- 주로 그 정도.

전복도 암놈 수놈 있잖습니까?

수전복.

예

- 시볼트전복.

세끼는?

전복 새끼는 생피. 생피

예. 생피.

- 생피.

수퉁이는 뭡니까?

- 수 잘 나도 모르는데.

수놈입니까?

- 수퉁이. 수퉁이. 수놈 전복보고 수퉁이라고 하는 것 같은데. 수퉁이.

예. 시볼트전복은?

- 시볼트전복

건 막 늘근 거 아니우꽝? 마드레는?

– 마드레?

막 늘근 건만 아니고 모양이 다른 거.

– 아 경 늑찌653) 아녀도654) 마드레 몽탕허고655) 건 뭐 암첨복656)보고 그러케 허는진 몰라도 부인더른 잘 구분허영.

예. 예를 들면 이러케 이러케.

– 우린 우린 꼭 ᄀᆞ뜬 점보그로만657) 보는데 여자드른 수퉁이 마드레. 암첨복 베짝컨 건 암첨복 요러케 헌 건 수첨복. 마드레는 누니 크대요.

– 으음.

걸 누니라고 해?

누니라고. 우도에서 나가 저 생활어할 때.

아 그래?

그래서 하나 눈. * 누니 마드레가 크덴.

게믄 숨꾸멍?

예. 숨꾸멍.

으음.

이러케 하고예? 그 다으메 딱 이제 바라메 대헤서. 아까 동서남북. 바람 이름 한번 골아줘 봅써?

– 주로 동쪼게서 부는 건 셀ᄲᅳ름658).

예. 동쪼게서 부는 건 셀ᄲᅳ름.

– 저 동북쪼게서 부는 건 놉쎄ᄇᆞ름659).

동북.

동북. 동북쪼게는 놉쎄바름.

– 남쪼게는 마파름660).

마ᄑᆞ름.

그것은 막 늙은 것 아닙니까? 마드레는?

— 마드레?

막 늙은 것만 아니고 모양이 다른 거.

— 아 그렇게 늙지 않아도 시볼트전복 뭉툭하고 건 뭐 암전복보고 그렇게 하는지는 몰라도 부인들은 잘 구분해서.

예. 예를 들면 이렇게 이렇게.

— 우리는 우리는 꼭 같은 전복으로만 보는데 여자들은 수퉁이 마드레.

암전복 납작한 것은 암전복 요렇게 한 것은 수전복. 시볼트전복은 숨구멍이 크대요.

— 으음.

그것을 눈이라고 해?

눈이라고. 우도에서 내가 저 생활어 할 때.

아 그래?

그래서 하나 숨구멍. * 숨구멍이 시볼트전복이 크다고.

그러면 숨구멍?

예. 숨구멍.

으음.

이렇게 하고요? 그 다음에 딱 이제 바람에 대해서. 아까 동서남북. 바람 이름 한번 말해줘 보십시오?

— 주로 동쪽에서 부는 것은 샛바람.

예. 동쪽에서 부는 것은 샛바람.

— 저 동북쪽에서 부는 것은 높새바람.

동북.

동북. 동북쪽에는 높새바람.

— 남쪽에는 마파람.

마파람.

─ 서쪽게는 갈ᄇ름661).

예. 갈ᄇ름.

여기는 하니ᄇ름?

부쪼근 하니ᄇ름. 그 다으메 동남쪽게 바당에서.

─ 여기도 셀. 여기도 보통 남쪽 동남쪽게서 부러오는 동쪽게 ᄇ르믈 거의 다 셀ᄈ르멘662) 허고.

셀ᄈ름.

─ 동마프름663). 동마프르미멘 험니다. 동마. 동마파름.

여기는 동마프름.

─ 여기 남쪽기 마파름이난 동마프름.

예.

─ 이건 서갈ᄇ름664).

서가른 어디허고 어디 바라미우꽈?

서쪽기 갈ᄇ르미니까.

예. 그때 중가네를 섣까리렌 허더라고마씨.

음.

서깔ᄇ르믄 어디우꽈?

─ 서까레665).

섣깔. 서갈ᄇ르믄?

─ 아 게메. 서갈. 서쪽기.

갈ᄇ름.

─ 주로.

─ 주로 서쪽게서도 부러오는 거 하여튼 남쪽기고 뭐이고 이러케 부러 오는 건 갈ᄇ르미엔666) 험니다.

예. 갈ᄇ름.

그 다으메 여기서 그 게니까 이 동네에서 이거 동서남북 커지 말고 삼춘예.

- 서쪽에는 갈바람.

예. 갈바람.

여기는 하늬바람?

북쪽은 하늬바람. 그 다음에 동남쪽에 바당에서.

- 여기도 샛. 여기도 보통 남쪽 동남쪽에서 불어오는 동쪽에 바람을 거의 다 샛바람이라고 하고.

샛바람.

- 동남풍. 동남풍이라고 합니다. 동남. 동남풍.

여기는 동남풍.

- 여기 남쪽이 마파람이니까 동남풍.

예.

- 이것은 서풍.

서갈은 어데하고 어데 바람입니까?

서쪽이 갈바람이니까.

예. 그때 중간에를 섯갈이라고 하더라고요.

음.

섯갈바람은 어딥니까?

- 섯갈에.

섯갈. 서갈바람은?

- 아 그러게. 서갈. 서쪽이.

갈바람.

- 주로.

- 주로 서쪽에서도 불어오는 거 하여튼 남쪽이고 뭐이고 이렇게 불어오는 것은 갈바람이라고 합니다.

예. 갈바람.

그 다음에 여기서 그 그러니까 이 동네에서 이거 동서남북 하지 말고 삼촌요.

이 동네서 바람 방향에 따라서 부르는 이름 한번?

바라메 종뉴 한번 쭉 ᄀ라보십써?

셀ᄈᆞ름.

— 셀ᄈᆞ름667). 동마ᄑᆞ름668) 마ᄑᆞ름669) 서갈ᄇᆞ름670).

— 에 선마ᄑᆞ름671). 선마ᄑᆞ름.

예. 선마ᄑᆞ름.

— 선마ᄑᆞ름.

예.

갈ᄇᆞ름672).

예. 하니ᄇᆞ름.

— 하니ᄇᆞ름673).

북서풍은 여기서 뭐렌 험니까?

— 건또 이 갈ᄇᆞ르미엔674) 헤서.

아.

— 북서풍. 북서풍도.

놉파니는 어디우꽈?

— 여기 저 북동풍이 놉파니675).

게믄 놉쎄ᄇᆞ르믄? 놉세ᄇᆞ름도 잇찌 아녀우꽈예?

— 놉쎄ᄇᆞ름676). 놉파니677).

예.

— 거이678) 거이 하니ᄇᆞ르미라도679) 북쪽부터.

가까이.

— 북쪽 가까이 인는 걸 이거.

놉파니.

— 놉파니허고 하니ᄇᆞ름680)도 이러케 정확키 똑 고정헤영 부는 게 아니고 약깐 북쪼그로 오며는 에 놉파니.

이 동네에서 바람 방향에 따라서 부르는 이름 한번?

바람의 종류 한번 쭉 말해 보십시오?

샛바람.

－ 샛바람. 동남풍 마파람 서풍.

－ 에 서남풍. 서남풍.

예. 서남풍.

－ 서남풍.

예.

－ 갈바람.

예. 하늬바람.

－ 하늬바람.

북서풍은 여기서 뭐라고 합니까?

－ 그것도 이 갈바람이라고 했어.

아.

－ 북서풍. 북서풍도.

높하늬는 어딥니까?

－ 여기 저 북동풍이 높하늬.

그러면 높새바람은? 높새바람도 있지 않습니까?

－ 높새바람. 높하늬.

예.

－ 거의 거의 하늬바람이라도 북쪽부터.

가까이.

－ 북쪽 가까이 있는 것을 이거.

높하늬.

－ 높하늬하고 하늬바람도 이렇게 정확히 꼭 고정해서 부는 게 아니고 약간 북쪽으로 오면 에 높하늬.

예.

— 약깐 서 걸렫쩬681) 허영682) 섣타니683).

아 여기는 섣타니.

— 예.

예. 놉뽀름도 읻찌예?

— 셷ㅂ르미684) ᄒᆞᆷ685) 우이로686) 불면 놉쩨ㅂ르미엔687) 허고.

아 놉세ᄇ름.

음. 놉뽀름은 어디우꽈? 여기는 산부세는 어디우꽈?

— 산부세?

그런 말 안 드러봗쑤과? 을진풍?

— 그런 거 안 드러보고.

저쪽 산방산 쪼그로 부러오는 ᄇ르믄?

— 그 거기가 한 ** 놉파니쯤688).

아 놉파니예? 다른 이르므론 얻꼬예?

자 그 다으메는예. 이 바당에 그 물때 읻찌 아녀우꽈? 그 물때는 여기서는 뭘로 멘 물까지 헤 갇꼬 하는 거를 한번 ᄀ라줘 봅써?

— 물때는 무른.

예. ᄒᆞ물 두물 허는 거?

— 아 ᄒᆞ물689) 두물690) 허는 거?

예.

— 이거는 아 초ᄒᆞ루691) 보르믄 일곰무리고692).

예.

— 아 ᄋᆞ선무리고693).

ᄋᆞ선물.

— 아 초ᄒᆞ른 일곰무리고694) 구뭄 보르믄 에 여선물695).

음 게믄 여기는 구뭄 ᄋᆞ섣 보르 ᄋᆞ섣 험니까?

예.

－ 약간 서 걸쳤다고 해서 섯하늬.

아 여기는 서북풍.

－ 예.

예. 높바람도 있지요?

－ 샛바람이 조금 위로 불면 높새바람이라고 하고.

아 높새바람.

음. 높바람은 어딥니까? 여기는 산부세는 어딥니까?

－ 산부세?

그런 말 안 들어봤습니까? 을진풍?

－ 그런 거 안 들어보고.

저쪽 산방산 쪽으로 불어오는 바람은?

－ 그 거기가 한 ** 동남풍.

아 높하늬요. 다른 이름은 없고요?

자 그 다음에는요. 이 바다에 그 물때 있지 않습니까? 그 물때는 여기서는
무엇으로 몇 물까지 해가지고 하는 것을 한번 말해줘 보십시오?

－ 물때는 물은.

예. 한무날 두무날 하는 거?

－ 한 한무날 두무날 하는 거?

예.

－ 이것은 아 초하루 보름은 일곱무날이고.

예.

－ 아 여섯무날이고.

여섯무날이고.

－ 아 초하루는 일곱무날이고 그믐 보름은 에 여섯무날.

음 그러면 여기는 그믐여섯 보름여섯합니까?

- 그뭄 ᄋ선 보름 ᄋ선696).

예. 게믄 멘 물까지 세마씨? 여기는.

- 에에. 열두물까진697) 허곡.

예. ᄒ물 두물 허영 ᄀ라 봅써?

- 아 열. ᄒ물 두물 서물 너물 다선물 ᄋ선물 일곰물 ᄋ덜물 아홉물 열물 열ᄒ물 열뚜무레698) 망물. 그 다으믄 아끈조기699).

아끈조기?

- 한조기700).

한조기.

- 부날701).

부날.

- 그 다음부떤 ᄒ물702) 두물.

ᄒ물예. 게믄 망무리 면 무리 망무리라마씨?

- 열뚜무리 망물703).

아 여기는 열뚜무리 망물예. 우도는 열서무리 망물.

- 어 여기는 열뚜무리 망물.

그러면 아끈조기는 메칠부터 메치루우꽈?

- 아끈조기704)는 어 일뤠705)허고 쓰무이틀.

예.

- 일뤠 쓰무이틀.

한조기는?

- ᄋ드렌날허고.

어 쓰무사흘.

- 쓰무사흘.

부나른?

- 부나른 에.

- 그믐 여섯 보름 여섯.

예. 그러면 몇 무날까지 세나요? 여기는.

- 에에. 열두무날까지는 하고.

예. 한무날 두무날 해서 말해 보십시오?

- 아 열. 한무날 두무날 서무날 너무날 다섯무날 여섯무날 일곱무날 여덟무날 아홉무날 열무날 열한무날 열두무날 막물. 그 다음은 아츠조금.

아츠조금.

- 한조금.

한조기.

- 무쉬.

무쉬.

- 그 다음부터는 한무날 두무날.

한무날요. 그러면 막물이 몇 무날이 막물이라구요?

- 열두무날이 막물.

아 여기는 열두무날이 막물요. 우도는 열서무날이 막물.

- 어 여기는 열두무날이 막물.

그러면 아츠조금은 며칠부터 며칠입니까?

- 아츠조금은 아 이레하고 스무이틀.

예.

- 이레 스무이틀.

한조금은?

- 여드렛날하고.

아 스무사흘.

- 스무사흘.

무쉬는?

- 무쉬는 에.

아흐레?

‒ 아흐레허고 쓰무나흔날.

아 부나리렌 헌다예? 여기는예.

‒ 예. 부날.

으. 그 다으메 이거는 훈물 두물허고 무슨 사리여?

아까 이제 그 무리 열 부날까지 센 거자나예? 사리여 웨사리여 이런 그런 물과 괄련뒌 이름들도 잇씀니까?

‒ 어 한웨살706).

예.

‒ 물끼리707) 쎄게 뎅길708) 때 보통 서물서부터709) 열뚜물까지는710) 사리로 보고.

예.

‒ 그 다으믄 조금엔 허곡.

예.

‒ 열서물711)부떠 훈물 두물 서물꺼지는 조금.

음. 두물까지는예?

‒ 그거는 조금.

그 다으메 이거는 한웨사른 뭐우꽈?

‒ 한웨사른 물끼리 쎄게 뎅길 때 보고 한웨사리엔 허고.

아아 하니 크다라는.

‒ 일고ᄋ덤물쯤712) 하여튼.

물끼리 쎌 때예?

네. 이 가파도에서 파도치는 거를 뭐렌 헬쑤꽈?

‒ 뭐?

누?

‒ 아 누713) 이럼쩬 험니다. 누 일럼쩬.

아흐레?

— 아흐레하고 스무나흗날.

아 부날이라고 하네요? 여기는요.

— 예. 부날.

으. 그 다음에 이것은 한무날 두무날 하고 무슨 사리야?

아까 이제 그 물이 열 부날가지 센 거잖아요? 사리다 웨살이다 이런 그런 물과 관련된 이름들도 있습니까?

— 어 한웨살.

예.

— 물길이 세게 다닐 때 보통 서무날부터 열두무날까지는 사리로 보고.

예.

— 그 다음엔 조금이라고 하고.

예.

— 열서무날부터 한무날 두무날 서무날까지는 조금.

음 두무날까지는요?

— 그것은 조금.

그 다음에 이것은 한웨살은 뭡니까?

— 한웨살은 물길이 세게 다닐 때 보고 한웨살이라고 하고.

아아 한이 크다라는.

— 일곱여덟무날쯤 하여튼.

물길이 셀 때요?

네. 이 가파도에서 파도치는 것을 뭐라고 했습니까?

— 뭐?

파도?

— 아 파도 인다고 합니다. 파도 인다고.

누 이럼쩬예. 자 누 이는 건또 종뉴가 이제 ᄋ라 가지 읻뗀 헤서예?
뭐 바당 쪼게만 치는 그니까 이건 가에서만 치는 누는 무슨 누?
곤누.
뭐 더 덩누.
덩누.
— 아 거 더 덩누714) 드럳쩬도715) 허고.
예.
— 알롸지 드럳쩬도 허곡. 알롸지는 물끼리 이리저리 왕716) 쎄게 다닐
때를 알롸지 드럳쩬. 아니 울렁이717) 심헐 때는 알롸지 드럳쩬 허고.
예. 울렁울렁 막 카는 거예?
— 알롸지 드럳쩬718) 허고. 덩누 드럳쩬도 허고.
예.
— 뭐 그 정도.
누 일엄쩬 허고.
— 어 누. 덩누나 그 누 이는 거나.
덩누는 무신 거우꽈?
— 어 거이 다 비슫비슫턴 말. 거 누 이럼쩬도719) 허곡 덩누 이럼쩬도
허고 알롸지 드럼쩬도 허곡 거 보통 거의 다 가튼 맹라게서.
그 다으멘예 물들고 싸고 허는 거에 따랑으네 ᄐ나지예? 물드는 걸 여기서
뭐렌?
— 들물720) 쏠물721).
들물 쏠물. 그걷또 들물도 물드는 게 쪼꼼 헐 때 허고 ᄒ꼼 싸는 거 허고.
— 초든물722)허고 춤드리723).
예.
— 또 물쌀724) 때는 에 쏠물.
예.

파도 인다고요. 자 파도 이는 것도 종류가 이제 여러 가지 있다고 했지요?
뭐 바다 쪽에만 치는 그러니까 이것은 가에서만 치는 파도는 무슨 파도?

고운 파도.

뭐 더 덕누.

덕누.

― 아 거 더 덕누 들었다고도 하고.

예.

― 알롸지 들었다고도 하고. 알롸지는 물길이 이리저리 와서 세게 다닐
때를 알롸지 들었다고. 아니 울렁거림이 심할 때는 알롸지 들었다고 하고.

예. 울렁울렁 막 하는 거요?

― 알롸지 들었다고 하고 덕누 들었다고도 하고.

예.

― 뭐 그 정도.

파도 인다고도 하고.

― 어 파도. 덕누나 그 파도 이는 것이나.

덕누는 무슨 겁니까?

― 어 거의 다 비슷비슷한 말. 거 파도 일고 있다고도 하고 덕누 일고 있
다고도 하고 알롸지 들고 있다고도 하고 거 보통 거의 다 같은 맥락에서.

그 다음에는요 물밀고 써고 하는 거에 따라서 다르지요? 물미는 것을 여기
서 뭐라고?

― 밀물 썰물.

밀물 썰물. 그것도 밀물도 물미는 것이 조금 할 때 하고 조금 써는 거 하고.

― 초들물하고 참물.

예.

― 또 물썰 때는 에 썰물.

예.

― 반물쎄기725).

예.

― 존쎄기726).

예.

그러면예 아까 춤드리는 뭐우꽈?

무리 만쪼뒐 때 춤드리.

아 무리 완전히 드러올 때는 춤드리.

― 춤드리727).

그 다으메 만조 아니고 그냥 쪼끔만 드러올 때는?

― 어 초든무레는 초들물.

초들물.

― 초들물 반들물728) 춤드리.

예.

― 그거고.

반물쎄기?

― 쏠물.

예.

― 반물쎄기 존쎄기.

예. 아까 초들무른 뭐라마씨?

― 초들물 밀물 곧 드러올 때.

예.

― 그때 초들물. 반들무른 거의 반 들며는. 물끼리 변동이 이서마씨729).

예.

― 반들물 때 초들물 때 춤드리. 춤드리엔 무리 만쪼 뒈어 부니까 자고 반물 들 때는 그때는 무리 성헐 때니까 그땐 물끼리730) 좀 쎄고731).

― 어 초든무레도 쎄게 드러올 땐 드러오고. 초든무레 반들물꺼지는

－ 반물세기.

예.

－ 감물.

예.

그러면요 아까 참물은 뭡니까?

－ 물이 만조될 때 참물.

아 물이 완전히 들어올 때는 참물.

－ 참물.

그 다음에 만조 아니고 그냥 조금만 들어올 때는?

－ 어 초든물에는 초들물.

초들물.

－ 초들물 반들물 참물.

예.

－ 그거고.

반물세기?

－ 썰물.

예.

－ 반물세기 감물.

예. 아까 초들물은 뭐예요?

－ 초들물 밀물 곧 들어올 때.

예.

－ 그때 초들물. 반들물은 거의 반 들면. 물길이 변동이 있습니다.

예.

－ 반들물 때 초들물 때 참물. 참물에는 물이 만조 되어 버리니까 자고 반물 들 때는 그때는 물이 성할 때니까 그땐 물길이 좀 세고.

－ 어 초들물에도 세게 들어올 때는 들어오고. 초들물에 반들물까지는

무리 쎄게 갑쭈732).

예.

− 춤드리에는 물이 자고 또 쏠물 때도 쏠물허고 반물쎄기꺼지는 무리 쎄고

예.

− 반물쎄기가 뒈며는 무리 변동이 쫌 잇썽733) 아 그때는 반물쎄기나 반들물 때는 고기도 마니734) 나오고.

음 그때가.

− 예. 그 그러니까 이젠 반들물 ** 저 반물쎄기 그런 게 나옵쭈735).

예. 그 다음 아까 준세?

− 준쎄기736)는 또 무리 무리 마니 빠진 상테에서 잘 때. 그때를 준쎄기.

게믄 그 물 마니 장 준쎄기 때는 보통 가면 무슨 일드를 하는 거라마씨?

− 준쎄기 때는 뭐 구물 아침 물때에 준쎄기 뒈며는 구물빼드른737) 구물738)도 빼고.

아.

− 이 물싸739) 버리며는 이제 바다에 조개 그뜬 거 저 이 보말740) 그뜬 건또 잡꼬.

− 그러케 허고. 춤드리 때는 뭐 별로 하는 게 얻꼬.

예.

− 구물 노을741) 때나 거들 때 그런 땐 허곡. 해녀덜 또 잠수헐 때도에 준쎄기나 춤드리에는 무리 자니까 그때는 마니 해녀덜토 자겁퍼고.

준쎄기허고 춤드리 때에?

− 거 옌날 그 고무옷 안 입꼬 해녀덜 자겁펄 때는 이 속꼳만742) 입꼬 헐 쩌게는 꼭 준쎄기나 춤드리 그 훈두 시간 그 안네 자겁핸쓰니까.

왜냐 허면 무리.

− 예. 자니까. 무리 자니까.

알겐씀니다. 여기까지 하겐씀니다.

물이 세게 가지요.

예.

– 참물에는 물이 자고 또 썰물 때도 썰물하고 반물세기까지는 물이 세고

예.

– 반물세기가 되면 물이 변동이 좀 있어서 아 그때는 반물세기나 반들
물 때는 고기도 많이 나오고.

음 그때가.

– 예. 그 그러니까 이제는 반들물 ** 저 반물세기 그런 게 나오지요.

예. 그 다음 아까 참물?

– 감물은 또 물이 물이 많이 빠진 상태에서 잘 때. 그때를 감물.

그러면 그 물 많이 자서 감물 때는 보통 가면 무슨 일들을 하는 거예요?

– 감물 때는 뭐 그물 아침 물때에 감물 되면 그물배들은 그물도
빼고.

아.

– 이 물써 버리면 이제 바다에 조개 같은 거 저 이 고둥 같은 것도
잡고.

– 그렇게 하고. 참물 때는 뭐 별로 하는 것이 없고.

예.

– 그물 놓을 때나 걸을 때 그런 때는 하고. 해녀들 또 잠수할 때도 아
감물이나 참물에는 물이 자니까 그때는 많이 해녀들도 작업하고.

감물하고 참물 때요?

– 거 옛날 그 고무옷 안 입고 해녀들 작업할 때는 이 속옷만 입고 할
적에는 꼭 감물이나 참물 그 한두 시간 그 안에 작업했으니까.

왜냐 하면 물이.

– 예. 자니까. 물이 자니까.

알겠습니다. 여기까지 하겠습니다.

1) '자리돔'을 말한다. '자리돔'의 방언형은 '자돔, 자리' 등으로 나타난다.
2) '멸치'를 말한다.
3) '벵에돔'을 말한다. '벵에돔'의 방언형은 '구르찌, 구리치, 구릿, 귀랏' 등으로 나타난다.
4) '어렝놀래기'를 말한다.
5) '고생놀래기'를 말한다. '고생놀래기'의 방언형은 '고멩이, 고셍이, 골멩이, 꿰멩이, 코셍이' 등으로 나타난다.
6) '벵에돔'을 말한다.
7) '아홉동가리'를 말한다. '아홉동가리'의 방언형은 '논자리, 논젱이, 아홉도막' 등으로 나타난다.
8) '붉바리'를 말한다.
9) '잡히고'의 뜻이다.
10) '능성어'를 말한다. '능성어'의 방언형은 '고망젱이, 구문젱이, 구뭉젱이, 몰레얼리, 얼룽이' 등으로 나타난다.
11) '다금바리'를 말한다. '다금바리'의 방언형은 '다굼바리, 다금바리' 등으로 나타난다.
12) '멸치'를 말한다.
13) '불켜서'의 뜻으로, '불써[火]-+-앙은에' 구성이다. '불켜다[火]'의 방언형은 '불싸다, 불쏫다' 등으로 나타난다.
14) '켜서'의 뜻이다.
15) '위로'의 뜻이다. '위[上]'의 방언형은 '우, 우이, 우희' 등으로 나타난다.
16) '올라와요'의 뜻이다.
17) '발동선으로'의 뜻이다.
18) '해서'의 뜻이다.
19) 국토의 최남단 '마라도(馬羅島)'를 말하는데, 행정구역으로 서귀포시 대정읍 마라리(馬羅里)가 된다.
20) '되어[化]'의 뜻이다. '되다[化]'의 방언형은 '뒈다'로 나타난다.
21) '근처'의 뜻이다. '근처'의 방언형은 '근처, 근체, 스리, 스시' 등으로 나타난다.
22) '나가서'의 뜻으로, '나개[出]-+-앙' 구성이다. '나가대[出]'의 방언형은 '나가다, 나고가다' 등으로 나타난다.
23) '팔았습지요'의 뜻으로, '풀[賣]-+-아십주' 구성이다. '-아십주'는 '-았습지요'의 의미로 쓰이는 어미이다.
24) '멸치'를 말한다.
25) '불켜서'의 뜻이다.
26) '풍선(風船)으로'의 뜻이다.

27) ‘물었습니다’의 뜻이다.

28) ‘마리(단위)’의 뜻이다.

29) ‘먼바다’의 방언형은 ‘먼바당’으로 나타난다.

30) ‘안에서는’의 뜻이나 여기서는 ‘가까운 바다에서는’ 하는 뜻의 ‘갓바다(ㄱ바당)’의 의미로 쓰였다.

31) ‘가서’의 뜻이다.

32) ‘타서’의 뜻이다. ‘타다[乘]’의 방언형은 ‘타다, 트다’ 등으로 나타난다.

33) ‘가서’의 뜻으로, ‘가[去]-+-앙은에’ 구성이다. ‘-앙은에’는 ‘-아서’의 의미로 쓰이는 어미이다.

34) ‘호로’는 ‘달리는 낚싯배 위에서 속임낚시를 던져 방어 따위를 낚는 방법’을 말하는데, 일본어 ‘ほる’이다.

35) ‘해서’의 뜻으로, ‘허[爲]-+-영은에’ 구성이다. ‘-영은에’는 ‘-아서’의 의미로 쓰이는 어미이다.

36) ‘미끼요’의 뜻으로, ‘미끼+마씨’ 구성이다. ‘마씨’는 ‘존대’의 뜻을 나타내는 종결보조사이다. ‘미끼’의 방언형은 ‘늬껍, 느껍, 이껍’ 등으로 나타난다.

37) ‘요수바리’는 발동선을 이용하여 자리돔을 잡는 사각형 그물을 말한다. 한 사람이 이용했던 둥그런 ‘사둘’보다 발전된 그물 형태로, 한꺼번에 많은 양의 자리돔을 잡을 수 있었다. ‘요수바리’는 일본어 ‘よすみ ばり’로 ‘사각 (그물) 치기’가 되지만 ‘사각 그물’로 대역한다.

38) ‘요수바리라고’의 뜻으로, ‘요수바리’가 사람 이름으로 쓰이고 있기 때문에 ‘요수바리’를 그대로 대역한다.

39) ‘수바리라고’의 뜻으로, ‘수바리’는 ‘요수바리’를 발명했기 때문에 붙은 이름으로, 그 본이름은 김묘생이다.

40) ‘자리돔’을 말한다. ‘자리돔’의 방언형은 ‘자돔, 자리’ 등으로 나타난다.

41) ‘차려’의 뜻으로, ‘출리[備]-+-어’ 구성이다. ‘차리다[備]’의 방언형은 ‘츠리다, 출리다’ 등으로 나타난다.

42) ‘거루’ 또는 ‘거룻배’를 말하는데, 일본어 ‘てんま’이다.

43) ‘나서’의 뜻으로, ‘내[生]-+-앙은에’ 구성이다. ‘-앙은에’는 ‘-아서’의 의미로 쓰이는 어미이다.

44) ‘젓도’의 뜻이다. ‘젓[醢]’의 방언형은 ‘젓, 젯’ 등으로 나타난다.

45) ‘가서’의 뜻으로, ‘가[去]-+-앙은에’ 구성이다. ‘-앙은에’는 ‘-아서’의 의미로 쓰이는 어미이다.

46) ‘어두워서’의 뜻이다. ‘어둡다’의 방언형은 ‘어둑다, 어둡다’ 등으로 나타난다.

47) ‘그렇게 해서’의 뜻이다.

48) ‘자리돔’을 말한다.

49) ‘멸치’를 말한다.

50) ‘돌려서’의 뜻이다.

51) '전구(電球)'를 말한다. '다마'는 일본어 'たま'이다.

52) '잡았습지요'의 뜻으로, '잡[執]-+-아십주' 구성이다. '-아십주'는 '-았습지요'의 의미로 쓰이는 어미이다.

53) '원담'은 달리 '개, 원'이라 하는데, '밀물과 썰물의 차이를 이용하여 물고기를 잡기 위해 만든 돌 장치'를 말한다. '원담'은 일종의 '돌로 만든 그물'인 셈이다.

54) '멸치를'의 뜻이다.

55) '들어와서'의 뜻이다.

56) '그저'의 뜻이다.

57) '끓여'의 뜻이다. '끓다[沸]'의 방언형은 '꿰다, 꿰다, 끓다' 등으로 나타난다.

58) '배[船]'를 말한다.

59) '나가서'의 뜻이다.

60) '풍선(風船)'을 말한다.

61) '그물[網]'을 말한다.

62) '당겨서'의 뜻이다. '당기다[引]'의 방언형은 'ᄃᆞ니다, 둥기다, 둥이다' 등으로 나타난다.

63) '낚았습니다'의 뜻이다.

64) '목줄'을 말한다. '목줄'은 '갈치 활대와 낚싯바늘을 잇는 낚싯줄'을 말한다. '대구수'는 일본어 'てづり(손에 잡고 하는 낚싯줄)'에서 온 것으로 보인다.

65) '봉돌'을 말한다.

66) '낚시'를 말한다.

67) '가져서'의 뜻이다.

68) '낚았으니까'의 뜻으로, '나끄[釣]-+-아시난' 구성이다. '-아시난'은 '-았으니까'의 의미로 쓰이는 어미이다. '낚대[釣]'의 방언형은 '나끄다'로 나타난다.

69) '부끄다'는 '자리낚시를 할 때 물고기가 입질하는가를 알아보기 위하여 드리운 낚싯줄을 거푸 들었다 놓았다 하다.'는 뜻을 지닌 어휘다.

70) '갈치섬비'는 '갈치를 낚는 낚시'로, '낚시 활대+목줄+낚시'를 통틀어 이르는 어휘다. '갈치섬비'는 그 모양이 마치 끙게처럼 생겼다는 데서 붙은 이름으로, 달리 '갈치마삭' 또는 '마삭'이라 한다.

71) 이 '활대'는 갈치 낚싯줄을 이루는 한 부분으로, 두 개의 목줄 사이를 유지해주는 기능을 한다.

72) '닻줘서'의 뜻이다. '닻주다'는 '닻줄을 풀어서 닻을 물속에 내리다.'이다. '닻[碇]'의 방언형은 '닷'으로 나타난다.

73) '가서'의 뜻이다.

74) '낚았습지요'의 뜻이다.

75) '돌림술'은 '돌리[走]-+-ㅁ#술' 구성으로, '달리는 풍선(風船)을 이용하여 갈치를 낚을 때 여러 개의 봉돌을 매단 낚싯줄'의 뜻을 지닌 어휘다.

76) '낚고'의 뜻이다.

77) '낚싯줄'의 뜻이나 여기서는 '목줄(낚싯줄과 낚싯바늘을 잇는 줄)'의 의미로 쓰였다.

78) 일본어 'てづり(손에 잡고 하는 낚싯줄)'에서 온 것으로 보인다.

79) '낚는'의 뜻이다.

80) '봉돌'을 말한다.

81) '꿩게'를 말하는데, 여기서는 '갈치를 낚는 낚시 일체'의 의미로 쓰였다.

82) '낚싯줄'을 뜻하나 여기서는 '목줄'의 의미로 쓰였다.

83) '낚시'를 말한다.

84) '끝으로'의 뜻으로, '끗[末]+-더레' 구성이다. '-더레'는 '-으로'의 의미로 쓰이는 조사이다.

85) '넣어서'의 뜻이다.

86) '물었습지요'의 뜻이다.

87) '끄트머리에'의 뜻이다. '끄트머리'의 방언형은 '끄트머리, 끗겡이, 끗다리, 끗데기, 끗뎅이' 등으로 나타난다.

88) '꼬랑이'를 말한다. '꼬랑이'의 방언형은 '꼬렝이, 꼴렝이' 등으로 나타난다.

89) '살로만'의 뜻이다. '살[膚/肉]'의 방언형은 '술'로 나타난다.

90) '낚싯대에'의 뜻이다. '낚싯대'의 방언형은 '낙싯대, 첨대, 춤대' 등으로 나타난다.

91) '달아매어서'의 뜻이다. '달아매다'의 방언형은 '둘아메다'로 나타난다.

92) '와서'의 뜻으로, '오[來]-+-앙' 구성이다. '-앙'은 '-아서'의 의미로 쓰이는 어미이다.

93) '면사(綿絲)'를 말한다.

94) '노끈이라고'의 뜻이다. '노끈'의 방언형은 '노끄네기, 노꼿, 노끈, 노낏' 등으로 나타난다.

95) '해서'의 뜻이다.

96) '먹여서'의 뜻이다. 낚싯줄인 면사(綿絲)가 바닷물에 오래 있다 보면 쉬 삭기 때문에 돼지의 피, 감물 또는 갈물을 먹여서 쉬 삭는 것을 막았다.

97) '밥솥에'의 뜻으로, '밥솟+-듸' 구성이다. '-듸'는 '-에'의 의미로 쓰이는 조사이다. '밥솥'의 방언형은 '밥솟'으로 나타난다.

98) '찌면'의 뜻이다. '찌다[蒸]'의 방언형은 '치다'로 나타난다.

99) '찜통'을 말한다.

100) '놓아서'의 뜻이다.

101) '뻣뻣해서'의 뜻이다.

102) '않아서'의 뜻이다.

103) '당겼습지요'의 뜻이다.

104) '부끔'은 '자리낚시를 할 때 물고기의 입질 여부를 알아보기 위하여 드리운 낚싯줄을 들었다 놓았다 함'의 뜻을 지닌 어휘다.

105) '연장이라고'의 뜻으로, '연장+-이옌' 구성이다. '-이옌'은 '-이라고'의 의미로 쓰이는 어미이다. 여기서 '부끔 연장'은 곧 '갈치를 낚는 연장'이라는 말과 같다.

106) '갈치술'은 '갈치를 낚는 데 쓰는 낚싯줄'을 말한다. 곧 '갈치 낚싯줄'인 셈이다.

107) '봉돌'을 말한다.

108) '낚시 활대'로, '두 목줄의 사이를 일정하게 유지하게 위한 활대'를 말한다.

109) '갈치섬비라고'의 뜻이다. '갈치섬비'는 '갈치를 낚는 낚시'로, '낚시 활대+목줄+낚시'를 통틀어 이르는 어휘다. '갈치섬비'는 그 모양이 마치 꿩게처럼 생겼다는 데서 붙은 이름으로, 달리 '갈치마삭' 또는 '마삭'이라 한다.

110) '해서'의 뜻이다.

111) '달아매서'의 뜻이다. '달아매다'의 방언형은 '돌아메다'로 나타난다.

112) '부꺼서'는 '드리운 낚싯줄을 거푸 들었다 놓았다 해서'의 뜻이다. '부끄다'는 '자리낚시를 할 때 물고기가 입질하는가를 알아보기 위하여 드리운 낚싯줄을 거푸 들었다 놓았다 하다.'는 뜻을 지닌 어휘다.

113) '목줄(갈치 낚시 활대와 낚싯바늘을 잇는 낚싯줄)'을 말한다.

114) '낚시'를 말한다.

115) '날카로워'의 뜻으로, 'ᄂᆞ슬[銳]-+-아' 구성이다. '날카롭다'의 방언형은 'ᄂᆞ슬다, ᄂᆞ실다' 등으로 나타난다.

116) '끊어'의 뜻으로, '끈[切]-+-어' 구성이다. '끊다'의 방언형은 '그치다, 기치다, 끈다, 끈치다' 등으로 나타난다.

117) '가요' 또는 '가지요'의 뜻이다.

118) '낚시'를 말한다.

119) '끝에는'의 뜻이다.

120) '철사(鐵絲)'를 말한다.

121) '해서'의 뜻이다.

122) '갈치섬비'는 '갈치를 낚는 낚시'로, '낚시 활대+목줄+낚시'를 통틀어 이르는 어휘다. '갈치섬비'는 그 모양이 마치 꿩게처럼 생겼다는 데서 붙은 이름으로, 달리 '갈치마삭' 또는 '마삭'이라 한다.

123) '꿩게'의 뜻이나 여기서는 '갈치섬비'의 의미로 쓰였다. '꿩게'의 방언형은 '그슬귀, 그슬퀴, 끄서귀, 끄슬귀, 끄슬퀴, 끄슬피, 끄슴솔기, 섬비, 섬피, 솔기, 솔피, 푸지게' 등으로 나타난다.

124) '부끔 낚싯줄이라고'의 뜻이다. '부끔'은 '자리낚시를 할 때 물고기의 입질 여부를 알아보기 위하여 드리운 낚싯줄을 들었다 놓았다 함'을 말한다.

125) '하면'의 뜻이다.

126) '도르래라고'의 뜻이다.

127) '합니다'의 뜻이다. '하다[爲]'의 방언형은 '허다, ᄒᆞ다' 등으로 나타난다.

128) '목줄(갈치 낚시 활대와 낚싯바늘을 잇는 낚싯줄)'을 말한다.

129) '호(號)'를 말한다.

130) '면사(綿絲)가'의 뜻이다.

131) '목줄(갈치 낚시 활대와 낚싯바늘을 잇는 낚싯줄)이라고도'의 뜻으로, '아리'는 '다리[脚]'의 뜻을 지닌 문헌 어휘가 그대로 '목줄'의 의미로 쓰인 경우다. 이는 갈치 낚시인 '갈치섬비'가 활대 모양을 하고 있고, 그 양 끝에 목줄을 매달아 낚시를 묶

은 것이 마치 사람이 두 다리로 서 있는 형상과 비슷하기 때문이 아닌가 한다. '아리'는 『청구영언』(532번 시조) "딕들에 동난지이 사오 져 쟝스야 네 황후 긔 무서시라 웨논다 사쟈 外骨內肉兩目이 上天 前行後行 小아리 八足 大아리 二足 靑醬 으스슥흐논 동난지이 사오 쟝스야 하거복이 웨지 말고 게젓이라 흐렴은" (댁들에 게젓 사오 저 장사야 네 황아 그 무엇이라 외치는다 사자/외골내육 두 눈이 상천 전행후행 작은 다리 팔 족 큰 다리 이 족 청장 아스슥하는 게젓 사오/ 장사야 하 거북하게 외치지 말고 게젓이라 하려무나)의 '小아리, 大아리'에서 확 인된다.

132) '달림줄은'의 뜻이다.
133) '면사(綿絲)'를 말한다.
134) '노끈에'의 뜻이다.
135) '면(綿)으로'의 이다.
136) '꼰[絢]'의 뜻이다.
137) '먹여'의 뜻이다, '면사'로 낚싯줄을 만들면 바닷물의 소금기로 쉬 삭기 때문에 오 래 쓰려고 돼지 피, 감물, 갈물을 먹여 쓴다.
138) '입혀서'의 뜻이다.
139) '무겁습니다'의 뜻이다.
140) '철사(鐵絲)'를 말한다.
141) '낚시'를 말한다.
142) '설천'은 '미끼로 쓰려고 길고 나부죽하게 발라낸 물고기 살'을 뜻하는 어휘다.
143) '것보고'의 뜻으로, '거[其]+-ᄀ라' 구성이다. '-ᄀ라'는 '-보고, -한테, -더러'의 의 미로 쓰이는 조사이다.
144) '끄트머리'의 뜻이다. '끄트머리'의 방언형은 '끄트머리, 끗겡이, 끗다리, 끗데기, 끗뎅이' 등으로 나타난다.
145) '끼어서'의 뜻이다.
146) '헝겊이라도'의 뜻이다. '헝겊'의 방언형은 '험벅'으로 나타난다.
147) '비닐(vinyl)'의 뜻으로, 일본어 'ビニール'이다.
148) '낚게'의 뜻이다. '낚다'의 방언형은 '나끄다'로 나타난다.
149) '꼬랑지'를 말한다. '꼬랑지'의 방언형은 '꼬랑지, 꼴랑지' 등으로 나타난다.
150) '잘라서'의 뜻이다.
151) '벗겨서'의 뜻이다. '벗기다'의 방언형은 '벳기다'로 나타난다.
152) '끼어서'의 뜻이다.
153) '낚았는데'의 뜻이다.
154) '부끔술'은 '부끔 낚싯줄'을 말한다. '부끔'은 '자리낚시를 할 때 물고기의 입질 여 부를 알아보기 위하여 드리운 낚싯줄을 들었다 놓았다 함'을 말한다.
155) '달림술'은 '갈치를 낚기 위하여 흘림낚시를 할 때 쓰는 낚싯줄'을 말한다. 여러 개 의 봉돌을 달아매어 많은 낚싯바늘을 묶는다.

156) '풍선(風船)에는'의 뜻이다.

157) '돛[帆]'을 말한다.

158) '달아'의 뜻이다.

159) '닻줘서'의 뜻이다. '닻주다'는 '닻줄을 풀어 닻을 물속에 넣다.'는 뜻이다.

160) '낚는'의 뜻이다. '낚다'의 방언형은 '나끄다'로 나타난다.

161) '둘림술'과 '부끔술'에 대한 설명이다. 곧 '둘림술'은 '풍선(風船)의 돛을 올려 달리면서 흘림낚시를 할 때 쓰는 낚싯줄'을, '부끔술'은 '낚싯배의 닻을 내려 자리낚시를 할 때 쓰는 낚싯줄'을 말한다.

162) '그러니까'의 뜻이다.

163) '갈치낚시라고'의 뜻이다. 곧 '갈치를 낚는데 쓰는 낚시'를 말한다.

164) '미늘'을 말한다. '미늘'의 방언형은 '미늘, 비늘' 등으로 나타난다.

165) '거루' 또는 '거룻배'를 말하는데, 일본어 'てんま'이다.

166) '타서'의 뜻이다. '타다[乘]'의 방언형은 '타다, 트다' 등으로 나타난다.

167) '설천'은 '미끼로 쓰려고 길고 나부죽하게 발라낸 물고기 살'을 말한다.

168) '낚듯이'의 뜻이다.

169) '썰어서'의 뜻이다.

170) '들이뜨리면'의 뜻이다. '들이뜨리다'의 방언형은 '들이치다, 딜이치다' 등으로 나타난다.

171) '붉바리'를 말한다.

172) '많이'의 뜻이다. '많이'의 방언형은 '만이, 만히, 하영, 해' 등으로 나타난다.

173) '물었습지요'의 뜻이다.

174) '물어요'의 뜻이다. '마씨'는 '존대'의 뜻을 나타내는 종결보조사이다.

175) '글쎄'의 뜻이다.

176) '마리(수를 헤아리는 단위)'를 말한다.

177) '낚았습니다'의 뜻이다.

178) '낚싯줄의 굵기'를 말한다.

179) '새끼 볼락'을 말한다.

180) '작은'의 뜻이다.

181) '새끼 볼락'을 말한다.

182) '빨간'의 뜻이다.

183) '있어'의 뜻으로, '잇[有]-+-어' 구성이다. '있다[有]'의 방언형은 '시다, 싯다, 이시다, 잇다' 등으로 나타난다.

184) '자리돔'을 말한다. '자리돔'의 방언형은 '자돔, 자리' 등으로 나타난다.

185) '새끼 자리돔'을 말한다.

186) '그저'의 뜻이다.

187) '자리돔이라고'의 뜻이다.

188) '까버린'의 뜻이다.

189) '고생놀래기'를 말한다. '고생놀래기'의 방언형은 '고멩이, 고셍이, 골멩이, 궤멩이, 등으로 나타난다.

190) '고생놀래기'를 말한다.

191) '어렝놀래기'를 말한다.

192) '용치놀래기'를 말한다.

193) '맥쉬'는 '놀래기과 물고기의 한 종류'를 말한다. 달리 '맥진다리, 맥베, 맥쉬, 맥시'라 한다.

194) '갸름하고'의 뜻이다. '갸름하다'의 방언형은 '소람ᄒᆞ다, 소랑ᄒᆞ다, 소롬ᄒᆞ다, 솔람ᄒᆞ다' 등으로 나타난다.

195) '색깔이'의 뜻이다.

196) '색이고'의 뜻이다.

197) '진한'의 뜻이다.

198) '용치놀래기'를 말한다.

199) '맥쉬'는 '놀래기과 물고기의 한 종류'를 말한다.

200) '넓죽하고'의 뜻이다.

201) '어떻게'의 뜻이다.

202) '생기고'의 뜻이다.

203) '아닙니다'의 뜻으로, '아니-+-우다' 구성이다. '-우다'는 '-ㅂ니다'의 의미로 쓰이는 어미이다.

204) 물고기 이름이 확실하지 않다.

205) '거루' 또는 '거룻배를 말하는데, 일본어 'てんま'이다.

206) '타서'의 뜻이다. '타다[乘]'의 방언형은 '타다, 트다' 등으로 나타난다.

207) '나가서'의 뜻으로, '나가-+-앙은에' 구성이다. '-앙은에'는 '-아서'의 의미로 쓰이는 어미이다.

208) '되면'의 뜻이다.

209) '많이'의 뜻이다. '많이'의 방언형은 '만이, 만히, 하영, 해' 등으로 나타난다.

210) '뭅니다'의 뜻이다.

211) 물고기 이름이 확실하지 않다.

212) '부시리'를 말한다.

213) 제보자는 '방어(魴魚)'를 크기에 따라 구분하여 말하고 있다. 곧 그 크기에 따라 '고졸멩이→방어→히라스→야드' 순이 된다는 것이다.

214) '많이'의 뜻이다.

215) '낚는'의 뜻이다. '낚다'의 방언형은 '나끄다'로 나타난다.

216) '않습니다'의 뜻이다.

217) '요수바리'는 일본어 'よすみ ばり'로, 발동선을 이용하여 자리돔을 잡는 사각형 그물을 말한다. 일본어 '요수바리'는 '사각 (그물) 치기'가 되지만 '사각 그물'로 대역한다.

218) '만들어서'의 뜻이다.
219) 또는 '거룻배'를 말하는데, 일본어 'てんま'이다.
220) '척(隻)하고'의 뜻이다.
221) '풍선(風船)으로'의 뜻이다.
222) '마루바리'는 일본어 'まる ばり'로, '원 (그물) 치기'가 되지만 주로 떼를 이용하여 자리돔을 잡는 그물이기 때문에 '사둘'로 대역한다.
223) '둥그런'의 뜻이다. '둥그렇다'의 방언형은 '둥그렁ᄒ다, 둥글락ᄒ다, 둥클락ᄒ다' 등으로 나타난다.
224) '않는'의 뜻이다.
225) '자리돔을'의 뜻이다.
226) '까는 바'의 뜻으로, '바닷물 속으로 들이뜨리는 배[索]'를 말한다.
227) '당기는 바'의 뜻으로, '들이뜨린 그물을 잡아당기는 배[索]'를 말한다.
228) '귀퉁이'를 말한다. '귀퉁이'의 방언형은 '귀야지, 귀퉁이' 등으로 나타난다.
229) '콧돌'은 '그물의 가장자리 코에 매다는 돌'을 말한다.
230) '달아매고'의 뜻이다. '달아매다'의 방언형은 '둘아메다'로 나타난다.
231) '묶어요'의 뜻이다. '묶다'의 방언형은 '무끄다'로 나타난다.
232) '배[索]'를 말한다.
233) '까는[降]'의 뜻이다.
234) '다는[懸]'의 뜻이다.
235) '그물을'의 뜻이다. '그물'의 방언형은 '구물'로 나타난다.
236) '당기고'의 뜻이다. '당기다'의 방언형은 '드리다, 둥기다, 둥이다' 등으로 나타난다.
237) '매어'의 뜻이다.
238) '롤러(roller)'를 말한다.
239) '해서'의 뜻이다.
240) '싹(거침없이)'을 말한다.
241) '거루' 또는 '거룻배'를 말하는데, 일본어 'てんま'이다.
242) '거기도' 또는 거기에도'의 뜻이다.
243) '달아매어'의 뜻이다. '달아매다'의 방언형은 '둘아메다'로 나타난다.
244) '놓을'의 뜻이다.
245) '같이'를 말한다.
246) '사람이' 뜻이다.
247) '자리돔'을 말한다. '자리돔'의 방언형은 '자돔, 자리' 등으로 나타난다.
248) '분들입니다'의 뜻이다.
249) '하던'의 뜻이다. '하다[爲]'의 방언형은 '허다, ᄒ다' 등으로 나타난다.
250) '아들'을 말한다. '아들'의 방언형은 '아덜, 아들, 아둘' 등으로 나타난다.
251) '나가서'의 뜻이다.

252) ‘있어요’의 뜻이다.

253) ‘수발이라고도’의 뜻이다.

254) ‘보아라’ 또는 ‘봐라’의 뜻이다.

255) ‘되어버렸어’의 뜻이다.

256) ‘나이론 줄’을 말한다.

257) ‘해’의 뜻이다.

258) ‘귀퉁이’를 말한다.

259) ‘묶어’의 뜻으로, ‘무끄[束]-+-어’ 구성이다. ‘묶다[束]’의 방언형은 ‘무끄다’로 나타
난다.

260) ‘나일론 로프(nylon rope)’을 말한다.

261) ‘노끈으로’의 뜻이다. ‘노끈’의 방언형은 ‘노끄네기, 노꼿, 노끈, 노꼿’ 등으로 나타
난다.

262) ‘귀퉁이’의 뜻이다.

263) ‘필그물인데’의 뜻이다. ‘필그물’은 ‘필(疋)로 파는 그물’을 말한다.

264) ‘깁니다’의 뜻이다.

265) ‘연결합니다’의 뜻이다.

266) ‘그물코’를 말한다.

267) ‘꼭’의 뜻이다.

268) ‘로프(rope)’를 말한다.

269) ‘넓이만’의 뜻이다.

270) ‘많이’의 뜻이다.

271) ‘주어요’ 또는 ‘줍니다’의 뜻이다.

272) ‘그물’을 말한다.

273) ‘필그물’을 말한다.

274) ‘사다가’의 뜻으로, ‘사[買]-+-당은에’ 구성이다. ‘-당은에’는 ‘-다가’의 의미로 쓰이
는 어미이다.

275) ‘자리구물’은 ‘자리돔을 잡는 그물’을 말한다.

276) ‘달고’의 뜻이다. ‘달다[懸]’의 방언형은 ‘돌다’로 나타난다.

277) ‘끝에다가’의 뜻이다.

278) ‘거루’ 또는 ‘거룻배’를 말한다.

279) ‘해[爲]’의 뜻이다.

280) ‘가지고’의 뜻이다.

281) ‘까는 배[索]’를 말한다.

282) ‘다는 배[索]’를 말한다.

283) ‘자리돔이’의 뜻이다. ‘자리돔’의 방언형은 ‘자돔, 자리’ 등으로 나타난다.

284) ‘그물을’의 뜻이다.

285) '바닷속에'의 뜻이다.

286) '넣었다가'의 뜻이다.

287) '까는 바[苗]'를 말한다.

288) '콧돌줄이라고'의 뜻이다. '콧돌줄'은 '그물의 가장자리 코에 매다는 콧돌의 줄'을 말한다.

289) '깔아서'의 뜻이다. '깔다'의 방언형은 '끌다'로 나타난다.

290) '해서'의 뜻이다.

291) '다는[懸]'의 뜻이다.

292) '늦춰'의 뜻이다. '늦추다'의 방언형은 '눅이다, 늦추다' 등으로 나타난다.

293) '위에'의 뜻이다. '위[上]'의 방언형은 '우, 우이, 우희' 등으로 나타난다.

294) '손으로들'의 뜻이다.

295) '품'을 말한다.

296) '당겨서'의 뜻이다.

297) '자리돔'을 말하다.

298) '거루' 또는 '거룻배'를 말하는데, 일본어 'てんま'이다.

299) '콧돌'은 '그물의 가장자리 코에 매다는 돌'을 말한다.

300) '해서'의 뜻이다.

301) '베리코'는 '벼리를 꿰는 코'를 말한다.

302) '벼리라고'의 뜻이다. '벼리'의 방언형은 '베릿배'로 나타난다.

303) '달아매고'의 뜻이다.

304) '묶어요'의 뜻이다.

305) '따라서'의 뜻이다.

306) '발씩'의 뜻이다.

307) '해[爲]'의 뜻이다.

308) '되는[化]'의 뜻이다.

309) '요수바릿배'는 '요수바리'라는 그물을 싣고 다니면서 자리돔을 잡는 배를 말한다.

310) '것인데'의 뜻이다.

311) '자리돔'을 말한다. '자리돔'의 방언형은 '자돔, 자리' 등으로 나타난다.

312) '둘째아버지가'의 뜻이다. '둘째아버지'의 방언형은 '셋아방'을 나타난다.

313) '와서'의 뜻으로, '오[來]-+-앙은에' 구성이다. '-앙은에'는 '-아서'의 의미로 쓰이는 어미이다.

314) '빌려다가'의 뜻이다.

315) '주십시오'의 뜻이다.

316) '해서'의 뜻이다.

317) '됫박'을 말한다.

318) '먹고도'의 뜻이다.

319) '했었으니까'의 뜻이다.

320) 또는 '거룻배에'의 뜻이다.

321) '당기니까'의 뜻이다.

322) '다녔습니다'의 뜻이다.

323) '됩니다'의 뜻이다.

324) '롤러(roller)'를 말한다.

325) '마루바리'는 일본어 'まる ばり'로, '원 (그물) 치기'가 되지만 주로 떼를 이용하여 자리돔을 잡는 그물이기 때문에 '사둘'로 대역한다.

326) '마루'는 '마루바리'의 '마루'를 말하는 것으로, 일본어 'まる'이다.

327) '테를' 또는 '테두리를'의 뜻이다.

328) '꼬아[糾]'의 뜻이다.

329) '원(圓)이'의 뜻이다. '마루'는 일본어 'まる'이다.

330) '대'를 말한다.

331) '끼우면서'의 뜻이다. '끼우다'의 방언형은 '끼우다, 낍다' 등으로 나타난다.

332) '풍선(風船)'을 말한다.

333) '쇠[鐵]'를 말한다.

334) '파이프(pipe)'를 말한다.

335) '묶게'의 뜻이다. '묶다[束]'의 방언형은 '무끄다'로 나타난다.

336) '달리게[懸]'의 뜻이다.

337) '콧돌'은 '그물의 가장자라 코에 매다는 돌'을 말한다.

338) '달아매어서'의 뜻이다.

339) '매어서'의 뜻이다.

340) '마루바리'는 일본어 'まる ばり'로, '원 그물 치기'가 되지만 주로 떼를 이용하여 자리돔을 잡는 그물이기 때문에 '사둘'로 대역한다.

341) '여[礁]를'의 뜻이다.

342) '않아버리니까'의 뜻이다.

343) '꼭'의 뜻이다.

344) '찾아서'의 뜻이다.

345) '자리돔이'의 뜻이다. '자리돔'의 방언형은 '자돔, 자리' 등으로 나타난다.

346) '모여요'의 뜻이다.

347) '그러면'의 뜻이다.

348) '찾아서'의 뜻이다. '찾다'의 방언형은 '찾다, 촞다'로 나타난다.

349) '그러니까'의 뜻이다.

350) '됩지요'의 뜻이다.

351) '서야'의 뜻이다. '서다[立]'의 방언형은 '사다, 스다' 등으로 나타난다.

352) '가늠으로'의 뜻이다. '가늠'의 방언형은 '가남, 가늠, 개남' 등으로 나타난다.

353) '거석을'의 뜻이다. '거석(巨石)'의 방언형은 '왕돌, 왕석' 등으로 나타난다.

354) '되어요'의 뜻이다.

355) '찾아가서'의 뜻이다.

356) '밀물에는'의 뜻이다. '밀물'의 방언형은 '드는물, 들물' 등으로 나타난다.

357) '앉히는'의 뜻이다.

358) '거지요'의 뜻이다.

359) '자리돔'을 말한다.

360) '싹'의 뜻이다.

361) '당겨라'의 뜻이다.

362) '다녀'의 뜻이다.

363) '자릿베'는 '자리돔을 잡는 배'를 말한다.

364) '없는'의 뜻이다.

365) '멸치'를 말한다.

366) '테에다가' 또는 '테두리에다가'의 뜻이다.

367) '콧돌'은 '그물의 가장자리 코에 매다는 돌'을 말한다.

368) '달아매고'의 뜻이다.

369) 이 '줄'은 그물과 배를 연결하는 줄을 말한다.

370) '매서'의 뜻이다.

371) '요수바리'는 일본어 'よすみ ばり'로, '사각 그물'로 대역한다.

372) '마루바리'는 일본어 'まる ばり'로, '원 그물 치기'가 되지만 떼를 이용하여 자리돔을 잡는 그물이기 때문에 '사둘'로 대역한다.

373) '어움'은 '테' 또는 '테두리'를 말하는데, 달리 '에움'이라 한다.

374) '그물코'를 말한다.

375) '베리코'는 '벼리를 꿰는 코'를 말한다.

376) '달아서[懸]'의 뜻이다.

377) '대여섯'을 말한다.

378) '들어얍지요, 들어야 합지요'의 뜻이다.

379) '당기는'의 뜻이다. '당기다[引]'의 방언형은 '드리다, 둥기다, 둥이다' 등으로 나타난다.

380) '자라돔'을 말한다.

381) '벼리'를 말한다.

382) '해[爲]'의 뜻이다.

383) '상가짓배'는 '맨 꼭대기에 매단 바'를 말한다.

384) '서서'의 뜻이다. '서다[立]'의 방언형은 '사다, 스다' 등으로 나타난다.

385) '벌이줄'을 말한다.

386) '배임자'를 말한다. '배임자'의 방언형은 '베임자, 베임제' 등으로 나타난다.

387) '자리돔'을 말한다. '자리돔'의 방언형은 '자돔, 자리' 등으로 나타난다.

388) '당겨라'의 뜻이다.
389) '당겨서'의 뜻이다.
390) '해서'의 뜻이다.
391) '고물(배의 뒷부분)이' 뜻이다. '고물'의 방언형은 '고물, 고불' 등으로 나타난다.
392) '높거든'의 뜻이다. '높다'의 방언형은 '노프다'로 나타난다.
393) '뒤에가'의 뜻이다. '뒤[後]'의 방언형은 '두이, 뒤' 등으로 나타난다.
394) '보이지만'의 뜻이다.
395) '앞보다는'의 뜻이다.
396) '가라앉는'의 뜻이다. '가라앉다'의 방언형은 '굴라앉다, 굴아앗다, 굴라지다' 등으로 나타난다.
397) '고물이라도'의 뜻이다.
398) '벳동서'는 달리 '벳동세'라 하는데, '한배에서 같이 일하는 뱃사람끼리 이르는 말'이다.
399) '자리돔 동서'의 뜻으로, '자리돔을 잡는 같은 배를 탄 사람을 이르는 말'이다.
400) '어창(魚艙)'을 말한다.
401) '거지요'의 뜻이다.
402) '잡아서'의 뜻이다.
403) '되[升]'를 말한다.
404) '팔았습니다'의 뜻이다.
405) '자리돔'을 말한다.
406) '멸치'를 말한다.
407) '절수(節數)'를 말한다.
408) '그물코'를 말한다.
409) '어망선' 또는 '그물배'를 말한다.
410) '달아서'의 뜻으로, '둘[懸]-+-앙' 구성이다. '-앙'은 '-아서'의 의미로 쓰이는 어미이다. '달다[懸]'의 방언형은 '돌다'로 나타난다.
411) '달아서'의 뜻으로, '둘[懸]-+-앙은에' 구성이다. '-앙은에'는 '-아서'의 의미로 쓰이는 어미이다.
412) '떼(유리, 고무 따위로 만들어서 그물, 낚시 따위의 어구가 위쪽으로 지탱하는 데 쓰는 물건)'를 말한다.
413) '잔[少]'의 뜻이다.
414) '매어서'의 뜻이다.
415) '두어서, 둬서'의 뜻이다.
416) '가서'의 뜻이다.
417) '들 것 같다'의 뜻이다.
418) '가서'의 뜻이다.
419) '아침에'의 뜻이다. '아침'의 방언형은 '아적, 아척, 아칙, 아침' 등으로 나타난다.

420) ‘들면’의 뜻이다.
421) ‘나가서’의 뜻이다.
422) ‘뺑에돔’을 말한다. ‘뺑에돔’의 방언형은 ‘구르찌, 구리치, 구릿, 귀릿’ 등으로 나타난다.
423) ‘능성어’를 말한다. ‘능성어’의 방언형은 ‘고망젱이, 구문젱이, 구뭉젱이, 몰레얼리, 얼룽이’ 등으로 나타난다.
424) ‘붉바리’를 말한다.
425) ‘아홉동가리’를 말한다. ‘아홉동가리’의 방언형은 ‘논자리, 논젱이, 아홉도막’ 등으로 나타난다.
426) ‘절수(節數)가’의 뜻이다. 숫자가 클수록 그물코의 크기가 작다.
427) ‘원’은 달리 ‘원담, 개’라 하는데, ‘밀물과 썰물의 차이를 이용하여 물고기를 잡기 위하여 만든 돌 장치’를 말한다. ‘원’은 일종의 돌로 만든 그물인 셈이다.
428) ‘한개창’은 가파도의 포구 이름이다. ‘모슬포’와 ‘가파도’를 잇는 도항선이 드나드는 포구다.
429) ‘멜통안이라고’의 뜻으로, ‘멜통안’은 해안가 이름이다.
430) ‘물써면’의 뜻이다. ‘물써다’의 방언형은 ‘물싸다’로 나타난다.
431) ‘바다’를 말한다. ‘바데[海]’의 방언형은 ‘바다, 바당, 바르, 바릇’ 등으로 나타난다.
432) ‘멸치’를 말한다.
433) ‘축항(築港)’을 말한다.
434) ‘없어졌어요’의 뜻이다. ‘없대[無]’의 방언형은 ‘없다, 엇다, 읎다, 웃다’ 등으로 나타난다.
435) ‘돌아가면서’의 뜻이다.
436) ‘ᄆᆞ시리’는 가파도 남쪽에 위치한 상동(上洞) 포구를 말한다.
437) ‘이개덕, 조근통, 큰통, 평풍덕, 장택코, 조근나끈녀, 큰아끈녀, 물아피, 인개’까지는 가파도 해안가에 있는 지경 이름들이다.
438) ‘인개구석’은 가파도 해안가에 있는 지경 이름이다.
439) ‘뒤로’의 뜻이다.
440) ‘뒤성’은 가파도 해안가에 있는 지경 이름이다.
441) ‘한개창’은 가파도 북쪽에 위치한 하동(下洞) 포구를 말한다.
442) ‘지딴알, 방에알, 말자븐목, 두시여, 큰옹진물, 조근옹진물, 겜지우리’ 등도 가파도 해안가에 있는 지경 이름들이다.
443) ‘사계개, 뒤갠머리’도 가파도 해안가에 있는 지경 이름들이다.
444) ‘있어’의 뜻이다.
445) ‘모자반’을 말한다. ‘모자반’의 방언형은 ‘ᄆᆞᆷ, ᄆᆞ망, 몰망’ 등으로 나타난다.
446) ‘오르는’의 뜻이다. ‘오르대[登]’의 방언형은 ‘오르다, 올르다’ 등으로 나타난다.
447) ‘내어서’의 뜻이다.
448) ‘했수지요’의 뜻이다.
449) ‘다투어서’의 뜻이다. ‘다투대[鬪]’의 방언형은 ‘다투다, 드토다, 드투다’ 등으로 나

타난다.

450) '싸우다'란 뜻이다. '싸우다'의 방언형은 '싸우다, 쌉다' 등으로 나타난다.

451) '들어가얍지요'의 뜻이다.

452) '들어서'의 뜻이다.

453) '해서'의 뜻이다. '하다[爲]'의 방언형은 '허다, 흐다' 등으로 나타난다.

454) '올려서'의 뜻이다.

455) '거지요'의 뜻으로, '거[其]+-ㅂ주게' 구성이다. '-ㅂ주게'는 '-ㅂ지요'의 의미로 쓰이는 어미이다.

456) '없어'의 뜻으로, '엇[無]-+-어' 구성이다. '없다[無]'의 방언형은 '없다, 엇다, 읎다, 웃다' 등으로 나타난다.

457) '바다'를 말한다. '바다[海]'의 방언형은 '바다, 바당, 바르, 바릇' 등으로 나타난다.

458) '세니까'의 뜻이다. '세다[强]'의 방언형은 '쎄다, 씨다' 등으로 나타난다.

459) '견디어'의 뜻이다. '견디다[忍]'의 방언형은 '전디다, 준디다' 등으로 나타난다.

460) '내지를'의 뜻이다.

461) '않습니다'의 뜻이다.

462) '낚싯대'를 말한다. '낚싯대'의 방언형은 '낙싯대, 첨대, 춤대' 등으로 나타난다.

463) '어렝놀래기'를 말한다.

464) '노래미'를 말한다. '노래미'의 방언형은 '놀레미, 조우럭, 졸락, 졸락우럭' 등으로 나타난다.

465) '고생놀래기'를 말한다. '고생놀래기'의 방언형은 '고맹이, 고셍이, 골맹이, 궤멩이, 코셍이' 등으로 나타난다.

466) '거루' 또는 '거룻배'를 말하는데, 일본어 'てんま'이다.

467) '타서'의 뜻으로, '타[乘]-+-앙' 구성이다. '-앙'은 '-아서, -고서'의 의미로 쓰이는 어미이다.

468) '가서'의 뜻이다.

469) '외줄낚시'를 말한다.

470) '낚고'의 뜻이다. '낚다'의 방언형은 '나끄다'로 나타난다.

471) '낚싯대'를 말한다.

472) '면사(綿絲)'를 말한다.

473) '피 먹여'의 뜻으로, 낚싯줄로 쓰인 면사가 쉬 삭지 말라고 돼지 피를 먹이는 것을 말한다. 면사 낚싯줄에는 감물 또는 갈물을 먹이기도 하였다.

474) '삶아'의 뜻이다.

475) '찌면'의 뜻이다. '찌다[蒸]'의 방언형은 '치다'로 나타난다.

476) '꺼멓게'의 뜻이다.

477) '해서'의 뜻이다.

478) '목줄(낚싯줄과 낚싯바늘'을 잇는 줄)'의 뜻이다.

479) '목줄'을 말하는 것으로, '다리[脚]'의 뜻을 지닌 문헌 어휘가 그대로 '목줄'의 의미

로 쓰인 경우다. 이는 갈치 낚시인 '갈치섬비'가 활대 모양을 하고 있고, 그 양 끝에 목줄을 매달 낚시를 묶은 것이 마치 두 다리로 서 있는 형상과 비슷하기 때문이 아닌가 한다. 주석 131) 참조.

480) '봉돌'을 말한다.

481) '입혀'의 뜻이다.

482) 일본어 'かわ'로, '표면'이라 번역한다.

483) '물었으니까'의 뜻으로, '물-+-어시난' 구성이다. '-어시난'은 '-었으니까'의 의미로 쓰이는 어미이다.

484) '외줄낚시'를 말한다.

485) '낚는'의 뜻이다. '낚다'의 방언형은 '나끄다'로 나타난다.

486) '붉바리'를 말한다.

487) '놀래기에'의 뜻으로, 여기서는 '갓놀래기아과'의 의미로 쓰였다. 정문기(1996)의 『한국어도보』에 따르면, '갓놀래기아과'에는 '황놀래기, 실놀래기, 놀래기, 용치놀래기, 참놀래기, 어렝놀래기, 고생놀래기, 비단놀래기, 무지개놀래기' 등 9종이 있다.

488) '조금'의 뜻이다. '조금'의 방언형은 '아쓱, 아씩, 조곰, 조금, ᄒ꼼, ᄒ끔, ᄒ쓸' 등으로 나타난다.

489) '노래미가'의 뜻이다. '노래미'의 방언형은 '놀레미, 조우럭, 졸락, 졸락우럭' 등으로 나타난다.

490) '있습지요'의 뜻으로, '이시[有]-+-ㅂ주게' 구성이다. '-ㅂ주게'는 '-ㅂ지요'의 의미로 쓰이는 어미이다. '있다[有]'의 방언형은 '시다, 싯다, 이시다, 잇다' 등으로 나타난다.

491) '거루' 또는 '거룻배'를 말하는데, 일본어 'てんま'이다.

492) '요수바리배'는 '사각 그물을 이용하는 배'를 말한다.

493) '멜배'는 '멸치를 주로 잡은 배'를 말한다.

494) '자리돔'을 말한다.

495) '발동기'의 뜻이나 여기서는 '발동선'의 의미로 쓰였다.

496) '멸치'를 말한다.

497) '자리돔'을 말한다.

498) '칼치라고'의 뜻으로, '칼치'는 '나무배 맨 앞 끝에 양쪽 바깥으로 뾰족하게 내민 부분'을 말한다. 달리 'ᄀ새뿌리, 묘시'라 한다.

499) '갑방'은 '돛단배에 있는, 사람이 머물 수 있게 만든 방'을 말한다.

500) '달아[懸]'의 뜻이다.

501) '두꺼운'의 뜻이다.

502) '돛[帆]'을 말한다.

503) '있어'의 뜻으로, '잇[有]-+-어' 구성이다. '있다[有]'의 방언형은 '시다, 싯다, 이시다, 잇다' 등으로 나타난다.

504) '돛대'를 말한다. '돛대'의 방언형은 '돗대, 벳대' 등으로 나타난다.

505) '허릿대'는 '두배박이에서 가운데 큰 돛을 다는 대'를 말하는 것으로, 곧 '고물대'

가 된다.

506) '야웃대'를 잘못 말한 것으로, '야웃대'는 이물 쪽에 다는 돛대인 이물대를 뜻한다.
507) '킷구멍'을 말한다. '킷구멍(덤불 가운데 키를 끼워 내리는 구멍)'의 방언형은 '치궁기, 치통문, 칫궁기, 통문이' 등으로 나타난다.
508) '뚫린'의 뜻이다.
509) '키[舵]'를 말한다.
510) '창나무(키의 손잡이)'를 말한다. '창나무'의 방언형은 '창낭, 치창낭' 등으로 나타난다.
511) '놓으니까'의 뜻이다.
512) '초석으로 만든 돛'을 말한다. '초석'은 달리 '돗초석, 돗석'이라 한다.
513) '대나무'는 '돛대'의 의미로 쓰였다.
514) '두꺼운'의 뜻이다.
515) '돛대'를 말한다. '돛대'의 방언형은 '돗대, 벳대' 등으로 나타난다.
516) '줄'은 '용총줄' 또는 '마릿줄'을 말한다. '용총줄, 마릿줄'의 방언형은 '돗줄, 무릇줄, 몰릿줄' 등으로 나타난다.
517) '돛'을 말한다.
518) '달고'의 뜻이다.
519) '노손'을 말한다. '노손'의 방언형은 '네착, 몽고지, 종통' 등으로 나타난다.
520) '당기게'의 뜻이다.
521) '묶게'의 뜻이다. '묶다[束]'의 방언형은 '무끄다'로 나타난다.
522) '쪽'의 뜻이다.
523) '활대'를 말한다.
524) '만들었는데'의 뜻이다.
525) '활대'을 말한다.
526) '했을'의 뜻이다.
527) '셀[强]'의 뜻이다. '세다[强]'의 방언형은 '쎄다, 씨다' 등으로 나타난다.
528) '활'을 말한다.
529) '묶지요'의 뜻이다.
530) '묶게'의 뜻이다.
531) '바람'을 말한다. '바람'의 방언형은 'ㅂ름, ㅂ롬' 등으로 나타난다.
532) '위아래까지'의 뜻이다. '위아래'의 방언형은 '우아레, 우알' 등으로 나타난다.
533) '달고[懸]'의 뜻이다.
534) '상활(上-)'을 말한다. '상활'은 '돛의 맨 위에 댄 활대'를 말한다.
535) '하활(下-)'을 말한다. '하활'은 '돛의 맨 아래에 댄 활대'를 말한다.
536) '도르래'를 말한다.
537) '메워서'의 뜻이다.

538) ‘한장’은 ‘돛단배의 한가운데 칸’을 뜻하는 어휘다. ‘한장’은 달리 ‘한간, 허리칸’이라 한다.

539) ‘한장멍에라고’의 뜻이다. ‘한장멍에’는 ‘돛단배의 한가운데 박은 멍에’를 뜻하는 어휘다. 달리 ‘대섯멍에, 대설멍에’라 한다.

540) ‘고물에는’의 뜻이다. ‘고물’의 방언형은 ‘고몰, 고불’ 등으로 나타난다.

541) ‘킷구멍(덤불 가운데 키를 끼워 내리는 구멍)’을 말한다. ‘킷구멍’의 방언형은 ‘치궁기, 치통문, 칫궁기’ 등으로 나타난다.

542) ‘위에는’의 뜻이다. ‘위[上]’의 방언형은 ‘우, 우이, 우희’ 등으로 나타난다.

543) ‘갑방’은 ‘돛단배에 있는, 사람이 머물 수 있게 만든 방’을 말한다.

544) ‘파락’을 말한다. ‘노가이’는 일본어 ‘ろかい’로 보인다.

545) ‘파락’은 ‘거루나 돛단배의 양옆 위쪽에 바깥으로 나오게 둘러 붙여 있는 나무’를 뜻하는 어휘다.

546) ‘하지요’의 뜻이다.

547) ‘두르게’의 뜻이다. ‘두르다’의 방언형은 ‘두르다, 둘르다’ 등으로 나타난다.

548) ‘사이에’의 뜻이다.

549) ‘파락’은 ‘거루나 돛단배의 양옆 위쪽에 바깥으로 둘러 붙여 있는 나무’를 뜻하는 어휘다.

550) ‘킷구멍’을 말한다.

551) ‘놋좃’을 말한다. ‘놋좃’의 방언형은 ‘네좃, 노좃’ 등으로 나타난다.

552) ‘한장멍에’는 ‘돛단배 한가운데 가로 박은 멍에’를 말하는데, 달리 ‘대섯멍에, 대설멍에’라 한다.

553) ‘해서’의 뜻이다

554) ‘도문네’는 ‘두 사람이 노를 저을 때 배의 뒤쪽에서 젓는 노’를 말한다. ‘도문네’는 달리 ‘하노’라 한다.

555) ‘맞습니다’의 뜻이다.

556) ‘옆노’ 또는 ‘곁노’를 말한다. ‘옆노, 곁노’의 방언형은 ‘윱네, 젓네, 젓거리, 젯거리’ 등으로 나타난다.

557) ‘잡지요’의 뜻이다.

558) ‘배임자’를 말한다. ‘배임자’의 방언형은 ‘베임자, 베임제’ 등으로 나타난다.

559) ‘동서(同壻)들이’의 뜻이다. 여기서 ‘동서(同壻)’는 ‘한배에서 같이 일하는 뱃사람끼리 이르는 말’로, 대개는 ‘뱃동서, 뱃동세’라 한다.

560) ‘되고’의 뜻이다. ‘되다[爲]’의 방언형은 ‘뒈다’로 나타난다.

561) ‘옆노’ 또는 ‘곁노’를 말한다.

562) ‘돛[帆]’을 말한다.

563) ‘있어야’의 뜻으로, ‘시[有]-+-어야’ 구성이다. ‘있다[有]’의 방언형은 ‘시다, 싯다, 이시다, 잇다’ 등으로 나타난다.

564) ‘되니까’의 뜻이다.

565) '없고'의 뜻이다. '없다[無]'의 방언형은 '없다, 엇다, 읎다, 읏다' 등으로 나타난다.
566) '허릿대라고'의 뜻으로, '허릿대'는 '고물대'를 말한다. '고물대'의 방언형은 '고물대, 허릿대' 등으로 나타난다.
567) '허리'의 뜻이나 여기서는 '고물 돛'의 의미로 쓰였다.
568) '묶지'의 뜻이다. '묶다[束]'의 방언형은 '무끄다'로 나타난다.
569) '않아서'의 뜻이다.
570) '고리[環]'를 말한다.
571) '늦췄다'의 뜻이다. '늦추다'의 방언형은 '눅이다, 늦추다' 등으로 나타난다.
572) '당겼다'의 뜻이다. '당기다'의 방언형은 '드리다, 둥기다, 둥이다' 등으로 나타난다.
573) '거의'의 뜻이다.
574) '고리'를 말한다. '고리[環]'의 방언형은 '골리, 골이, 골희, 코거리' 등으로 나타난다.
575) '고리라고'의 뜻이다.
576) '이물대'를 말한다. '이물대'의 방언형은 '야웃대, 이물대' 등으로 나타난다.
577) '방석이라고'의 뜻이다.
578) '고물대 방석'을 뜻한다. '고물대'의 방언형은 '고물대, 허릿대' 등으로 나타난다.
579) '파지요'의 뜻이다.
580) '돛대 나무' 곧 '돛대'의 의미로 쓰였다.
581) '삼나무'를 말한다.
582) '맞게끔'의 뜻이다.
583) '뒤로'의 뜻이다. '뒤[後]'의 방언형은 '두이, 뒤' 등으로 나타난다.
584) '세워지게'의 뜻이다.
585) '그러면'의 뜻이다.
586) '허리'를 뜻하나 여기서는 '고물'의 의미로 쓰였다.
587) '뒤편에'의 뜻이다. '뒤편'의 방언형은 '뒷강, 뒤펜' 등으로 나타난다.
588) '고리[環]'를 말한다.
589) '만들어서'의 뜻이다.
590) '해서'의 뜻이다.
591) '위에'의 뜻이다.
592) '아래 방석에'의 뜻이다.
593) '위에'의 뜻이다.
594) '묶게'의 뜻이다.
595) '않아'의 뜻이다.
596) '총이라고'의 뜻으로, '총'은 '용두(돛대의 꼭대기 부분)'를 말한다.
597) '돛대'의 의미로 쓰였다.
598) '세워서'의 뜻이다.
599) '내버리는'의 뜻이다. '내버리다'의 방언형은 '내불다, 내비다' 등으로 나타난다.

600) '끄트머리에다가'의 뜻이다.

601) '벌이줄'을 말한다.

602) '파락(배의 양옆으로 내민 부분)'을 말하는데, '노가이'는 일본어 'ろかい'로 보인다.

603) '뚫어'의 뜻이다. '뚫다'의 방언형은 '똘루다, 똘우다, 똘르다, 똘우다, 똛다' 등으로 나타난다.

604) '묶어'의 뜻이다. '묶다[束]'의 방언형은 '무끄다'로 나타난다.

605) '벌이줄'을 말한다.

606) '상책' 또는 '노착'을 말한다.

607) '노손'을 말한다. '노손'의 방언형은 '네착, 몽고지, 종통' 등으로 나타난다.

608) '잡아서'의 뜻이다.

609) '뇌(櫓)'를 말한다.

610) '아랫대'의 뜻으로, '노깃' 또는 '노잎'을 말한다.

611) '뚫어졌고'의 뜻이다.

612) '벤드레'는 '노를 저을 수 있게 배 멍에와 노손을 잇는 밧줄'을 말한다.

613) '고물대'를 말한다. '고물대'의 방언형은 '고물대, 허릿대' 등으로 나타난다.

614) '고리[環]'를 말한다.

615) '끼워서'의 뜻이다.

616) '노손'을 말한다. '노손'의 방언형은 '네착, 몽고지, 종통' 등으로 나타난다.

617) '벤드레'는 '노를 저을 수 있게 배 멍에와 노손을 잇는 밧줄'을 말한다.

618) '끼워서'의 뜻이다.

619) '않으면'의 뜻이다.

620) '당길'의 뜻이다.

621) '버리는'의 뜻이다.

622) '위로'의 뜻이다.

623) '버리거든'의 뜻이다.

624) '못하게'의 뜻이다.

625) '떠주니까'의 뜻이다.

626) '상책' 또는 '노착'을 말한다. '상책'의 방언형은 '상착, 우대' 등으로 나타난다.

627) '노깃이' 또는 '노잎이'의 뜻이다. '노깃, 노잎'의 방언형은 '네썹, 노썹, 알대' 등으로 나타난다.

628) '노깃' 또는 '노잎'을 말한다.

629) '노잎'을 말한다.

630) '노착' 또는 '상책'을 말한다.

631) '상앗대'를 말한다. '상앗대'의 방언형은 '사올대, 사울대, 사올쪽, 사을대, 상올쪽' 등으로 나타난다.

632) '파락에'의 뜻으로, '파락'은 '거루나 돛단배의 양옆 위쪽에 바깥으로 둘러 붙여 있는 나무'를 말한다.

633) '킷구멍(덤불 한가운데 키를 끼워 내리는 구멍)'을 말한다.

634) '걸쳐서'의 뜻이다.

635) '조개'를 말한다. '조개'의 방언형은 '어금, 조개, 조갱이' 등으로 나타난다.

636) '고둥'을 말한다.

637) '명주고둥'을 말한다. '명주고둥'의 방언형은 '뎅겡이, 뎅겡이보말' 등으로 나타난다.

638) '밤고둥'을 말한다. '밤고둥'의 방언형은 '먹보말'로 나타난다.

639) '팽이고둥'을 말한다.

640) '타래고둥'을 말한다. '타래고둥'의 방언형은 '가마귀보말, 가메기보말, 가메기수꾸락, 가메기좃' 등으로 나타난다.

641) '딱지조개'를 말한다. '딱지조개'의 방언형은 '쒜군벗, 쒜굼벗' 등으로 나타난다.

642) '군부'를 말한다. '군부'의 방언형은 '군벗, 굼벗' 등으로 나타난다.

643) '애기삿갓조개'를 말한다. '애기삿갓조개'의 방언형은 '갱베리, 젱베리, 춤배말, 춤비말' 등으로 나타난다.

644) '오분자기'를 말한다. '오분자기'의 방언형은 '바르, 오분자귀, 오분자기, 오분작, 오분제기, 조개' 등으로 나타난다.

645) '나니까'의 뜻이다.

646) '소라'를 말한다. '소라'의 방언형은 '고동, 구제기, 구젱기, 구젱이' 등으로 나타난다.

647) '전복'을 말한다. '전복'의 방언형은 '비, 빗, 전복, 점복, 줌복' 등으로 나타난다.

648) '해삼'의 방언형은 '미, 헤섬, 헤슴' 등으로 나타난다.

649) '해삼'을 말한다.

650) '수놈, 수컷'의 뜻으로, 여기서는 '수컷 전복'의 의미로 쓰였다.

651) '마드리'는 달리 '마드레'라 하는데, '암컷 전복과 비슷한 모양이면서도 좀 길쭉하고 그 겉껍질이 울퉁불퉁한 전복'을 말한다. 전복의 한 종류인 '시볼트전복'이 아닌가 한다.

652) '셍피'는 '새끼 전복'을 말한다. '새끼 전복'은 '셍피'를 비롯하여 '빗제기, 설피역세기, 셈페, 조겡이, 졸겡이' 등으로 나타난다.

653) '늙지'의 뜻이다.

654) '않아도'의 뜻이다.

655) '뭉툭하고'의 뜻이다.

656) '암천복'은 '암컷 전복'을 뜻한다. 달리 '암핏'이라 한다.

657) '전복으로만'의 뜻이다.

658) '샛바람'을 말한다.

659) '높새바람'을 말한다. '높새바람'의 방언형은 '높셋브름, 높하늬, 높하늬브름, 동하늬, 두세브름, 세하늬브름' 등으로 나타난다.

660) '마파람'을 말한다.

661) '갈바람'을 말한다.

662) '샛바람이라고'의 뜻이다.

663) ‘동남풍’을 말한다.

664) ‘서풍’을 말한다. ‘서풍’의 방언형은 ‘갈ㅂ름, 섯갈, 섯갈ㅂ름’ 등으로 나타난다.

665) ‘섯갈에’의 뜻으로, ‘서풍’의 의미로 쓰였다.

666) ‘갈바람이라고’의 뜻이다.

667) ‘샛바람’을 말한다.

668) ‘동남풍’을 말한다.

669) ‘마파람’을 말한다.

670) ‘서풍’을 말한다.

671) ‘서남풍’을 말한다.

672) ‘갈바람’을 말한다.

673) ‘하늬바람’을 말한다.

674) ‘갈바람이라고’의 뜻이다. ‘서북풍’은 대개 ‘늦하늬ㅂ름, 섯하늬, 섯하늬ㅂ름’ 등으로 나타난다.

675) ‘높하늬’로, ‘동북풍’을 말한다.

676) ‘높새바람’을 말한다.

677) ‘높하늬’로, ‘동북풍’을 말한다.

678) ‘거의’를 말한다.

679) ‘하늬바람이라도’의 뜻이다.

680) ‘하늬바람’을 말한다.

681) ‘걸렸다고’의 뜻이나 여기서는 ‘걸쳤다고’의 의미로 쓰였다.

682) ‘해서’의 뜻이다.

683) ‘섯하늬’로, ‘서북풍’을 말한다.

684) ‘샛바람이’의 뜻이다.

685) ‘조금’의 뜻이다.

686) ‘위로’의 뜻이다. ‘위[上]’의 방언형은 ‘우, 우이, 우희’ 등으로 나타난다.

687) ‘높새바람이라고’의 뜻이다.

688) ‘높하늬쯤’으로, ‘동북풍’을 말한다.

689) ‘한무날’을 말한다.

690) ‘두무날’을 말한다.

691) ‘초하루’를 말한다.

692) ‘일곱무날이고’의 뜻이다.

693) ‘여섯무날이고’의 뜻이다.

694) ‘일곱무날이고’의 뜻이다.

695) ‘여섯무날’을 말한다.

696) ‘그믐 여섯무날 보름 여섯무날’의 뜻이다. 물때는 제주도의 동서로 나뉘어 구분된다. 동부 지역은 제주시 조천읍, 구좌읍, 우도면과 서귀포시의 성산읍, 표선읍, 남원읍을

비롯하여 예전의 서귀포시를 포함하는 지역이고, 그 나머지 지역인 제주시의 애월읍, 한림읍, 한경면과 서귀포시의 대정읍, 안덕면과 예전의 중문면은 서부 지역이 된다.

동부 지역	날짜(음력)		서부 지역	표준어
	상현	하현		
두물	10	25	ᄒᆞᆫ물	한무날
서물	11	26	두물	두무날
너물	12	27	서물	서무날
다섯물	13	28	너물	너무날
ᄋᆞᆺ물	14	29	다섯물	다섯무날
일곱물	15	30	ᄋᆞᆺ물	여섯무날
ᄋᆞ덥물	16	1	일곱물	일곱무날
아홉물	17	2	ᄋᆞ덥물	여덟무날
열물	18	3	아홉물	아홉무날
열ᄒᆞᆫ물	19	4	열물	열무날
열두물	20	5	열ᄒᆞᆫ물	열한무날
막물	21	6	열두물	열두무날
아끈줴기	22	7	아끈줴기	아츠조금
한줴기	23	8	한줴기	한조금
ᄒᆞᆫ물	24	9	부날, 게무심	무쉬

697) '열두무날까지는'의 뜻이다.
698) '열두무날'을 말한다. 곧 '열두무날'이 막물이라는 뜻이다.
699) '아츠조금'을 말한다.
700) '한조금'을 말한다.
701) '무쉬'를 말한다.
702) '한무날'을 말한다.
703) '막물'을 말한다.
704) '아츠조금'을 말한다.
705) '이레[七]'를 말한다.
706) '한웨살'은 '밀물과 썰물의 차이가 가장 심한 때의 무수기'를 말한다.
707) '물길이'의 뜻이다.
708) '다닐'의 뜻이다. '다니다'의 방언형은 '뎅기다, 뎅이다, ᄃᆞ니다' 등으로 나타난다.
709) '서무날부터'의 뜻이다.
710) '열두무날까지는'의 뜻이다.

711) '열서무날'을 말하는데, 동부지역에는 '막물'이라 하고, 서부지역에서는 '아끈줴기(아츠조금)'라 한다.
712) '일곱무날여덟무날쯤'의 뜻이다.
713) '파도'를 말한다.
714) '덕누'는 달리 '알롸지'라 하는데, '바닷가 바위 근처에서 이는 너울'을 말한다.
715) '들었다고'의 뜻이다.
716) '와서'의 뜻으로, '오[來]-+-앙' 구성이다.
717) '울렁이'는 '울렁거림이'의 뜻이다.
718) '들었다고'의 뜻으로, '들[入]-+-엇젠' 구성이다. '-엇젠'은 '-었다고'의 의미로 쓰이는 어미이다.
719) '일고 있다고도'의 뜻으로, '일[起]-+-엄쪤도' 구성이다. '-엄쪤도'는 '-고 있다고도'의 의미로 쓰이는 어미이다.
720) '밀물'을 말한다. '밀물'의 방언형은 '드는물, 든물' 등으로 나타난다.
721) '썰물'을 말한다. '썰물'의 방언형은 '싸는물, 쌀물' 등으로 나타난다.
722) '초들물'을 말한다.
723) '참물'을 말한다.
724) '물썰'의 뜻이다. '물써다'의 방언형은 '물싸다'로 나타난다.
725) '반물세기'는 '바닷물이 반쯤 내려갔을 때'를 이르는 말이다.
726) '감물(썰물 때 바닷물이 가장 낮게 내려갔을 때'를 이르는 말이다.
727) '참물'을 말한다.
728) '반들물'은 '밀물이 반쯤 밀리어 들어왔을 때'를 이르는 말이다.
729) '있습니다'의 뜻으로, '잇[有]-+-어+마씨' 구성이다. '-마씨'는 '존대'의 뜻을 지닌 종결보조사이다. '있다[有]'의 방언형은 '시다, 싯다, 이시다, 잇다' 등으로 나타난다.
730) '물길이'의 뜻이다.
731) '세고[强]'의 뜻이다.
732) '가지요'의 뜻이다.
733) '있어서'의 뜻이다.
734) '많이'의 뜻이다. '많이'의 방언형은 '만이, 만히, 하영, 해' 등으로 나타난다.
735) '나오지요'의 뜻이다.
736) '감물'을 말한다.
737) '그물배들은'의 뜻이다. '그물배'의 방언형은 '구물베'로 나타난다.
738) '그물'을 말한다.
739) '물써'의 뜻이다. '물써다'의 방언형은 '물싸다'로 나타난다.
740) '고둥'을 말한다.
741) '놓을'의 뜻이다.
742) '속옷만'의 뜻이다. 이때 '속옷'은 잠녀들이 물질할 때 입는 '물옷' 곧 '물적삼(물질할 때 입는 적삼)'과 '물소중의(물질할 때 입는, 오른쪽 옆이 트인 속곳)'를 말한다.

■ 참고문헌

『동국여지승람』

『삼군호구가간총책』

『제주읍지』

『진본 청구영언』

『탐라지』(이원진)

『훈몽자회』

강영봉 등(2009), 『개정증보 제주어사전』, 제주특별자치도.

고려대학교 민족문화연구원(2009), 『고려대 한국어대사전』.

국립국어원(1999), 『표준국어대사전』, 두산동아.

권오길 등(1993), 『원색 한국패류도감』, 아카데미서적.

김순자(2008), 「제주 바다의 소라·고둥·전복 이름(1)」, 『영주어문』제15집, 영주어문학회, 63-100.

김순자(2014), 「제주도방언의 '호상옷(수의)' 관련 어휘 연구」, 『탐라문화』제47호, 제주
　　　　대학교 탐라문화연구소, 113-141.

김순자(2014), 『제주도방언의 어휘 연구』, 박이정.

김순자(2014), 『제주수산물방언자료집』, 수산업협동조합중앙회 수산경제연구원.

남광우(1999/2009), 『고어사전』, 교학사.

박용후(1960/1988), 『제주방언연구』, 동원사(고려대학교 민족문화연구소).

석주명(1947), 『제주도방언집』, 서울신문사출판부.

송상조(2007), 『제주말 큰사전』, 한국문화사.

유창돈(1964/1974), 『이조어사전』, 연세대학교 출판부.

이희승(1961/1981), 『국어대사전』, 민중서관.

정문기(1996), 『한국어도보』, 일지사.

제주도(1996), 『제주의 방어유적』.

한글학회(1992), 『우리말큰사전』, 어문각.

현용준(1980), 『제주도무속자료사전』, 신구문화사.

현평효(1962), 『제주도방언연구』(제1집), 정연사.

현평효·강영봉(2011), 『제주어 조사·어미 사전』, 제주대학교 국어문화원.

현평효·강영봉(2014), 『표준어로 찾아보는 제주어사전』, 도서출판 각.

安田吉實·孫洛範 편(1995), 『민중 엣센스 일한사전』, 민중서림.

■ 찾아보기

● ● ● **다**

● ● ● 차